DIREITO INTERNACIONAL
RAÍZES & ASAS

PAULO FERREIRA DA CUNHA

Prefácio
Marcílio Toscano Franca Filho

DIREITO INTERNACIONAL
RAÍZES & ASAS

Belo Horizonte

2017

© 2017 Editora Fórum Ltda

É proibida a reprodução total ou parcial desta obra, por qualquer meio eletrônico, inclusive por processos xerográficos, sem autorização expressa do Editor.

Conselho Editorial

Adilson Abreu Dallari
Alécia Paolucci Nogueira Bicalho
Alexandre Coutinho Pagliarini
André Ramos Tavares
Carlos Ayres Britto
Carlos Mário da Silva Velloso
Cármen Lúcia Antunes Rocha
Cesar Augusto Guimarães Pereira
Clovis Beznos
Cristiana Fortini
Dinorá Adelaide Musetti Grotti
Diogo de Figueiredo Moreira Neto
Egon Bockmann Moreira
Emerson Gabardo
Fabrício Motta
Fernando Rossi
Flávio Henrique Unes Pereira

Floriano de Azevedo Marques Neto
Gustavo Justino de Oliveira
Inês Virgínia Prado Soares
Jorge Ulisses Jacoby Fernandes
Juarez Freitas
Luciano Ferraz
Lúcio Delfino
Marcia Carla Pereira Ribeiro
Márcio Cammarosano
Marcos Ehrhardt Jr.
Maria Sylvia Zanella Di Pietro
Ney José de Freitas
Oswaldo Othon de Pontes Saraiva Filho
Paulo Modesto
Romeu Felipe Bacellar Filho
Sérgio Guerra

Luís Cláudio Rodrigues Ferreira
Presidente e Editor

Coordenação editorial: Leonardo Eustáquio Siqueira Araújo

Av. Afonso Pena, 2770 – 15º andar – Savassi – CEP 30130-012
Belo Horizonte – Minas Gerais – Tel.: (31) 2121.4900 / 2121.4949
www.editoraforum.com.br – editoraforum@editoraforum.com.br

C972d   Cunha, Paulo Ferreira da

             Direito internacional: raízes & asas / Paulo Ferreira da Cunha.– Belo Horizonte : Fórum, 2017.

             311 p.
             ISBN 978-85-450-0207-9

             1. Direito Internacional Público. 2. Relações Internacionais. 2. Ciências Políticas. I. Título.

                                    CDD: 341.1
                                    CDU: 341

Informação bibliográfica deste livro, conforme a NBR 6023:2002 da Associação Brasileira de Normas Técnicas (ABNT):

CUNHA, Paulo Ferreira da. *Direito internacional*: raízes & asas. Belo Horizonte: Fórum, 2017. 311 p. ISBN 978-85-450-0207-9.

À memória do meu Avô brasileiro, Ary D'Almeida, que em Portugal recitava "Minha terra tem palmeiras..."

Recordando Agostinho da Silva (Porto, 13.II.1906 – Lisboa, 3 .IV. 1994) e Jorge de Sena (Lisboa, 2.XI.1919 – Santa Barbara, 4.VI.1978) e as suas andanças pelo Mundo.

AGRADECIMENTOS

Amigos e colegas de várias Universidades fizeram o favor de ler algumas partes deste livro: a Profa. Angela Tsatlogiannis, a Profa. Ezilda Melo, o Prof. Frederico Oliveira, o Prof. Dr. Jorge Bateira, o Prof. Dr. Luiz Ricardo Miranda, o Dr. Rui Pedroto, e o Prof. Dr. Ricardo Aronne. Uma dúvida sobre o processo de criação de uma futura Corte Constitucional Internacional foi-nos prontamente esclarecida pela Profa. Asma Ghachem.

O nosso especial agradecimento ao Prof. Dr. Marcílio Franca e ao Prof. Dr. Sérgio Aquino, que nos honraram com o Prefácio e Posfácio desta obra.

Ao longo da redação deste texto fomo-nos socorrendo de artigos e afins de nossa autoria (agora utilizados para fins didáticos, e em palimpsesto, depois de revistos, repensados, e eventualmente corrigidos, atualizados etc.), já enviados (e um ou outro editado já). Por exemplo, a Lição XI, além de recordar numa pequena parte um artigo pedido há anos por uma publicação académica, mas que aparentemente jamais viu a luz do dia, tem materiais que publicamente apresentamos numa palestra no II Congresso Internacional de Direito Financeiro no TCE-MS, em Campo Grande, 10.06.2015, tendo como patrono e homenageado o Prof. Dr. Francisco Pedro Jucá (<https://www.youtube.com/watch?v=aYo24eWF7E0>), e depois na respetiva publicação (União Europeia, soberania e finanças públicas. In: CHADID, Conselheiro Ronaldo (Coord.). *Coletânea de Estudos de Direito Financeiro*. Campo Grande: Tribunal de Contas. Estado de Mato Grosso do Sul, 2016, p. 144 ss.). Contudo, destes textos aproveitaria também algo a Lição VI. Ao homenageado e ao coordenador, o nosso muito obrigado. Uma outra parte dessa lição recorda um artigo ("Teoria e síntese das organizações internacionais: uma breve introdução") editado na *Revista de Direito Constitucional e Internacional*, agradecendo-se a autorização para a republicação. Ainda, por exemplo, a Lição XVI resulta do mesmo repensar, atualizar etc. de vários escritos, nomeadamente os artigos publicados na *International Studies on Law and Education*, n. 24, que codirigimos com o Prof. Dr. Jean Lauand, o Prof. Dr. Antonio Carlos Rodrigues do Amaral e o Prof. Dr. Sylvio Horta, e na revista *JURISMAT*, dirigida primeiro pelo Prof. Dr. Alberto Sá e Melo e mais tarde pelo Prof. Dr. Lúcio Pimentel. A todos a nossa muito penhorada gratidão. Como alguns, porém, nem sequer mesmo foram aprovados, seria prematura a sua extensa indicação aqui. Numa próxima edição contamos enunciá-los todos explicitamente.

Renovamos, pois, o nosso "Bem haja!" a todos.

*Zwei Dinge sollen Kinder von ihren Eltern bekommen:
Wurzeln und Flügel.*

(Goethe)

SUMÁRIO

PREFÁCIO 19

INTRODUÇÃO 23

LIÇÃO I
EPISTEMOLOGIA DO DIREITO
INTERNACIONAL 27
I   Abordagem epistemológica e problemas definitórios 27
1   Epistemologia ou metaciência do Direito Internacional 27
2   Perspetiva pósdisciplinar 29
3   Estilo deste livro 31
4   Ciências e definição 32
II   Uma tópica nocional 34
III   As palavras e as coisas na designação da disciplina 35
IV   "Estado Epistemológico da Arte" do Direito Internacional..... 37

LIÇÃO II
DIREITO INTERNACIONAL, DIREITO INTERNO E
SOCIEDADE INTERNACIONAL 43
I   Da Sociedade Internacional 43
II   Ordem Jurídica Interna e Sociedade Internacional 46
1   Algumas comparações essenciais 46
2   *Jus cogens*: um conceito a seguir. Princípios de Direito
      Internacional 48
III   Direito Internacional e Direito Interno 51
1   Generalidades 51
2   As teorias: dualismo e monismo 52
2.1   Dualismo 52
2.2   Monismo 52
IV   Sistema Jurídico Internacional 53

1	Generalidades	53
2	Caso e Princípio Lotus	54
2.1	O Caso Lotus	54
2.2	O Princípio Lotus	55
3	Normas Internacionais	55

Exercícios sobre os Fundamentos Teóricos do Direito
Internacional 57

LIÇÃO III
FUNDAMENTO DO DIREITO INTERNACIONAL PÚBLICO 59

I	Em demanda da fundamentação	59
II	As teorias clássicas da fundamentação do Direito Internacional	60
1	Teoria Jusnaturalista	61
2	Teoria Positivista	62

PARTE II
DIREITO INTERNACIONAL E ESTADO

LIÇÃO IV
OS MÍTICOS ELEMENTOS DO ESTADO 67

I	A tríade dos elementos do Estado em Max Weber e o destino do Estado	67
II	Dos tradicionais três elementos do Estado – povo, território, poder	71
III	Valor doutrinal internacional da tríade estadual	73
IV	Exercício sobre elementos do Estado	75

LIÇÃO V
O ELEMENTO PESSOAL DO ESTADO 77

I	Um estado sem cidadãos?	77
II	Nacionalidade	80
1	Nacionalidade: cultura e Direito	80
2	Direito dos estrangeiros: critérios de reconhecimento e atribuição	82
3	Estado e "fluxos internacionais de pessoas"	84

3.1	Extradição	84
3.2	Expulsão	85
3.4	Deportação	85
3.5	Asilo político	85
3.6	Asilo diplomático	86
III	Evolução da importância dos elementos do Estado	86

LIÇÃO VI
DA SOBERANIA À "GOVERNANÇA GLOBAL" 93

I	Repensar a soberania	93
II	"Governança" e "governança global"	99
II	Exercícios sobre soberania e "governança"	105

LIÇÃO VII
O TERRITÓRIO DOS ESTADOS 107

I	Geral	107
II	Qual o terrritório de um Estado?	112
1	As formulações constitucionais	112
2	Algumas noções fundamentais	112
2.1	Terra, mar e ar	112
2.2	Plataforma continental	113
2.3	Zona económica exclusiva	116
2.4	Espaço aéreo	116
2.5	Navios e aeronaves	116
III	Modificações territoriais	117
1	Modificações territoriais pacíficas	117
2	Modificações territoriais por forma violenta	120
IV	Exercícios sobre Estado e território	121

PARTE III
ORGANIZAÇÕES INTERNACIONAIS

LIÇÃO VIII
TEORIA DAS ORGANIZAÇÕES
INTERNACIONAIS 125

I	Organizações internacionais, sujeitos do Direito Internacional	125
1	Enquadramento teórico das organizações internacionais	125

2	Soberania *vs.* personalidade jurídica	126
II	Personalidade, especialidade e competências das organizações internacionais	127
1	Alguns conceitos técnico-jurídicos da questão da personalidade jurídica das organizações internacionais	127
2	Jurisprudência de poderes implícitos	128
3	Competências implícitas & especialidade	128
4	Teste sobre Princípio da Especialidade	129
III	Estrutura das organizações internacionais	129
1	Vida das organizações internacionais: o Direito Interno	129
2	Órgãos: breve tipologia	129
3	Estrutura interna das Organizações Internacionais	130
IV	Competências das Organizações Internacionais	130
1	Geral	130
2	Competências materiais e competências normativas	131
2.1	Materiais	131
2.2	Normativas	131
V	Procedimentos, sede, representação, garantias	131
1	Procedimento decisório e princípio majoritário	131
2	Sede, representação, garantias	132

LIÇÃO IX
ONU, OEA, MERCOSUL, UNIÃO EUROPEIA

		133
I	ONU – Organização das Nações Unidas	133
1	Origens	133
2	Multiplicidade e complexidade da ONU	134
2.1	Órgão "centrais"	134
2.2	Programas e órgãos	134
2.3	Institutos de estudo e pesquisa	135
2.4	Comissões orgânicas	135
2.5	Comissões regionais	135
2.6	Órgãos conexos	136
2.7	Organismos especializados	136
3	Algumas sanções internas da ONU	137
4	Prospetiva	137
II	OEA – Organização dos Estados Americanos	138
III	Outras organizações americanas	139

1	O Mercosul	139
2	A UNASUL	140
3	A Comunidade Andina (anteriormente Pacto Andino, até 1996)	140
4	A Aliança do Pacífico	140
IV	União Europeia	141
1	Generalidades fundantes e fundadoras	141
2	Exemplificando: soberania financeira na União Europeia?	146
V	Exercícios sobre Organizações Internacionais	157

PARTE IV

FONTES DO DIREITO INTERNACIONAL

LIÇÃO X

DAS FONTES DO DIREITO INTERNACIONAL EM GERAL ... 161

I	Fontes materiais e fontes formais	161
1	A questão em geral	161
1.1	Fontes materiais	161
1.2	Fontes formais	162
2	A abordagem de Hoe Moon Jo	162
II	Fontes clássicas de Direito Internacional Público (art. 38, Estatuto da CIJ – Corte Internacional de Justiça)	163
1	Recapitulação normativa	163
2	Análise crítica do art. 38 do Estatuto da CIJ. Em especial os princípios	163
III	Fontes novas? O exemplo da *soft law*	168
1	A questão em geral e alguns lugares paralelos	168
2	A síntese de Valerio de Oliveira Mazzuoli	169
IV	Divergências doutrinais sobre fontes do Direito Internacional Público: ilustração	169
1	A questão em geral	169
2	Crítica da doutrina como fonte de Direito Internacional Público	170
3	Crítica da Jurisprudência em Direito Internacional Público (segundo Amorim Araújo)	171
4	Crítica do costume	171

5	Várias visões do alcance da consideração das fontes	172
V	Exercícios sobre fontes do Direito Internacional	173

LIÇÃO XI
DIREITO DOS TRATADOS 175

I	Sentido, noção, designações	175
1	Caráter "sinalagmático" do Direito e dos tratados	175
2	Tratado, fonte voluntária de Direito Internacional por excelência	176
3	Designações e noção geral de tratado	178
3.2	Noção	179
II	Algumas classificações dos tratados	179
1	Questões gerais	179
2	Alguns critérios: formais e materiais	180
III	Procedimento de formação dos tratados	180
IV	Reservas aos tratados	184
1	Noção geral de reserva	184
2	Reserva segundo a Convenção de Viena de 1969	185
V	Interpretação dos tratados	185
VI	Exercícios sobre tratados	198

PARTE V
VELHOS E NOVOS DESAFIOS

LIÇÃO XII
CONFLITOS INTERNACIONAIS: GUERRA
E PAZ 203

I	Meios de resolução e de não resolução de conflitos internacionais	203
1	Meios inaptos: a guerra	203
2	Meios eventualmente adequados: a paz	205
II	Formas pacíficas de lidar com os conflitos: métodos judiciais	205
III	Formas pacíficas: "negociação" em conflitos internacionais	206
1	Formas diplomáticas	206
1.1	Negociação	206
1.2	Bons ofícios	206

1.3	Mediação	208
1.4	Inquérito	208
1.5	Conciliação	208
2	Formas arbitrais	209

LIÇÃO XIV
DIREITOS INTERNACIONAIS DO MAR E DO AMBIENTE 211

I	Direito do Mar: uma lição histórica	211
II	Princípios elementares e fontes de Direito do Mar	217
1	Grandes princípios	217
2	Fontes de Direito Internacional do Mar	217
2.1	Conferências de Genebra	217
2.2	Conferência de Montego Bay (UNCLOS – 1982)	218
III	Princípios elementares e fontes do Direito Internacional do Ambiente	218
1	Do ambiente à sustentabilidade	218
2	Fontes de Direito Internacional do Ambiente	220

LIÇÃO XIV
DESENVOLVIMENTO SUSTENTÁVEL 223

I	Sustentabilidades	223
1	Tópicos na Linguagem Internacional	223
2	Em demanda do conceito	225
3	Exemplo de um livro útil de Lucia Legan	226
4	Uma obra coletiva importante	228
II	Desenvolvimento sustentável: alguns desafios	230
III	Para além da sustentabilidade tecnocrática e retórica	235

LIÇÃO XV
PROTEÇÃO INTERNACIONAL DA PESSOA 243

I	Direito, proteção da pessoa, mentalidades e novos tempos	243
II	Fundamentação da Proteção da Pessoa	245
III	Proteção internacional da pessoa	245
1	Geral	245
2	Proteção das pessoas e diversidade cultural	247
3	Sistemas de proteção	249

LIÇÃO XVI
JUSTIÇA CONSTITUCIONAL GLOBAL 253
I   Interconstitucionalidades 253
II   O obstáculo dos soberanismos 254
1   Do preconceito anti-internacional 254
2   Internacionalização constitucional sem *Big Brother*.............258
III   Um Tribunal Constitucional Internacional (TCI)..............266
1   Positivação dos ideais: o *corpus* a aplicar 266
2   Objetivos do Tribunal 270
3   A dupla função do Tribunal....................................272
4   Composição do Tribunal 275
5   Dois paradigmas latentes? 276

POSFÁCIO
DIREITO INTERNACIONAL PÚBLICO: DESAFIOS
E ESPERANÇAS PARA O SÉCULO XXI 279

REFERÊNCIAS 289

PREFÁCIO

UM AUTOR PEREGRINO

O caminho recolhe aquilo que tem seu ser em torno dele;
e dá a cada um dos que o percorrem aquilo que é seu.
(Martin Heidegger, *O caminho do campo*, 1949)

Ulisses e sua Odisseia nos ensinam que viajar é uma das razões mais antigas da tradição literária. Viajando, escrevemos. Escrevendo, viajamos. As lições de Direito Internacional Público ora reunidas neste volume são fruto da rica hospitalidade da sala de aula estrangeira. Começaram a ser compostas no segundo semestre de 2015, quando o Professor Paulo Ferreira da Cunha, viajante transatlântico, destilou os seus silêncios reflexivos e lecionou um curso daquela disciplina para alunos de graduação em Direito em uma universidade de São Paulo, a muitos milhares de quilômetros do Porto.

De sangue navegador e peregrino contumaz, Paulo Ferreira da Cunha tem caminhado com frequência, ao longo dos anos, entre Portugal e Brasil, Europa, Ásia, África e América, palmilhando territórios vastos da cultura jurídica. As geografias da Teoria Geral do Direito, da Filosofia do Direito, da História do Direito, do Direito Comparado, da Sociologia Jurídica, do Direito Europeu e do Direito Constitucional têm sido algumas das regiões por onde tem peregrinado com habitualidade em seus últimos escritos. Sempre flâneur, argonauta atento e curioso pelo caminho, ele expande agora os seus domínios intelectuais com um novo livro sobre o Direito para além das fronteiras nacionais.

É verdade que o tema da internacionalização do fenômeno jurídico há muito já frequentava a bibliografia de Paulo Ferreira da Cunha. Não é de agora que lhe preocupam os reflexos da globalização sobre a constituição, o Estado, a fronteira, a regulação, os tribunais e o próprio controle da constitucionalidade. Reflexões sobre tais tópicos são vistas em muitos dos seus textos, aulas, intervenções, conferências, artigos e livros. Além disso, ele mesmo chega a confessar, na sua Introdução, que sempre foi um entusiasta do Direito Internacional, desde quando fora aluno de Barbosa de Melo e de Mário Melo Rocha, na Faculdade de Direito da Universidade de Coimbra. Este livro, portanto, é um impulso natural, uma consequência óbvia e um destino previsível de seus múltiplos interesses ao longo dos últimos anos.

Verdade é que esta obra se beneficia, em grande medida, dessas ricas deambulações do seu autor por territórios tão diversos e paisagens tão distintas da juridicidade. Nas entrelinhas do volume, à guisa de tratar de temas como a epistemologia, as fontes ou os sujeitos do Direito Internacional, por exemplo, quedam presentes interessantes andanças transdisciplinares, próximas também da Filosofia, da História, da Ciência Política e das Relações Internacionais. Caminhos que se bifurcam e entrecruzam, errâncias que se abraçam e trânsitos que se complementam, no que o autor bem chamou de "perspetiva pós-disciplinar".

O antropólogo britânico Tim Imgold estabeleceu uma criativa associação entre o escrever e o deslocar-se. Para ele, é no movimento de se deslocar de um lugar para outro, ou de um assunto para outro, que o conhecimento se produz e se integra, e, assim, a narração de uma história se aproxima de uma caminhada. Locomover-se e escrever seriam, pois, expressões de atividades que se complementam. Neste sentido, os passeios de Kant em Königsberg ou de Heidegger na Floresta Negra não seriam um acaso banal. Nômade na Academia e viajante fora dela, Paulo Ferreira da Cunha constrói um roteiro de ideias claras, sólidas e criativas e convida, com uma escrita elegante e eruditamente embasada, o seu leitor a acompanhá-lo pelas sendas do Direito Internacional contemporâneo. O ritmo dos passos é agradável e adequado – nem tão depressa que pareça superficial, nem tão vagaroso que pareça excessivo. O roteiro escolhido não é necessariamente o mais fácil, o mais curto ou o mais idílico: são explorados criticamente, muitas vezes, trechos também espinhosos e difíceis, com o rigor necessário para dar segurança às futuras incursões do leitor. Orientado por estrelas da bibliografia internacionalista, Paulo Ferreira da Cunha é capaz de interpretar com qualidade crepúsculos e auroras. Com tal cadência, tal trajeto e tais guias, este *Direito Internacional: raízes & asas* cumpre com maestria o seu objetivo maior de levar o leitor aos temas mais relevantes da matéria, incentivando-o ao gosto pelo movimento, à paixão pela mobilidade, ao desejo de novas explorações.

Com essa paisagem ao fundo, muito mais do que apenas cartografar caminhos já conhecidos, o presente atlas e seu autor peregrino multiplicam as possibilidades de novos caminhos e as chances do prazer das descobertas em oceanos ainda não navegados. Dado a descobrimentos, o Professor Paulo Ferreira da Cunha, mais uma vez, constrói aqui caravelas e avista portos de saída onde muitos sinalizam apenas portos de chegada.

Boa viagem, leitor!

Praia do Cabo Branco, inverno de 2016.

Marcílio Toscano Franca Filho
Professor da Universidade Federal da Paraíba (UFPB). Docente dos Programas de Pós-Graduação em Direito (mestrados e doutorados) da Universidade Federal da Paraíba (UFPB) e da Universidade Federal de Pernambuco (UFPE). Procurador do Ministério Público junto ao Tribunal de Contas do Estado da Paraíba. Pós-Doutor (European University Institute, Florença, 2008, Calouste Gulbenkian Post-Doctoral Fellow). Doutor (Universidade de Coimbra, 2006, bolsa FCT) e Mestre (UFPB, 1999) em Direito. Membro da International Association of Constitutional Law, da International Society of Public Law, do Instituto Hispano-Luso-Americano de Derecho Internacional (IHLADI) e Presidente do Ramo Brasileiro da International Law Association. Foi Aluno (Gasthörer) da Universidade Livre de Berlim (Alemanha), Estagiário-visitante do Tribunal de Justiça das Comunidades Europeias (Luxemburgo), Consultor jurídico (Legal Advisor) da Missão da ONU em Timor-Leste (UNOTIL) e do Banco Mundial (PFMCBP/Timor). Membro da lista de peritos do UNDP Democratic Governance Roster of Experts in Anti-Corruption (PNUD/ONU). Líder do LABIRINT – Laboratório Internacional de Investigações em Transjuridicidade (UFPB).

INTRODUÇÃO

Por que (mais um) livro de Direito Internacional, aqui e agora? E por que este livro, tal como se apresenta? A primeira tentação (a que acabamos por ceder) é a de, por alguma forma, glosar o início do *Manual* de Denis Alland, Professor da nossa *Alma Mater* francesa, a Universidade Paris II, adaptando o lema da academia platónica, ἀγεωμέτρητος μηδεὶς εἰσίτω (aqui não entre quem não souber geometria – que bem recordamos da nossa *Alma Mater* conimbricense, pois aí se ostenta no frontispício das Matemáticas) para: "Que nul spécialiste ici ne pénètre".[1] Com efeito, enquanto no seu caso vemos sobretudo uma manifestação de *humilitas*, privativa dos grandes espíritos académicos, já o presente livro (e tal se verá já de seguida) realmente não pretende senão ser didático e, este sim, não deverá alcançar qualquer utilidade para os especialistas.

Citemos apenas duas *démarches* aqui contrárias aos cânones especializados: Desta vez, ao contrário do habitual, e para comodidade do leitor, em geral traduzimos para Português as citações que fomos fazendo... Apesar de não parecer a muitos, tentámos também (reconhecemos que nem sempre com êxito) não sobrecarregar os rodapés de imensas notas. Cremos que não vale de nada entrar nesse concurso de erudição. Contudo, o leitor menos familiarizado com a leitura deste tipo de obra ainda naturalmente estranhará essas referências. Anda-se, infelizmente, a ler muito pouco, e os resultados já estão à vista quanto à qualidade até das "elites", mas serão muito piores no futuro, quando se sentir o impacto da não leitura atual. As obras referidas em pé de página (hoje talvez se deva recordá-lo explicitamente) são uma esperança ao menos platónica de que algum leitor se interesse pelo tema e vá procurar mais fontes...

Apesar de, como começámos por afirmar, nada poder aprender com este livro o especialista, temos a consciência que

---

[1] ALLAND, Denis. *Manuel de droit international public*. 2. ed. atual. Paris: PUF, 2015. p. 11.

a simples publicação poderá iniciar um diálogo nesta área com a comunidade académica e científica. Daí esperamos que vá surgindo obra mais completa e amadurecida, em novas edições, como tem ocorrido com outros livros do autor. Por isso desde já se agradecem todas as sugestões e críticas.

Permita-se-nos agora uma retrospetiva e alguma autognose, que ajudarão também a entender esta obra. O Direito Internacional foi uma das disciplinas que verdadeiramente nos entusiasmou durante a Licenciatura na Faculdade de Direito da Universidade de Coimbra (e também uma daquelas em que obtivemos melhores notas: mas isso importa menos). Aliás, confessamos que escolhemos o curso de Direito com a intenção de vir a abraçar a carreira diplomática, tendo depois acabado por não ter seguido essa primeira vocação pelos convites universitários que se anteciparam aos respetivos concursos. E ao longo da vida, por um par de vezes estivemos quase a enveredar por uma carreira puramente internacional.

Foi esse período coimbrão, com Mestres excelentes (recordamos com saudade as aulas de Direito Internacional Público de António Barbosa de Melo e de Mário Melo Rocha), um tempo largo de estudo, intensivo, aprofundado e jubiloso. A cadeira tinha várias horas letivas por semana, teóricas e práticas, e durava um ano inteiro (hoje seria mais que dois semestres).

Resolvemos passar as férias de verão a estudar esta matéria, e no exame oral, já para subida de nota, deixaram-nos dissertar abundantemente sobre os fundamentos filosóficos do Direito Internacional, e certamente mais num rasgo de inspiração do que por haver estudado, pela primeira vez nos vimos a defender que Hans Kelsen talvez não fosse tão mau quanto normalmente era pintado. Cremos que terão achado pelo menos graça ao que o atrevido estudante ousara.

Sempre nos interessou o Direito Internacional, pois. Coordenámos (mas não chegamos a lecionar) nos inícios deste século a cadeira na Faculdade de Direito da Universidade do Porto, e embrenhamo-nos de forma teórica e prática pelas questões mais específicas do Direito da União Europeia, sobre que publicaríamos, além de vários artigos, um livro na vertente institucional (*Novo Direito Constitucional Europeu*, na Almedina). Uma reflexão pós-disciplinar no âmbito das Relações Internacionais, *Lusofilias*, editada pela Caixotim, ganharia mesmo uma menção honrosa do Prémio da SHIP.

Mas tem sido o projeto de um Tribunal Constitucional Internacional (para cujo comité *ad hoc* fomos nomeados, e mais tarde nos foi conferido especial mandato para Portugal e América do Sul e Central) que nos tem levado mais a aproximar a nossa mais vasta experiência constitucionalista e de cultor da filosofia do Direito e da política com o Direito Internacional.

Ficámos assim muito honrado e sensibilizado com o convite para lecionar no Brasil matérias de globalização constitucional associadas à metodologia, e o próprio Direito Internacional. Foi, em alguma medida, o retomar uma vocação apenas aparentemente interrompida. Pensa-se agora já em novos voos.

São Paulo, 21 de setembro, Dia Internacional da Paz de 2016.

LIÇÃO I

EPISTEMOLOGIA DO DIREITO INTERNACIONAL

I   Abordagem epistemológica e problemas definitórios

1   Epistemologia ou metaciência do Direito Internacional

A imagem "Raízes e Asas", utilizada classicamente por Goethe a propósito da educação familiar, e retomada (algo *a contrario*) numa dedicatória pelo malogrado jurisfilósofo (e especialista em Direito Internacional Privado).

João Batista Machado parece-nos sintetizar a problematização que urge empreender sobre o Direito Internacional Público. Uma das clássicas formas de explicitar a sucessiva divisão e especialização dos saberes é, com efeito, a metáfora da árvore dos saberes (por árvore da ciência se designa uma das árvores do Génesis), que se vão separando do tronco, e ramificando. Como se sabe, a partir da Filosofia as várias *epistemai* se foram autonomizando. Ora a Epistemologia funciona um tanto como saber radical, pelo menos está na base e no princípio dos saberes em geral, e muito em particular de cada saber. Até para que se veja ao espelho na sua identidade, e reconheça a alteridade dos demais.

Ananke stenai, diz-se muitas vezes para se saber finalizar. E é realmente necessário encontrar o momento para colocar um ponto final (desde logo em dissertação ou tese), até para evitar o que nas Artes Plásticas se considera o erro ou o vício de "excesso de informação". Mas é também necessário saber principiar, sobretudo no estudo de matérias troncais, seminais, fulcrais. O adágio mais próximo do começar não nos fala como fazê-lo, mas das condições prévias ao começo dos estudos: Αγεωμέτρητος μηδεὶς εἰσίτω – *ageometretos medeis eisito*. Aqui não entre quem não souber geometria. Ou seja, há "geometrias" que é preciso conhecer para poder franquear os muros dos templos do saber, que hoje seriam, ou deveriam ser, desde logo, as Universidades.

Começar pelo princípio (sem vulgarizações, amadorismos, pressas) uma matéria universitária, como o Direito Internacional, implica alguns "passos em volta" (mas não muitos, para não nos perdermos). É preciso um certo distanciamento (distância para ver o conjunto e não a superfície das coisas, visão panorâmica – daí a palavra *teoria*, que vem do grego, significando precisamente visão) e, desde logo, algum olhar sobre o próprio saber que se está a constituir. Isso é ir além do conhecimento (*metascientia*) ou discurso ou saber sobre a própria disciplina (*epistemelogia*). Depois, vem o estudo dos métodos (que se estrutura numa metodologia)[2] de uma área, mas no nosso caso fá-lo-emos de forma embutida no próprio discurso mais substancial da matéria, sabendo que *el camino se hace caminando*.

Em termos correntes, pois, Epistemologia ou Metaciência de uma área do saber é o estudo, a reflexão, o conhecimento e a interrogação sobre os temas mais especificamente ligados com as questões propriamente "científicas" dessa área, abrangendo a sua delimitação conceitual (objeto, método, problema, congregação ou corpo de pesquisadores e prático-téoricos etc.), debruçando-se sobre a metodologia em ação e em teoria, as relações com outras disciplinas e problemas de delimitação de "fronteiras", por vezes chegando a alargar-se o âmbito destes estudos a questões até de índole histórica ou filosófica. É o começar pelo princípio numa determinada área de estudo. Não se pode, evidentemente, seria irrazoável, consumir

---

[2] Para a nossa área, cf., por todos, CORTEN, Olivier. *Méthodologie du droit international public*. Bruxelas: Éditions de l'Université de Bruxelles, 2009.

todo o esforço nesta indagação prévia, mas ela é importante, e pode mesmo ser decisiva, quando menos se espera...[3]

E será essa forma de começar pelo princípio o que, numa perspetiva bastante abrangente (embora de forma alguma esgotante ou exauriente, pelo contrário), procuraremos fazer nesta primeira lição.

2 Perspetiva pósdisciplinar

A forma de abordagem deste livro centrar-se-á, evidentemente, no nosso objeto de estudo, o Direito Internacional (ou Direito Internacional Público). Mas com a consciência de que ele é um campo vastíssimo e para cujo entendimento devem concorrer múltiplos saberes, repartidos tradicionalmente por muito diversas disciplinas, desde outros ramos do Direito à Politologia e às Relações Internacionais, à História, à Sociologia, à Geografia etc.

Contudo, os tempos hodiernos superaram a cristalizada visão sobranceira e isolacionista no Direito (que ainda mantém alguns isolados redutos, é certo, mas totalmente perdidos na História), em que, tal como outrora Kant apontou para alguns cultores da Filosofia,[4] alguns juristas tinham um ar "grão senhor", acantonados em torres de marfim donde se não via senão uma estrita nesga da realidade.

E a grande abertura que hoje é cada vez mais apanágio dos juristas, acompanhada pela curiosidade científica e humildade (que é necessária para quem quer sinceramente aprender: é a velha virtude da *humilitas*), são capazes de fazer um Direito muito mais interessante, fundamentado, informado, e os juristas, assim mais dialogantes e versáteis, capazes de maior imaginação jurídica. A nossa perspetiva poderá, pela constante e descomplexada convocação de referências, reminiscências e desafios de áreas para além

---

[3] Para a importância da ciência e da epistemologia no saber jurídico, v. CLÈVE, Clèmerson Merlin. *O Direito e os direitos*: elementos para uma crítica do direito contemporâneo. 3. ed. Belo Horizonte: Fórum, 2011. p. 33 *et seq.*

[4] KANT, Emmanuel. *D'un ton grand seigneur adopté naguère en philosophie*. Tradução L. Guillermit. Paris: Vrin, 1982.

do estrito Direito Internacional, ser considerada transdisciplinar, pluridisciplinar, multidisciplinar ou mesmo interdisciplinar. Contudo, e independentemente de querelas (epistemológicas, realmente) sobre essas classificações, cremos poder mais propriamente dizer-se que se deseja um trabalho já pósdisciplinar, em que se pressupõe a unidade essencial do saber, e a solidariedade e confluência de todos os saberes... Nada de mais erróneo (e deontologicamente reprovável) como atitude que a do estudante que se preocupe apenas com o que "cai na prova" ou "conta para nota", assim como do mesmo modo classificaríamos a do pesquisador ou docente que estritamente rejeita, como não sendo do seu foro, tudo o que não tenha um ideal e fantasmático carimbo de registo de um assunto ou de uma metodologia como pertencendo "à sua matéria", "à sua área", "à sua cadeira". Abel Salazar, um grande médico, humanista, artista, um grande vulto do saber em geral, disse que quem só sabe Medicina nem sequer Medicina sabe. Evidentemente, em Direito Internacional é impossível só se saber Direito Internacional. Não se sabe mesmo nada dele se não se souberem muitas outras coisas. E se tal estudo não for feito sem preocupação excessiva de classificação: é preciso ir colher o que se precisa a qualquer canteiro... Só isso nos levará mais longe, e nos fará progredir. Como sublinhou um dos principais arautos da pósdisciplinaridade, o filósofo catalão Gonçal Mayos Solsona (e ao convocarmos o problema e a fonte já estamos a praticar o que professamos teoricamente): "os resultados das pesquisas ultraespecializadas são claramente menores que os oferecidos por pesquisas abertas ao pósdiciplinar".[5] E o pósdisciplinar não é, evidentemente, pré-disciplinar, mas uma superação, incorporando o já alcançado: "Quer dizer, aspira a possuir uma panorâmica mais além da 'disciplinação' (poderíamos quiçá traduzir por 'confinação disciplinar') atual dos saberes e a potenciar tudo o que temos aprendido dos estudos inter-, multi- e transdisciplinares".[6]

---

[5] MAYOS SOLSONA, Gonçal. Empoderamiento y desarollo humano. actuar local y pensar postdisciplinarmente. In: DÍAZ, Yanko Moyano; COELHO, Saulo de Oliveira Pinto; MAYOS SOLSONA, Gonçal. *Postdisciplinariedad y desarrollo humano. Entre Pensamiento y política.* Barcelona: Red, 2014. p. 192.

[6] *Idem, ibidem*, p. 192-193.

LIÇÃO I
EPISTEMOLOGIA DO DIREITO INTERNACIONAL | 31

Em Direito, começam a surgir estudos que são exemplo prático dessa pósdisciplinaridade. E *a fortiori* numa área que convoca naturalmente esse paradigma, o Direito Internacional Público.[7]

3 Estilo deste livro

Este livro está dividido por Lições, seguindo o fio de um Curso de Direito Internacional elementar, para uma graduação em Direito ou análogos estudos.

Nele se poderão ver lições ou partes de lições bastante esquematizadas, e outras mais desenvolvidas. Nalguns casos, adaptámos textos de palestras que proferimos. São normalmente os trechos com mais fôlego, e que tratam os temas com maior problematização e menor esquematismo.

Cremos que este hibridismo de estilos, longe de quebrar um abstrato conceito de harmonia num livro, o que para alguns seria crime de lesamajestade didática, pelo contrário é, no caso, um benefício.

Ninguém se forma bem em Direito (e eventualmente em coisa nenhuma) apenas decorando plácida e acriticamente a prosa triste (relembrando o adjetivo de Raymond Aron[8] sobre o estilo de um autor de quem aliás muito gostamos: Tocqueville) e insípida que normalmente é a dos manuais (lembramo-nos de grandes exceções, como os *Précis* de Michel Villey,[9] e mesmo há alguns em Direito Internacional, desde logo o clássico *Law of Nations*, de Brierly:[10] mas *une fois n'est pas coutume*).

Procuramos, por isso, que o leitor, que primeiramente será estudante de graduação, se fosse familiarizando, também nesta área,

---

[7] Apenas um exemplo recente: FRANCA FILHO, Marcílio Toscano. Westphalia: a Paradigm? a Dialogue between Law, Art and Philosophy of Science. *German Law Journal*, v. 8, n. 10, p. 955-976. Disponível em: <https://www.academia.edu/739070/Westphalia_a_Paradigm_A_Dialogue_between_Law_Art_and_Philosophy_of_Science>. Acesso em: 30 mar. 2016.

[8] ARON, Raymond. *As etapas do pensamento sociológico*. Tradução Miguel Serras Pereira. [S.l]: Círculo de Leitores, 1991.

[9] VILLEY, Michel. [*Précis de*] *philosophie du droit*. 3. ed. Paris: Dalloz, 1982. v. I; 2. ed. 1984. v. II.

[10] BRIERLY, J. L. *Direito Internacional*. Tradução M. R. Crucho de Almeida. 4. ed. Lisboa: Fundação Calouste Gulbenkian, 1979.

com vários tipos de texto científico, e de bem diverso fôlego expositivo, crítico, especulativo etc. Nunca pensamos que seria uma boa forma de Educação, a qualquer nível, para qualquer destinatário, pouparmos alguém à variedade das experiências, ao espetáculo do mundo, às dificuldades que a realidade não académica insofismavelmente virá um dia a trazer. Uma Universidade que alguns dos seus próprios labores internos, estilos, ferramentas e produtos, ocultasse para facilitar uma memorização pedestre (pressupondo que ela é mais fácil com textos menos instigantes, o que está por provar... pelo menos com todos) não cumpriria a sua função universalista e de universalidade de diversificação e diversidade também.

Além de que não é aconselhável usar um manual apenas, mesmo num curso elementar. Santo Tomás de Aquino, que sabia aliás muito de Direito (e o entendia na sua dimensão filosófica, mais profunda), sendo aliás autor de um excelente e breve guia de como estudar,[11] dizia já, com muita sabedoria, *timeo hominem unius libri*, que se traduziria para o nosso tempo como: "Temo a pessoa que leia por um só livro". Se não é conveniente um só manual, menos ainda uma síntese como esta.

Por isso, estas páginas, que, nas suas primeiras versões, serviram inicialmente aos nossos estudantes para rememorar aulas, de que haviam sido, quando em tópicos ainda, mero guião ou suporte para desenvolvimentos orais, poderão sobretudo ter a utilidade de incitar o benévolo leitor a ir mais além.

Aliás, o professor cada vez mais deveria ser visto como alguém que abre portas e entusiasma o estudo autónomo, não um debitador de saber já feito e completo, meramente a consumir.

4 Ciências e definição

O saber científico, ou, pelo menos, académico, universitário, nada tem a ver com o pseudo-conhecimento do senso comum,

---

[11] LAUAND, Jean (estudo introdutório e tradução). Sobre o modo de estudar: o De Modo Studendi de Santo Tomás de Aquino. *Cadernos de História e Filosofia da Educação – EDF-FEUSP*, v. II, n. 3, 1994. Disponível em: <http://hottopos.com/ mp3/de_modo_studendi. htm>. Acesso em: 11 fev. 2016.

superficial, preconceituoso, de conversas de café, palavras pouco pensadas, muitas vezes repetidas do que se acabou de ouvir, "jogadas fora", na verdade... Há lugar para opinião neste nível, mas é preciso que ela se funde em dados devidamente averiguados, e se procure impor por uma argumentação[12] séria, racional, muitas vezes formalizada em fórmulas, mas pelo menos respeitando certas regras, desde logo de linguagem técnica da área ou áreas em que se desenvolve.[13] Uma das técnicas metodológicas que estruturam essa linguagem é a definição. Mas se o rigor é sempre vital, assim como a deontologia científica, nem sempre todas as técnicas encontram aplicação em todas as áreas.

Nas chamadas ciências "naturais" e "exatas", a que alguns mais ou menos chamam também "duras" (para sublinhar a diferença com a ductilidade ou plasticidade e "jogo de cintura", infelizmente ou inevitavelmente muitas vezes ideológico, das ciências sociais e humanas, ditas também "moles") o procedimento metodológico preliminar da definição tem, na verdade, muita voga e prestígio. Provavelmente, na deriva de imitação das ciências duras que ocorreu nas várias ciências do espírito (e normativas, donde também o Direito), a partir da Modernidade, e sobretudo a partir do positivismo (como bem assinala um Michel Villey), se terá reforçado a importância e a necessidade de definições.

Regra geral, todavia, em Direito, a definição é perigosa e constitui mesmo para o pesquisador uma armadilha positivista. Já diziam os Romanos, e consta do *Digesto* de Justiniano: *Omnis definitio in jure civili periculosa est.*[14]

Mas as coisas (mais ainda as das ciências humanas e sociais) têm de ser compreendidas em termos hábeis. Por exemplo, nesta mesma área dizem renomados autores como Accioly, Nascimento

---

[12] Esta ideia já está felizmente presente nas preocupações de pelo menos alguns cientistas mais "puros". Veja-se, por exemplo, CARAÇA, João. *O que é Ciência*. Lisboa: Difusão Cultural, 1997, quando, entre outros, acolhe também este possível sentido científico – "(…) a ciência é sobretudo um dispositivo cognitivo, retórico e comunitário de produção de estratégias de sobrevivência na relação com o meio exterior?". Sim, em certa medida achamos que o é…

[13] Cf., sobre a importância da linguagem em ciência, p. ex., CARVALHO, Rómulo de. *Cadernos de iniciação científica*. Lisboa: Relógio de Água, 2004. p. 31.

[14] D., 50, 17, 202.

e Silva e Casella: "Todo estudo há de ser iniciado pela definição de seu objeto".[15]

É que é importante, evidentemente, saber do que se está falando. Mas há definição e definição... Pelo menos em tese, "uma definição do seu objeto" pode até ser alcançada por um procedimento metodológico outro que a verdadeira e própria "definição": descrição, cara ao jurisfilófoso de Lisboa Mário Bigotte Chorão, noção, itens, ou tópica etc. Tudo ponderado, no nosso caso, em vez da definição com algo que pode ser mesmo academicamente "autoritário", limitador (*definir* é *delimitar*, pôr fim, limite, *confinar*, o que pode ser até matar, como recordava o saudoso romanista da Universidade de Coimbra, Sebastião Cruz), e eventualmente algo arbitrário no plano epistemológico, propomos uma *tópica nocional*.

II   Uma tópica nocional

Esta tópica nocional que propomos [que procura, como toda a tópica os lugares comuns, como admiravelmente o faz o professor emérito de Santiago de Compostela Francisco Puy],[16] opera a partir de definições, descrições, noções, e todo o tipo de aproximações que procuram dizer o que o Direito Internacional Público seja. Algumas definições:

> O Direito Internacional pode ser definido como "as normas que governam a relação jurídica entre as nações e os estados", mas a realidade é muito mais complexa, com fatores políticos, diplomáticos e sócio-económicos a modelar o direito e a sua aplicação.[17]

---

[15] ACCIOLY, Hildebrando; NASCIMENTO E SILVA, G. E.; CASELLA, Paulo Borba. *Manual de Direito Internacional Público*. 21. ed. São Paulo: Saraiva, 2014. p. 25.

[16] Aliás, Francisco Puy, no âmbito, é certo, de uma área diversa, acabaria por dizer algo como que não lhe interessaria discutir o que é a Filosofia do Direito, mas queria era praticá-la. Tal não deixa de nos recordar a clássica questão de uma *episteme* ou ciência ou área do saber ser, afinal, o que os oficiais desse ofício fazem. É tradicional dizer-se que a Economia é o que os economistas fazem, já lemos que a Sociologia é o que os sociólogos fazem. Nesse sentido, o Direito Internacional seria o que os seus cultores, muitas vezes chamados *jusinternacionalistas* ou apenas *internacionalistas*, fazem...

[17] KLABBERS, Jan. *International Law*. Cambridge: Cambridge University Press, 2014. p. i.

(Direito Internacional Público): Conjunto de regras jurídicas que regem as relações entre Estados.[18]

O Direito Internacional Público é classicamente definido como o direito chamado a organizar as relações entre os Estados.[19]

Já não parece haver uma verdadeira e própria definição em alguns autores, que dão uma noção que vai fornecendo como que densificações do objeto ou *quid*:

> Sistema jurídico autônomo, onde se ordenam as relações entre Estados soberanos, o Direito Internacional Público – ou direito das gentes, no sentido de direito das nações ou dos povos – repousa sobre o consentimento.[20]
>
> O Direito Internacional pode ser descrito como um corpo de regras e princípios que determina os direitos dos estados primariamente com respeito às suas relações com outros estados e com os cidadãos dos outros estados.[21]

III As palavras e as coisas na designação da disciplina

Por vezes, os elementos da tópica nocional que vamos insensivelmente incorporando na nossa noção pré-compreensiva (algo sincrética) de Direito Internacional não espelham completamente a evolução da área. Assim, é natural que muitos ao pensar em Direito Internacional o associem a Estados (mas menos a organizações internacionais, o que é um erro), a Embaixadas e Consulados (mas menos a ONGs e aos próprios indivíduos, por exemplo, protagonistas das Relações Internacionais de hoje como os refugiados ou até os terroristas: e que também têm de ser levados em conta para

---

[18] MARTIN-BIDOU, Pascale. *Fiches de droit international public*. 2. ed. Paris: Ellipses, 2012. p. 5.

[19] CANAL-FORGUES, Eric; RAMBAUD, Patrick. *Droit international public*. 2. ed. Paris: Flammarion, 2011. p. 18.

[20] REZEK, Francisco. *Direito Internacional Público*: curso elementar. 15. ed. rev. atual. São Paulo: Saraiva, 2015. p. 25. Veja-se, mais adiante, sobre Sistema, DIXON, Martin *et al*. *Cases and Materials on International Law*. 4. ed. Oxford: Oxford University Press, 2003. p. 1.

[21] LOWE, Vaughan. *International Law*. Oxford: Oxford University Press. 2007. p. 5.

ficar completo o quadro geral da realidade jurídica e política internacional) etc. Alguns lugares-comuns continuam ainda a pairar nessas noções prévias, e mesmo que conscientemente superadas, nem sempre o serão inconscientemente. É o caso da ideia, que cada vez mais perde terreno, de que o Direito Internacional não teria, nem lei, nem juiz, nem polícia – *ni loi, ni juge ni gendarme*. E que, por isso, não seria verdadeiro Direito (mas mais um voto piedoso, ou pura política), faltando-lhe a dimensão prática e coativa. Ora, como se aprende (ou deveria aprender) nos estudos introdutórios ao Direito, a coação não é um elemento essencial da juridicidade, mas meramente adjuvante, e eventual.

Na linha do preconceito referido, chegava mesmo a ironizar-se dizendo que nem o Direito Internacional Público (que aqui por vezes chamamos Direito Internacional *tout court*) nem o Direito Internacional Privado passariam no teste para serem ramos de Direito Internacional a sério: o primeiro, pelas razões referidas, não seria sequer Direito, e o segundo não seria Internacional, dado referir-se a normas nacionais para assuntos privados que colocam em contacto várias ordens jurídicas, mas apenas do ponto de vista de um Estado nacional concreto. De cada um dos Estados nacionais em concreto.

Em Ciência (em todo o estudo rigoroso, ainda que não especificamente científico: mas essa é uma outra discussão epistemológica mais filosófica), a *petite histoire*, a anedota, e o lugar-comum podem ajudar de forma mnemónica, ou instigar até polemicamente, mas é preciso o maior cuidado em relação às ideias feitas, tanto mais numa área como esta, em que muitas certezas familiares vão sendo, nos tempos mais recentes, desfeitas pela evolução dos factos – que também têm a sua força normativa própria...

Antes mesmo da questão do significado, há ainda a do significante. O Direito Internacional, cujo nome alguns atribuem ao pensador britânico Jeremy Bentham (obviamente na fórmula inglesa *International Law*), conta com várias expressões para ser designado. As mais comuns nos nossos dias são mesmo as variantes nas várias línguas de "Direito Internacional" (*International Law, Droit international* etc.), mas há também alguma predileção anglo-saxónica por *Law of Nations* ("direito das nações"), e germânica por *Völkerrecht* ("direito dos povos"). Também se usa a expressão de direito romano (nesta ordem jurídica historicamente desaparecida há séculos com um significado preciso, oposto ao direito natural e ao direito civil *hoc sensu*) *jus gentium*, num sentido renovado,[22] para designar pura e simplesmente o Direito Internacional (Público). Não havendo propriamente sinónimos, o uso de uma ou outra das expressões pode transportar conotações próprias, específicas. Mas como alguns as usam apenas por predileção de sonoridade ou por mimetismo de escola ou afim, nem sempre esta tentativa de desvendamento de um segundo sentido se revelará muito frutuosa.

IV "Estado Epistemológico da Arte" do Direito Internacional

O Direito Internacional vive um momento cheio de desafios, e foge por entre os dedos dos que queiram aprisioná-lo em dogmatismos redutores. Alguns o situam entre a fragmentaridade e a unidade (ou universalização e fragmentação), embora outros haja que recusam estas balizas.[23] Houve quem tivesse medo que ele se enquistasse à maneira dos direitos nacionais, mas na verdade ele está muito vivo, e ainda faltará muito para que tal venha eventualmente a ser um perigo real.[24] A sua inovação e imaginação não cessam de criar novas situações e colocar em causa ideias feitas.

O seu próprio reduto epistemológico está em causa, assediado por desafios novos. E quase se pode afirmar que o Direito

---

[22] O *jus gentium* romano era inicialmente Direito Interno romano aplicado a relações "mistas", entre cidadãos romanos e estrangeiros. Mas sofreu naturalmente evolução. E não é inabitual a apropriação de expressões com algum renome e peso (e densidade histórica) para designar coisa diversa (sobretudo quando, como é o caso, a realidade original desapareceu). Não se esqueça, porém, que o Direito Romano não ficou conhecido pelo seu Direito Público, e muito menos pelo seu Direito Internacional Público (digamos, *grosso modo*, que o *jus gentium* seria Direito Internacional Privado), que aliás pouco se adequa a uma situação imperial... Cf., *v.g.*, FERREIRA DA CUNHA, Ary. (Pre)tensões sobre o mar: rumo a uma global governance dos oceanos. *Revista do Centro de Estudos de Direito do Ordenamento, Urbanismo e Ambiente*, Coimbra, ano XVII, n. 33, p. 68, 2014. Sobre a designação *jus gentium* para denotar o conceito moderno de Direito Internacional, cf. ainda GAURIER, Dominique. *Histoire du droit international*. Rennes: Presses Universitaires de Rennes, 2005. p. 16 *et seq.*

[23] Em língua portuguesa, *v.g.*, GARCIA JÚNIOR, Armando Álvares. *Direito Internacional Público Moderno*. São Paulo: Aduaneiras, 2012. p. 41 *et seq.*

[24] Sobre esses receios, sintetizando-os, GOUVEIA, Jorge Bacelar. *Manual de Direito Internacional Público*. 3. ed. Coimbra: Almedina, 2008. p. 117 *et seq.*

Internacional é um paradigma epistemológico atravessado neste momento por alguns problemas de "concorrência": interna e externa, ou endógena e exógena.

Assim, por um lado é inegável, e tem sido por muito referida, uma evolução interna no Direito Internacional. Desde a criação da ONU, superou-se o paradigma fundador (pelo menos "Moderno") que foi o contruído a partir da Paz de Vestefália (1648). De estados com soberania expansiva e quase absoluta, dotados de *Kompetenz-Kompetenz* (*grosso modo*: o árbitro decide sobre a sua própria competência, e, no caso, cada Estado é o grande árbitro) que se comportavam na cena internacional precisamente na perspetiva do equilíbrio e com a hipocrisia de uma igualdade formal entre todos (mas óbvia prevalência dos mais fortes), se foi passando a uma maior consciência de uma comunidade internacional, em que são possíveis adquiridos civilizacionais globais. Longe ainda de se ultrapassar a diferença entre grandes e pequenos, ricos e pobres, armados e desarmados. Mas os ideiais estão proclamados, escritos, por vezes podem ser levados a julgamento.

A Carta das Nações Unidas, e especialmente a Declaração Universal dos Direitos Humanos são a prova de que acima dos interesses e da *raison d'État* particularista de cada bandeira, há anelos, princípios e direitos mais fortes, pelo menos no plano axiológico, ético, e eventualmente jurídico até (o que é a grande novidade e ainda o grande desafio). E com a criação de várias cortes internacionais tal vai-se fazendo prática, efetividade.

Paralelamente à evolução interna, em que o Direito Internacional, permanecendo Direito Internacional, se permeabiliza a novos princípios e se interessa por novas realidades (não deixando de ser, lei do poder vai mostrando novos rostos, de reciprocidade, coordenação e cooperação),[25] parece haver também uma concorrência exterior.

Do mesmo modo que há em alguns, mais nacionalistas e soberanistas, uma grande desconfiança ante as boas intenções do modelo e daquilo a que já se achamou a "ideologia" da ONU, outros, partilhando o entusiasmo internacionalista, que associam

---

[25] QUEIROZ, Cristina. *Direito Internacional e Relações Internacionais*. Coimbra: Coimbra Editora, 2009, p. 41 *et seq.*

a uma certa crença, mais ou menos explícita, numa "teologia dos mercados" (dando razão, quantas vezes sem o saberem, a quem dizia que "o capital não tem pátria"), são partidários de novos modelos que se resumem, não sem alguma confusão, no grande gavetão da *global governance*. Para além de essa *global governance* ter certamente um enorme *déficit* democrático (quem controla os mercados e as *corporations*, que em língua portuguesa cada vez mais se vai traduzindo mediaticamente, e mal, por "corporações"?).

Este modelo, em que a vida do mundo seria regulado por vários polos ou redes multipolares, sem necessariamente a intervenção e a decisão realmente relevante dos governos e naturalmente das pessoas comuns, obviamente suscitará tanto a desconfiança se não mesmo a aversão de nacionalistas e internacionalistas "democráticos", partidários de formas pelo menos remotamente representativas.

Evidentemente que a intervenção global e o contributo para essa global *governance* de uns e de outros não é todo igual, nem em todas as situações. Uma coisa é a intervenção de instituições de organizações internacionais legitimadas em última análise pelos tratados que as fundam e regulamentam, outra coisa é a ação de grupos que não são sujeitos de Direito Internacional, ou pelo menos não o são para uma doutrina clássica. Jan Klabbers dá o exemplo das agências de notação financeira, da Greenpeace e da Microsoft.[26] Umas e outras podem ter papéis relevantíssimos, e diríamos mais: se o normal é que tal seja voluntário, a sua simples presença no terreno pode levar a consequências de monta. Desde logo porque outros atores sociais, económicos, políticos, podem contar com respostas suas, agir de acordo com presumíveis movimentos seus, ou efabular a seu propósito, espalhar boatos etc. etc. O poder real de certas organizações não governamentais, da comunicação social, que obviamente tem proprietários, de grandes empresas, muitas delas multinacionais (não "companhias" nem, muito menos, "corporações") pode ser muito maior que o da "soberania" não apenas de pequenos Estados (que podem funcionar como uma espécie de "bandeiras de conveniência"), mas mesmo de médios

---

[26] KLABBERS. *International Law*. Cambridge: Cambridge University Press, 2014. p. 305 *et seq.*

Estados. Aliás, o vocábulo "soberania" apenas faria sentido para "alguns Estados muito poderosos"[27] segundo alguns...

Enquanto o Direito Internacional com o seu lastro clássico se preocupa com todo o ritual complexo e demorado da diplomacia que leve à feitura de um tratado, com o contributo de subtis e elegantes diplomatas, pode ser que tudo isso seja apressado, bloqueado ou anulado por um simples telefonema ou e mail entre dois funcionários de uma multinacional, ou pelos rumores da comunicação social, ou pelos rebaixamentos (ou eventuais subidas...) de classificação dos países pelos *ratings* financeiros feitos por empresas privadas? Ou então, mas menos plausivelmente, por manifestações multitudinárias de ativistas nas ruas?

Um mundo que se tornou "maior", com comunicações em tempo real, com visibilidades e manipulações de propaganda, com gigantismo de concentração de meios, desde logo financeiros, um mundo muito mais complexo que o que viu nascer o clássico Direito Internacional não se adata aos seus preceitos quando lhe não sirvam... E assim vão-se criando hibridações, contradições e situações paralelas ou camadas sedimentares de soluções...

Os próprios processos de arbitragem internacional, sobretudo ao nível comercial, estão em alguns casos sob suspeita, pela forma como derrogariam o Direito, ou, pelo menos, o Direito "habitualmente usado", em benefício precisamente desses novos protagonistas e decisores no palco internacional, as multinacionais.[28]

Cremos que, independentemente de ocorrer frequentemente que o Direito tenha que vergar-se à chamada "força normativa dos factos" (e a aceitação da revolução como fonte de Direito é disso o mais cabal exemplo), o problema teórico que subjaz a toda a questão é o dos limites do Direito. Onde acaba e onde começa o Direito? Onde acaba o Direito e começa a simples política e outras coisas afins? O poder tem no Direito uma imensa intervenção, é certo. Mas sempre

---

[27] É o que assevera, *v.g.*, SALON, Albert. Souveraineté. In: SALON, Albert. *Vocabulaire critique des relations culturelles internationales*. Paris: La Maison du Dictionnaire, 1978. p. 127. Sobre esses estados muito poderosos, *v.g.*, embora já muita água tenha passado sob as pontes da História, KENNEDY, Paul. *The Rise and Fall of the Great Powers*. Tradução Teresa Gonzalez. Mem Martins: Europa-América, 1997.

[28] BARLOW, Maude; JENNAR, Raoul Marc. O flagelo da arbitragem internacional. *Le Monde Diplomatique*, n. 112, p. 16-17, fev. 2016. Ed. port.

o Direito teve uma prerrogativa, ainda que platónica, de proscrever o nu poder, de indicar o que é direito e o que é torto, mesmo que o torto tenha uma imensa prevalência.

Falamos do Direito, note-se. Não do mero "fumus" do Direito, a simples forma, o processualismo, o "rito", quantas vezes meramente legitimador de antidireito... sob capa de juridismo.

Não se trata, evidentemente, de declarar a ilegalidade de *inputs* importantes e de todo o modo reais na vida do Direito. Mas de ser capaz de, em cada momento, saber o que realmente é o Direito (*quid juris*), qual o Direito em vigor (*de jure constituto*). É certo que há motivações e influências exógenas, mas tudo tem que passar pelo filtro dos filtros da juridicidade. E pela decisão dos órgãos jurídicos (e em muitos casos jurídico-políticos) que constitucionalmente têm competência para decidir. Mesmo constitucionalmente ao nível internacional, como é óbvio...

Mesmo assim, porém, é talvez certo que o modelo cognitivo e explicativo de uma *global governance*, pelo menos em algumas das suas modalidades, não está na mesma sintonia, no mesmo comprimento de onda. E onde o modelo jurídico, apesar de tudo muito jurídico, sem dúvida, do Direito Internacional Público se preocupa com fontes e competências, e devido processo etc., o novo modelo estará certamente a pensar em centros de decisão real, poder atrás do poder, formas de influência informais etc. No fundo, até, uma pré-compreensão do problema em grande medida mais realista, baseada em elementos politológicos e grandemente sociológicos e quiçá psicológicos também. E é claro que, neste panorama, não pode o jurista de alguma forma deixar de sentir o terreno a fugir-lhe debaixo dos pés, eventualmente recordando também as críticas marxistas ao discurso jurídico oficial, e apontando o peso enorme das infraestruturas, e dos que dominam essas alavancas, sobretudo económicas.

Para alguns não deixa de ser incómodo terem de dar razão a esse discurso que se lhes afigurava de ideologia da suspeita e imensamente materialista. Obrigando-os a dar a mão à palmatória reconhecendo que o Direito seria uma superestrutura (e discurso legitimador) ao serviço de interesses de classe bem mais prosaicos.

No que diz respeito a outros, não deixa de ser curioso observar que, não partilhando esses da mística coletivista, muito pelo contrário, acabam por, com a sua prática (e não poucos dos seus pontos de vista mais radicais, embora de sentido contrário), dar totalmente razão aos materialistas coletivistas. Só que, nos últimos tempos, perdeu-se o charme discreto da hipocrisia, e o *Enrichissez-vous* de Guizot passou a ser lema sem freio moral.

Muito do que se vai estudar de seguida é ainda o arsenal clássico, porque perdê-lo seria estar à mercê de ferramentas ainda não testadas, movidas por energias a todo o tempo falíveis e esgotáveis, e teorias que ainda não provaram o que valem. Contudo, afigurou-se-nos de grande importância ir estando atento a algumas novidades, que certamente virão a fazer História.

LIÇÃO II

DIREITO INTERNACIONAL, DIREITO INTERNO E SOCIEDADE INTERNACIONAL

I Da Sociedade Internacional

A Sociedade Internacional tem um modo de ser particular, diverso das diferentes sociedades ao nível nacional de cada Estado,[29] e uma estrutura político-jurídica própria, o Direito Internacional Público, que regula o ordenamento internacional, ou mesmo se confunde com ele.[30] Ao analisarmos esse Direito com os olhos habituados aos paradigmas do Direito Interno dos Estados, ao Direito nacional, tudo para muitos aparenta muito deficiente ou deficitário de ordem e de *imperium*, apesar dos grandes progressos de integração e afins dos últimos tempos. Mas estamos a falar precisamente da Sociedade Internacional, a sociedade que tem sido possível criar pelo complexo e relativo acordo dos Estados (sujeitos originários do Direito Internacional).

---

[29] Cf., *v.g.*, DUPUY, Pierre-Marie; KERBRAT, Yann. *Droit international public*. 10. ed. Paris: Dalloz, 2010; GUTIÉRREZ ESPADA, Cesáreo; CERVELL HORTAL, María José. *Curso general de derecho internacional público*. 3. ed. Madrid: Trotta, 2012, p. 19 *et seq*.

[30] SANTA MARÍA, Paz Andrés Sáenz de. *Sistema de derecho internacional público*. 3. ed. Navarra: Aranzadí, Civitas, Thomson Reuters, 2014, p. 19 *et seq*.; JIMÉNEZ PIERNAS, Carlos. *Introducción al derecho internacional público*: práctica de España y de la Unión Europea. Madrid: Tecnos, 2011. p. 89 *et seq*.; LITRENTO, Oliveiros. *Curso de Direito Internacional Público*. 3. ed. Rio de Janeiro: Forense, 1997. p. 35 *et seq*.

Não se trata, pois, de falar aqui da "Comunidade Internacional", enquanto sonhada comunidade de povos e não de Estados. Como explicou um dos seus defensores, ela seria "uma comunidade de massas e não de Estados, já que estes não passam de constituir máquinas políticas ao serviço das classes dominantes".[31] Podendo essa "Internacional" ser um sonho mais ou menos apelativo (dependendo das cores com que fosse pintada), a verdade é que se encontra bem longe da realidade que conhecemos, quer como federação de povos, quer como estado mundial. E a globalização, até ao presente muito mais económica[32] que política (ou política a reboque da económica) não se confunde com nada de comunitário, apesar de ser um fenómeno de massas.

Já se pôs em relevo que o caráter não massivo, mas restrito dos membros da sociedade (não de uma suposta comunidade internacional) internacional nada facilita as soluções. Muito mais elementos têm os Estados internamente, e mais fácil é o exercício aí do seu poder. A metáfora de Wight, retomada por Sabino Casesse, e outros, parece sempre muito ilustrativa e eloquente:

> The smaller the numerical membership of a society, and the more various its members, the more difficult it is to make rules not unjust to extreme cases: this is one reason for the weakness of international law. As a *reductio ad absurdum*, imagine a society of four members: an ogre twenty feet high, flesheating, preferably human; an Englishman six feet high, speaking no Japanese; a Japanese samurai, a military noble, speaking no English; and a Central African pygmy, early paleolithic; and all on an island the size of Malta. This is a parable of what is called international society.[33]

O que interessa, realmente, é compreender em profundidade o sentido da Sociedade Internacional, que tem muitas semelhanças

---

[31] SOARES, Fernando Luso. *A comunidade internacional*: introdução à política. Lisboa: Diabril, 1976. v. 2, p. 18.

[32] Cf., por todos, FARIA, José Eduardo (Org.). *Direito e globalização econômica*: implicações e perspectivas. São Paulo: Malheiros, 2010. Sem esquecer, evidentemente, ARNAUD, André-Jean. *O Direito entre modernidade e globalização*: lições filosóficas do Direito e do Estado. Tradução Patríce Charles Wuillaume. Rio de Janeiro: Renovar, 1999.

[33] WIGHT, M. *International Theory*: the Three Traditions. Londres: Leicester University Press, 1991. p. 139.

com o clássico e tão mitificado "estado de natureza" em que se encontrariam os estados antes do "contrato social" e da passagem à "sociedade política". Para tanto, alguns tópicos didáticos tanto podem ajudar como, pelo contrário, iludir as questões, dogmatizando-as em elementos "prontos a decorar"...

As listas de características de entes sociais, com possibilidade de estudo sociológico, são normalmente discutíveis, embora por vezes se apresentem como verdades de fé. Ou melhor: como tais sejam entendidas por quem as estude menos criticamente.

Uma possível lista de características da Sociedade Internacional seria: universalidade, abertura, descentralização, caráter originário e paritário.[34]

As características da Sociedade Internacional que quaisquer autores estilizam, isolam, com fins não substanciais mas didáticos, podem ser (e devem ser) evidentemente discutidas. Talvez se deva antes dizer que haverá uma tendência ou vocação para essas características, mas não ir muito além.

A Sociedade Internacional [que não é uma *comunidade*][35] abrange tendencialmente todos. Sabe-se que em teoria todos os Estados são iguais (muito teoricamente), e qualquer Estado pode entrar na sociedade (mas há o problema do reconhecimento. E o "Estado islâmico" – e alguns parecem mesmo recusar-se a nomeá-lo desta forma –, por exemplo, está mesmo na sociedade? Há quem contudo assinale uma sua dimensão global...).[36]

Há quem associe a descentralização à inexistência dos três poderes ao nível internacional. Mas eles começam as esboçar-se, de algum modo. Muito mais que nos velhos tempos. E a descentralização tem a ver com a inexistência, sim, de um poder central, analisado ou não em três. O caráter originário significaria que a Sociedade Internacional não depende de outra ordem jurídica (no fundo, nacional), mas apenas do direito natural. Os soberanistas extremos discutirão a primeira questão, e os positivistas a segunda.[37]

---

[34] MELLO, Celso D. A. de. *Curso de Direito Internacional Público*. Rio de Janeiro: Renovar, 1992.
[35] Cf. TOENNIES, Ferdinand. *Comunidad y sociedad*. Barcelona: Peninsula, 1979.
[36] BYMANN, Daniel. ISIS goes global. *Foreign Affairs*, p. 76-85, mar./abr. 2016.
[37] Sobre os soberanismos, v. *infra*.

II   Ordem Jurídica Interna e Sociedade Internacional

1   Algumas comparações essenciais

É natural que o direito que se aplica a uma sociedade fragmentada (ou descentralizada) e não organizada em Estado, como é a Sociedade Internacional, seja diferente do direito estadual(ista) que vigora nos Estados.

Em grande medida, na ordem internacional ainda vigora o Estado de natureza, antes da passagem ao Estado civil, ou sociedade política, pelo "contrato social". É um processo civilizatório em que ainda nos encontramos ao nível internacional: ontem vigorava a *política da canhoneira*, hoje já há ONU e muitas organizações internacionais, e até um *Tribunal Penal Internacional*, assim como se trabalha por um *Tribunal Constitucional Internacional*. Não se pode assim dizer que a Sociedade Internacional esteja para sempre votada à anarquia e que o Direito Internacional não seja Direito. É um direito de tipo diferente. Em grande medida é um Direito mais pedagógico que sancionatório (punitivo), mas já começa a ser mais efetivo.

Já o é muito mais que há ainda umas poucas décadas atrás. Sempre houve projetos cosmopolitas (é muito referido o de Kant, na sua *Paz Perpétua*, de 1795), que remam no sentido contrário ao da fragmentação. Mas mais recentemente esse cosmopolitismo também se reveste de ainda mais claras notas de cidadania.[38]

Não se pode esquecer também que há grandes autores (clássicos e modernos) que negam a própria existência do Direito Internacional Público, como Hobbes, Hegel ou Raymond Aron. Sobretudo porque (em geral) associam demais o direito à coercividade e capacidade de imposição por um terceiro independente de uma sanção, contra a vontade das partes. Mesmo a Estratégia nacional de segurança dos EUA (março 2006) não continha uma única vez a expressão "Direito Internacional Público".[39] Mas mais tarde as coisas começaram a mudar...

---

[38] V., por todos, CORTINA, Adela. *Ciudadanos del mundo*: hacia una teoría de la ciudadanía. 4. ed. Madrid: Alianza, 2001. Sem esquecer, evidentemente, os contributos de Habermas.

[39] CANAL-FORGUES; RAUMBAUD, *op. cit.*, p. 18.

Ao nível do **Estado**, reinam

1. *hierarquia das normas*, dispostas numa pirâmide normativa, que geralmente é atribuída a Kelsen, mas já se encontra (ainda que a tenhamos que imaginar) noutros autores (por exemplo na hierarquia normativa de São Tomás de Aquino, que chega a ser também extra-jurídica);
2. *subordinação* de sujeitos de direito (pessoas e entes coletivos) ao Estado;
3. *jurisdição universal*: embora existam um ou outro caso, históricos sobretudo, e ainda atuais, de foros privativos, de isenções etc., o grande princípio é que todos são cidadãos, e portanto todos se submetem ao sistema judicial, e todos o podem também demandar (salvo, naturalmente, situações de incapacidade mais grave).

Já do lado dos Estados, no plural, ou seja, no âmbito da Sociedade Internacional, tudo parece ser diferente ao que ocorre no nível nacional.

Assim, vigoram os seguintes "princípios":

a) *tradicionalmente, não há hierarquia entre as normas* de Direito Internacional Público. Pode haver, porém, um raciocínio político pontual que acabe por hierarquizá-las (como aponta Francisco Rezek). Porém, começa a ganhar cada vez mais interesse a doutrina do *jus cogens*, apoiada na Convenção de Viena de 1969, em seus artigos 53, 64, e 71, e que levaria a uma hierarquização. Mas ela está longe de ser consensual...

b) *Coordenação entre Estados*. Verificar-se-ia na Sociedade Internacional uma paridade de soberanias. Evidentemente, tal ocorreria ao menos em teoria – um Paul Reuter fala de "desigualdade de facto". Precisamente *a contrario* se pode pensar em "igualdade de direito"...

c) *Caráter arbitral*. Tradicionalmente ainda, em Direito Internacional Público, portanto segundo a normatividade que rege a Sociedade Internacional, o Estado precisa concordar com a jurisdição a que voluntariamente aceita submeter-se. Contudo, há alguns casos em que esse princípio se limita. Por exemplo, na Resolução da ONU, AG, 56/83, 28.1.2002, atinente à Responsabilidade dos Estados por facto internacionalmente ilícito.[40]

---

[40] Disponível em: <http://old.dipublico.org/doc/A-RES-56-83.pdf>. Acesso em: 22 fev. 2016.

2 *Jus cogens*: um conceito a seguir. Princípios de Direito Internacional

É importante atentar desde já num elemento que acabamos de evocar, a propósito, na exposição comparativa do Estado e da Sociedade Internacional que acabamos de fazer, muito sucintamente.

Trata-se de um conceito que anda rodeado de alguma polémica: o *jus cogens*. Estamos perante uma construção em progresso, com perspetivas desavindas, cunhado a partir da ideia da existência de uma ordem pública internacional. A qual, por sua vez, será de algum modo fruto de uma consciência jurídica geral internacional concorde com valores fundamentais, hierarquizando o próprio Direito Internacional, em normas imperativas, de um lado, ou simplesmente obrigatórias, do outro.[41]

Na Convenção de Viena de 1969, há três artigos sobre que se foram construindo as teorizações do *jus cogens*. Importa tê-los presentes:

> ARTIGO 53
>
> **Tratado em Conflito com uma Norma Imperativa de Direito *Internacional Geral* (*jus cogens*)**
>
> É nulo um tratado que, no momento de sua conclusão, conflite com uma norma imperativa de Direito Internacional geral. Para os fins da presente Convenção, uma norma imperativa de Direito Internacional geral é uma norma aceita e reconhecida pela comunidade internacional dos Estados como um todo, como norma da qual nenhuma derrogação é permitida e que só pode ser modificada por norma ulterior de Direito Internacional geral da mesma natureza.
>
> ARTIGO 64
>
> **Superveniência de uma Nova Norma Imperativa de Direito Internacional Geral (*jus cogens*)**
>
> Se sobrevier uma nova norma imperativa de Direito Internacional geral, qualquer tratado existente que estiver em conflito com essa norma torna-se nulo e extingue-se.
>
> ARTIGO 71
>
> **Conseqüências da Nulidade de um Tratado em Conflito com uma Norma Imperativa de Direito Internacional Geral**

---

[41] Cf., *v.g.*, FERREIRA DE ALMEIDA, Francisco. *Direito Internacional Público*. Coimbra: Coimbra Editora, 2001. Parte I, p. 21 *et seq.*

LIÇÃO II
DIREITO INTERNACIONAL, DIREITO INTERNO E SOCIEDADE INTERNACIONAL | 49

1. No caso de um tratado nulo em virtude do artigo 53, as partes são obrigadas a:

a) eliminar, na medida do possível, as consequências de qualquer ato praticado com base em uma disposição que esteja em conflito com a norma imperativa de Direito Internacional geral; e

b) adaptar suas relações mútuas à norma imperativa do Direito Internacional geral.

2. Quando um tratado se torne nulo e seja extinto, nos termos do artigo 64, a extinção do tratado:

a) libera as partes de qualquer obrigação de continuar a cumprir o tratado;

b) não prejudica qualquer direito, obrigação ou situação jurídica das partes, criados pela execução do tratado, antes de sua extinção; entretanto, esses direitos, obrigações ou situações só podem ser mantidos posteriormente, na medida em que sua manutenção não entre em conflito com a nova norma imperativa de Direito Internacional geral.

O problema está em saber quais serão essas normas imperativas (perentórias, inderrogáveis pelas partes envolvidas num conflito) de Direito Internacional geral... E também podem ser princípios e não simples normas. Em todo o caso, dotadas ou dotados, sempre de três características de grande relevo:

a) Imperatividade,

b) Universabilidade e

c) Inderrogabilidade

Estaremos assim perante uma espécie de "direito natural" em matéria internacional (há quem faça recuar este tipo de abordagem a Francisco de Vitória)... Embora afeiçoado aos tempos modernos.[42] E portanto com uma mais notória carga ideológico-geopolítica...

---

[42] Apesar de ser uma perspetiva filosófico-jurídica pouco na moda na maior parte dos meios jurídicos (e filosóficos), é inumerável a bibliografia sobre Direito Natural. O jusnaturalismo (na verdade os jusnaturalismos) foi, durante séculos, a própria Filosofia do Direito. E tem ainda muitos adeptos, de variadíssimo matiz, que fazem questão em expor os seus pontos de vista e em não deixar que a onda positivista se transforme em pensamento único. Em geral, por todos, as nossas últimas sínteses nos nossos livros *Droit naturel et méthodologie juridique*. Paris: Buenos Books International, 2012. Prefácio de Stamatios Tzitzis e *Rethinking Natural Law*, Berlin, Heidelberg: Springer, 2013, Prefácio de Virginia Black. Um balanço mais sintético ainda pode colher-se no nosso capítulo Direito natural: contributos para um estado da arte. In: HOMEM, António Pedro Barbas (Org.). *Do direito natural aos Direitos Humanos*. Coimbra: Almedina, 2015. p. 35-50.

Há quem diga, por exemplo, que instrumentos até sem a validade de tratados, como a Declaração Universal dos Direitos do Homem, de 1948 possuiriam esse estatuto.

A Comissão do Direito Internacional da ONU deu razão à existência de um corpo de normas inderrogáveis no Relatório da segunda parte da sua 17ª sessão e da sua 18ª sessão, em setembro de 1966. Desde então a polémica sobre o conteúdo do *jus cogens* tem aumentado, sendo um claro exemplo da discussão sobre um Direito que está longe de ser consensual e inócuo.[43]

Não podemos deixar de ler a questão também à luz dos princípios de Direito Internacional comum ou geral (não historicamente situados nem regionais), que, certamente, terá tido ao menos um dia a sua base no princípio dos princípios e norma fundamental avançada por Kelsen na sua *Teoria Pura do Direito*,[44] o *pacta sunt servanda* (que tudo tem a ver com o caráter pactício, voluntário e até sinalagmático do Direito Internacional clássico).

Para alguns haveria sete grandes princípios, com inúmeras decorrências, mas também sujeitos a várias polémicas, a começar pelo primeiro, o da soberania. Assim, além deste, teríamos: reconhecimento, consentimento, boa-fé (concretamente este é de enorme importância na própria subsistência de outras fontes de Direito Internacional, como, desde logo, os Tratados), responsabilidade internacional, legítima defesa e liberdade dos mares. O primeiro e o último, desde logo, devem ser lidos à luz de novos desenvolvimentos.

A lista dos princípios gerais do Direito (Internacional) de Valerio de Oliviera Mazzuoli é mais longa, atualizada e aberta:

> (...) são exemplos os princípios de não intervenção, da não ingerência em assuntos particulares dos Estados, da obrigação da cooperação dos Estados entre si, primazia dos tratados sobre as leis internas, prévio esgotamento dos recursos internos, proibição do uso da força contra a integridade territorial ou a independência política de qualquer Estado, solução pacífica as controvérsias, igualdade soberana entre Estados, o direito de passagem inocente para navios mercantes em tempo de paz, a liberdade dos mares, a autodeterminação dos povos, a boa-fé,

---

[43] Desenvolvendo o problema, particularmente interessantes os contributos de CANAL-FORGUES, Eric; RAMBAUD, Patrick. *Droit international public*. 2. ed. Paris: Flammarion, 2011.

[44] KELSEN, Hans. *Teoria Pura do Direito*. Tradução João Baptista Machado. 4. ed. Coimbra: Arménio Amado, 1976.

o respeito universal e efetivo dos Direitos Humanos, as normas de *jus cogens*, entre outros (...).[45]

Mas, como se sabe, a questão dos princípios é controvertida sempre (como aliás outras fontes), chegando a haver quem os considere algo como falsas fontes. Para outros, um problema que afetaria os princípios seria uma questão ideológica insanável, responsável pelo não acatamento deles por pelo menos uma parte dos Estados. Para o soviético Tunkin não poderiam existir princípios idênticos em sistemas normativos (decorrentes de regimes políticos) opostos. É, a nosso ver, um exagero, e o diálogo sempre acabou sendo em dúvida difícil, mas no limite possível. Aliás, que outra coisa é a Declaração Universal dos Direitos do Homem senão confluência de Estados muito diversos, e com cosmovisões em grande medida opostas, em alguns casos?[46]

III Direito Internacional e Direito Interno

1 Generalidades

Interessa analisar a forma como os autores encaram as relações entre Direito Internacional Público e Direito Interno. Mas antes de vermos as perspetivas clássicas, sobretudo dualistas e monistas, importa não entrar pelo coro desesperançado e tradicionalista que na verdade "desiste" de um Direito Internacional, fazendo-o ora apenas normatividade internacional de cada Estado (doutrina da autolimitação dos Estados, por exemplo), ora apenas jogo de relações de força internacionais com um muito ténue *fumus* de juridicidade.

---

[45] MAZZUOLI, Valerio de Oliveira. *Curso de Direito Internacional Público*. 9. ed. rev., atual. e ampl. São Paulo: RT, 2015. p. 155.

[46] Cf. TUNKIN, Grigory. I. *Droit international public*: problèmes théoriques. Paris: Pedone, 1965, p. 126, *apud Ibidem*, p. 153. Sobre esse possível diálogo, e com uma visão muito interessante da diplomacia da URSS, v. HOURDIN, Georges; GANNE, Gilbert. *Les valeurs bourgeois*. Nancy: Berger-Levraut, 1967, trad. port. de Alfredo Barroso, *Os valores burgueses*, Pro, p. 35, afirmando designadamente: "Se vejo aparecer, no écran da televisão, Kossyguine com ar cortês, de homem de bem, inteligente e plácido, de grande caixeiro-viajante obrigado a ocupar-se das coisas da vida internacional, eu reconheço-o como um dos meus (...) Deixemo-nos de coisas! A burguesia não morreu, mesmo nos países socialistas". Refira-se que, como resulta do contexto da obra, o autor tem uma visão bastante progressiva da "burguesia", o que contudo não chegaria por si só para justificar uma afirmação que poderia chocar tanto Gregos como Troianos. Mas não deixa de ser uma perspetiva a ponderar, para além da "provocação".

Importa esclarecer bem a sujeição dos Estados ao Direito, e a situação em progresso que se vai vivendo, apesar dos acidentes de percurso, dos desvios, dos obstáculos e dos recuos. Um texto muito sábio e esperançoso parece-nos ser este de Brierly, e que não é recente (depois dele cremos ter-se reforçado a sua razão):

> (...) os Estados não são pessoas (...) são apenas *instituições* (...) A sua sujeição ao direito é por enquanto imperfeita; mas, na medida em que existe, é em todo o caso real. O problema de a incrementar implica grandes dificuldades práticas, mas não uma impossibilidade intrínseca. As diferenças importantes entre o Direito Internacional e o direito que governa os indivíduos dentro dos Estados não são metafísicas nem assentam em qualquer atributo místico da entidade chamada soberania estadual.[47]

É cada vez mais impressivo, se não impressionante, como os clássicos, como Brierly já o é, possuem o condão de com clareza até antecipar problemas que no futuro viriam a ter mais acuidade que no seu próprio "momento".

Esclarecida esta questão de fundo, passemos à breve enunciação das teorias.

2 As teorias: dualismo e monismo

2.1 Dualismo

Autores positivistas voluntaristas como Triepel e Anzilotti naturalmente defendem uma separação e independência entre as ordens jurídicas nacionais e internacional. E enfatizam que a ordem jurídica interna não se subordinaria à internacional.

2.2 Monismo

2.2.1. Monismo internacionalista: proclama a prevalência do Direito Internacional Público sobre o direito das ordens internas

---

[47] BRIERLY, *op. cit.*, p. 54-55.

de cada país. Kelsen ao proclamar o princípio geral *pacta sunt servanda* aqui se enquadra. Quando alguns afirmam que um Tribunal Constitucional Internacional deveria ter uma jurisdição universal, independentemente da adesão de cada país a um tratado que o constitua, inclinam-se para esta teoria. Porém, sublinhe-se desde já que outras possibilidades se abrem e nem todos os adeptos dessa instância internacional nova são apologistas de uma tal solução.

2.2.2. Monismo nacionalista: Entre os anos 20 e 80 do séc. XX uma forma de monismo nacionalista era doutrina corrente nos autores soviéticos, e parece de novo redespertar na Rússia. Em contrapartida, a partir de 2010 os EUA terão passado a um reconhecimento maior do Direito Internacional Público.[48]

2.3. Monismo e dualismos no mapa: É preciso sempre ter em conta que classificações tão singelas e com nome tão comum como "monismo" e "dualismo" são suscetíveis de repetição (mas não coincidência) na análise de fenómenos vizinhos por vários aspetos. Nem sempre se estará, pois, a falar da mesma coisa... Numa certa perspetiva, consideram-se monistas: Holanda, Grécia, Portugal, e de algum modo EUA e França, embora com especificidades. Já normalmente são tidos por dualistas: Reino Unido, Itália, Alemanha. Não basta ver as Constituições, mas também a complexidade da prática. Exagerando, evidentemente, alguns dizem que um marciano que, tendo estudado no seu planeta as constituições teria por vezes dificuldade em ver na prática a que países em concreto respeitam.

IV Sistema Jurídico Internacional

1 Generalidades

A não existência de oponibilidade das normas de Direito Internacional Público aos Estados, reclamando consentimento, importa em algum *déficit* de juridicidade "clássica", certamente. O sistema jurídico internacional por vezes é posto em causa. Atente-se neste título

---

[48] CANAL-FORGUES; RAMBAUD, *op. cit.*, p. 18.

revelador, para mais na revista em que o artigo é publicado: *Le Droit international: bric-à-brac ou système*.[49]

> O Direito Internacional é realmente uma descrição de um siste-ma jurídico completo: o sistema jurídico internacional. É um sistema jurídico internacional pelo qual são criadas normas jurídicas com vista a estruturar e organizador sociedades e relações.[50]

2   Caso e Princípio Lotus

2.1   O Caso Lotus

Sobre este caso, afirmou o Tribunal Permanente de Justiça Internacional, SDN, 7 setembro 1927, série A, n. 9: "As regras de direito que vinculam os Estados procedem da vontade destes".

O navio francês de nome *Lotus* (daí a designação do caso) atacou e afundou uma embarcação turca que transportava carvão, o *Boz-court*. A agressão deu-se em alto mar, fora das águas territoriais turcas (ou francesas, evidentemente). Imprudentemente ou crendo na impunidade de uma ação em alto mar, o *Lotus* não deixou de atracar ulteriormente em porto da Turquia. Aí, o oficial de dia encarregado superiormente do barco francês no momento da agressão viu-se acusado penalmente. A dúvida surgida quanto a esta incriminação era precisamente sobre a competência de um Estado fora da clássica competência internacional. A Corte Penal de Justiça Internacional (por decisão de 7 de setembro de 1927) deu razão à Turquia que invocava uma norma consuetudinária permitindo a responsabilização de danos causados a turcos (e tinha havido, para mais, muitas vítimas neste episódio), mesmo fora do território turco.

---

[49] COMBACAU, J. *Le droit international*: bric-à-brac ou système. Le système juridique. [S. l]: APD, 1986. p. 85.

[50] DIXON *et al. Cases and Materials on International Law*. 4. ed. Oxford: Oxford University Press, 2003. p. 1. Sobre o carácter sistemático do Direito em geral como norma, *v.g.*, DIMOULIS, Dimitri. *Manual de introdução ao estudo do Direito*. 2. ed. São Paulo: Revista dos Tribunais, 2007. p. 171. Claro que há dificuldades de transposição para o Direito Internacional... Mas a leitura é recomendável.

2.2 O Princípio Lotus

O axioma que normalmente se extraía, como Princípio Lotus, seria que tudo o que não for proibido é permitido em Direito Internacional Público. "Mas o Direito Internacional evoluíu e está muito mais complexo...".[51]

3 Normas Internacionais

Falar de *normas internacionais* é falar no sistema de fontes, que em boa parte modula o sistema jurídico internacional, se é que se não confunde com ele. Não se trata de falar de uma inexistente "lei internacional", tão falada na comunicação social de países em que os formadores da opinião não sabem traduzir convenientemente *International Law* (Direito Internacional).

O Estatuto da Corte Internacional de Justiça, a "Corte de Haia", determina classicamente as fontes do Direito Internacional:

Art. 38 (património cultural do Direito Internacional Público, "ponto de partida de todo o *raisonnement* judiciário" – TIJ, Delimitação fronteiras do Mane, 1984) inclui:

a) Convenções internacionais;
b) Costume internacional;
c) Princípios gerais do Direito, reconhecidos pelas nações civilizadas;
d) Subsidiariamente, e dentro de alguns limites, a jurisprudência e a doutrina.

Falta, desde logo, considerar nesse normativo: atos unilaterais dos Estados, recomendações e decisões de organizações internacionais.[52]

Mais adiante curaremos de forma expressa e mais desenvolvida das Fontes do Direito Internacional.

Importará talvez desde já advertir, aos que se confundem com a relativa instabilidade e pulverização e múltiplas interpretações,

---

[51] BANTEKAS, Ilias; PAPASTAVRIDIS, Efthymius. *International Law Concentrate*. Oxford: Oxford University Press, 2013. p. 5.

[52] CANAL-FORGUES, Erik; RAMBAUD, Patrick, *op. cit.*, p. 27.

histórica e geograficamente situadas, das fontes do Direito Internacional, que no Direito Interno as fontes em sentido amplo também têm tido, e continuam a ter uso diverso, sendo também instrumento de várias perspetivas e barro para diversos usos.

Na verdade, há algo de pendular no uso das fontes que podemos colher no catálogo hipotético que a História nos lega. Assim, quando um dos vetores da jusgénese claudica ou exagera, os demais a breve trecho passarão a ser deificados, e um dia, não distante, acabarão por assumir a função jusgenética dominante.

Se na França de antes da Revolução se deplorava o subjetivismo arbitrário da dita "equidade" dos tribunais, veio depois a ideia de um juiz como mera "boca da lei" (Montesquieu mesmo o diz) e a prevalência juspositivista desta. Ao *dura lex* desta fase e sobretudo ao decisionismo legalista (mistura curiosa e perigosíssima) do nazismo sucederia depois da II Guerra Mundial um retorno ao direito natural que implica de algum modo sempre algum judicialismo.

Recorde-se ainda que em tempos de monarquia absoluta e impostos arbitrários, a panaceia era, para os opositores, liberais, os parlamentos ("no taxation without representation"), mas depois, com a banalização parlamentar, os impostos votados parlamentarmente não deixam de ter críticos – e até há (ou houve) partidos anti-impostos...

Deveríamos também acrescentar os exageros e a salvação da doutrina, e as suas hermenêuticas até de "resistência"... ou de imaginação sem freio. E por vezes "pro domo".

Algum dia ao exagero pendular dos atores nesta matéria sucederá um equilíbrio e uma complementaridade sã? Isso faria parar o pêndulo...

Se assim ocorre no Direito Interno, pense-se como podem passar-se[53] as coisas ao nível internacional... Mas não devemos

---

[53] É o eterno problema do juiz entre ser mera "bouche qui prononce les paroles de la loi" (Montesquieu) ou enveredar, por vezes qual "Zorro" justiceiro, pelas vias de um ativismo judicial. Cf., especialmente, por todos, QUARESMA, Regina; OLIVEIRA, Maria Lucia de Paula; OLIVEIRA, Farlei Martins Riccio de. *Neoconstitucionalismo*. Rio de Janeiro: Forense, 2009 (com dois textos nossos, aliás); BARROSO, Luís Roberto, em colaboração com Ana Paula de Barcellos. Fundamentos teóricos e filosóficos do novo direito constitucional brasileiro (Pós-modernidade, teoria crítica e pós-positivismo). *Interesse Público*, n. 19, 2003; FRANCISCO, José Carlos. *Neo-constitucionalismo e atividade jurisdicional*: do passivismo ao ativismo judicial. Belo Horizonte: Del Rey, 2012. FERREIRA FILHO, Manoel Gonçalves. Notas sobre o direito constitucional pós-moderno, em particular sobre certo neoconstitucionalismo à brasileira. *Systemas – Revista de Ciências Jurídicas e Econômicas*, v. 2, n. 1, p. 101-118, 2010; RAMOS, Elival da Silva. *Ativismo judicial. parâmetros dogmáticos*.

perturbar-nos com essa realidade agónica, dialética. Só a cristalização dogmática fica perturbada com o fluir das coisas, só ela gostaria de uma plácida e ageslástica (cristalizada) tábua de fontes...

Exercícios sobre os Fundamentos Teóricos do Direito Internacional

1. A metodologia de abordagem inicial do Direito Internacional neste livro foi de preferir
a) Uma definição de Direito Internacional Público.
b) Uma noção definitória de DIP.
c) Uma tópica de DIP.
d) Uma tópica nocional de DIP.
e) Uma retórica do DIP.
Solução: *c*)

2. Outra expressão *clássica*, próxima de Direito Internacional Público, seria:
a) Direito Internacional Estadual.
b) Direito das gentes.
c) Direito geral das pessoas.
d) Direito Universal Público.
e) Direito dos Estados.
Solução: *b*) É a mais clássica de todas.

3. Qual das características seguintes não costuma ser aplicada à caracterização da Sociedade Internacional
a) Paridade.
b) Universalidade.
c) Abertura.
d) Caráter originário.
e) Relação.
Solução: *e*)

São Paulo: Saraiva, 2010. Em geral, pela sua exemplaridade, cf. BONILLA MALDONADO, Daniel. *Constitutionalism of the Global South*. New York: Cambridge University Press, 2013.

4. O Caso Lotus envolveu os seguintes países:
a) A Grécia e a Itália.
b) A França e a Grécia.
c) A Grécia e a Turquia.
d) A França e a Turquia.
e) A Turquia e a Itália.
Solução: *d*)

LIÇÃO III

FUNDAMENTO DO DIREITO INTERNACIONAL PÚBLICO

I   Em demanda da fundamentação

Em grande medida, a questão do Fundamento é uma demanda por encontrar uma fundamentação. E assim, recordando Nietzsche, diríamos que "o que tem história não tem definição".[54] Não há, evidentemente, um fundamento rígido, a decorar. Há é teorias diversas sobre a fundamentação. Procura-se, no Direito Internacional como em todo o Direito, um ponto de apoio, um ponto fixo como Arquimedes procurava:[55] o dele permitiria levantar o mundo, pois nele se apoiaria a respetiva alavanca; o do Direito é um arrimo legitimador. Sem essa legitimação, que é em grande medida discursiva,[56] o Direito não deixa de poder existir, mas como que claudica, por não ser convincente, por não conquistar a razão ou os corações (existem legitimações de muito género).

Há algumas confusões sobre o que realmente se deva entender por "fundamento" e "fundamentação" neste âmbito. Paira em alguns espíritos a ideia, algo peregrina, de que o Direito Internacional teria uma necessidade acrescida de se autolegitimar,

---

[54] Os termos do filósofo alemão são: *"Definirbar ist nur Das, was keine Geschichte hat"* ("Definível é apenas aquilo que não tem história"). NIETZSCHE, Friedrich. *Zur Genealogie der Moral*, II, 13.

[55] Cf. O nosso esgotado livro *O Ponto de Arquimedes*. Coimbra: Almedina, 2001.

[56] BAPTISTA MACHADO, João. *Introdução ao Direito e ao discurso legitimador*. Coimbra: Almedina, 1985.

buscando um especial ponto fixo de Arquimedes que alavancasse a sua obrigatoriedade ou garantisse o cumprimento das suas normas. Como se sabe, esse ponto fixo é difícil de encontrar para todo o Direito, e também muito dependente das teorizações. Como explica Brierly, não só o Direito Internacional não tem especial obrigação de sequer explicar as razões da sua obrigatoriedade, como parece que apenas o Direito Natural seria uma teorização suficientemente explicativa. Ora nos tempos que correm, o jusnaturalismo não é, como foi outrora, de modo algum uma filosofia que recolha a unanimidade dos sufrágios. Aliás, como veremos já de seguida, a teoria jusnaturalista que normalmente se cita em Direito Internacional é já ela de pendor moderno, não se identificando com a multiplicidade de jusnaturalismos, históricos e possíveis. Seja como for, a conclusão do renomado internacionalista britânico é ainda, segundo cremos, uma forma ou uma aplicação de um *fumus* ao menos de jusnaturalismo (ou pluralismo) filosófico em Direito:

> A explicação última da obrigatoriedade de todo o direito está em que o homem, quer tomado individualmente quer associado com outros num Estado, é forçado a admitir, como ser racional, que é a ordem, e não o caos, o princípio que governa o mundo em que tem de viver.[57]

II As teorias clássicas da fundamentação do Direito Internacional

Apenas um aprofundado estudo da história do Direito Internacional, e a história do seu pensamento mais teórico, com dimensão mais filosófica, permitiria bem compreender a evolução e o diálogo que se tem estabelecido entre as várias teorizações sobre esta realidade e o seu fundamento. Se tudo fosse estudado desde a sua génese, seria muito mais claro o entendimento das coisas (ou, em grego: ει δε τις αρκηες τα πραγματα φυομενα βλεφειν), *Brevitatis causa*, sintetizemos apenas, de forma muito sumária, as principais

---

[57] BRIERLY. *Direito Internacional*. 4. ed. Lisboa: Fundação Calouste Gulbenkian, 1979. p. 55.

teorias em presença ao longo dos tempos, que só fazem contudo sentido pleno quando devidamente contextualizadas.[58]

1 Teoria Jusnaturalista

A Teoria Jusnaturalista no Direito Internacional [na verdade, as teorias jusnaturalistas, que são várias][59] tem uma feição própria, por ter sido domi-nante dos sécs. XVI ao XVIII, no fundo tendo contribuído para a formação deste então novo ramo do Direito.

Trata-se, evidentemente, de uma perspetiva enquadrada na escola moderna de Direito Natural, e não no jusnaturalismo clássico (o chamado realista clássico, que une o pensamento jurídico-filosófico helénico, a experiência jurídica romana e a reelaboração teórica de ambos por Tomás de Aquino, desde logo). Autores mais representativos deste Direito Natural moderno, nesta fase inicial, e fundante do Direito Internacional, são os espanhóis Francisco Vitória e Suárez, e o holandês Hugo van Groot (Grotius).[60] O Direito Internacional Público seria uma aplicação do direito natural, e este "consiste em certos princípios da reta razão que nos fazem saber que uma ação é moralmente honesta

---

[58] Remetemos assim para a parte histórica de inúmeros manuais, sendo particularmente saborosa e amadurecida a exposição de BRIERLY, *op. cit.* Com a vantagem de não ser longa. Mais pormenorizada e recentemente, em língua portuguesa, *v.g.*, BRITO, Wladimir. *Direito Internacional Público.* Coimbra: Coimbra Editora, 2008. p. 15 *et seq.*; ACCIOLY, Hildebrando; NASCIMENTO E SILVA, G. E.; CASELLA, Paulo Borba. *Manual de Direito Internacional Público.* p. 40 *et seq.*; FERREIRA DE ALMEIDA, Francisco. *Direito Internacional Público.* Parte I, p. 27 *et seq.*; GOUVEIA, Jorge Bacelar. *Manual de Direito Internacional Público.* 3. ed. Coimbra: Almedina, 2008. p. 101 *et seq.*; QUEIROZ, Cristina. *Direito Internacional e Relações Internacionais.* Coimbra: Coimbra Editora, 2009. p. 53 *et seq. passim.* Com referência histórica logo no título, MACHADO, Jónatas. *Direito Internacional do paradigma clássico ao pós-11 de setembro.* 4. ed. Coimbra: Almedina, 2013; PEREIRA, Bruno Yepes. *Curso de Direito Internacional Público.* São Paulo: Saraiva, 2006. p. 28 *et seq.*; ROQUE, Sebastião José. *Direito Internacional Público.* São Paulo: Hemus, 1997. p. 13 *et seq.* Em geral, v. o monumental trabalho de conjunto de GAURIER, Dominique. *Histoire du droit international.* E ainda RENAUT, Marie-Hélène. *Histoire du droit international public.* Paris: Ellipses, 2007.

[59] Cf., *v.g.*, BOSON, G. B. Mello. *Curso de Direito Internacional Público.* Belo Horizonte: Livraria Bernardo Álvares, 1958. p. 86 *et seq.*

[60] Sobre estes autores, cf. o nosso livro *Repensar o direito*: um manual de filosofia jurídica. Com Prefácio de Mário Bigotte Chorão e Posfácio de José Adelino Maltez. Lisboa: Imprensa Nacional-Casa da Moeda, 2013. p. 156 *et seq.*

ou desonesta segundo a compatibilidade ou incompatibilidade que tenha com uma natureza razoável ou sociável."[61]

2 Teoria Positivista

A Teoria Positivista vai impor-se a partir do séc. XIX (que foi o século do seu apogeu teórico, embora ainda hoje seja a *filosofia espontânea dos juristas* – e mesmo uma espécie de reflexo condicionado, não só teórico mas também prático): os seus defensores recusam a existência de um direito natural (ou pelo menos a necessidade da sua consideração no âmbito desta disciplina e da sua prática), antes de mais e como traço comum a todos. Há várias modalidades de juspositivismo, neste aspeto:

2.1 *Voluntarista*: O fundamento do Direito Internacional seria a vontade do Estado (Carl Heinrich Triepel, Dionísio Anzilotti). Ortega Carcelén faz recuar esta perspetiva ao Iluminismo.[62] Em vez do fundamento na ordem natural, no direito natural ou no direito divino, passa a ser a *vontade dos Estados* o fundamento. Esta posição tem como fonte filosófica mais relevante o pensamento de Hegel. O Direito Internacional, ou aquilo a que os outros chamariam Direito Internacional (até na designação adotada a teoria se manifesta), não seria senão fruto de uma autolimitação de cada Estado. E assim ele não seria verdadeiramente internacional, mas para cada estado haveria um Direito Público externo, ou para o exterior [*aeusseres Staatrecht*].[63]

2.2 *Objetivista*: O fundamento do Direito Internacional, para a teoria objetivista, seria a necessidade social (Bourquin, Scelle). Segundo o grande internacionalista francês Georges Scelle as normas de Direito Internacional Público

---

[61] *Apud* ZARKA, Jean-Claude. *Droit international public*. Paris: Ellipses, 2011, p. 7.

[62] ORTEGA CARCELÉN, Martin. *Derecho global*: derecho internacional publico en la era global. Madrid: Tecnos, 2014. p. 17.

[63] Cf. BRIERLY, *Direito Internacional*, p. 53.

derivam "do próprio facto social e da conjunção da ética e do poder produzidos pela solidariedade social".[64]

2.3 *Normativista*: Baseado na sua Teoria Pura do Direito, o notável jurista austríaco Hans Kelsen (que embora fosse também juspublicista ganhou sobretudo fama – e nem sempre simpática – no terreno da Filosofia do Direito) considera que os estados também estão submetidos a uma hierarquia normativa, imperando sobre eles no plano internacional uma *Grundnorm* (norma das normas, norma fundamental): o princípio de que os pactos, contratos (e os tratados...) são para se cumprir: *pacta sunt servanda*. Há quem considere esta teoria uma variante das correntes objetivistas.

Embora muitos autores acabem por, expressa ou tacitamente, considerar estas referências teóricas e até filosóficas algo decorativas e no limite supérfluas, por não lhes verem utilidade atual e prática, a verdade é que se trata de padrões recorrentes de pensamento, que determinam muito mais profundamente do que possa pensar-se atitudes e conceitos bem atuais. É o que também alvitra, numa perspetiva para mais "crítica" (ou mais ou menos "crítica"), Jan Klabbers:

> (...) muitas das incertezas do Direito Internacional podem ser rastreadas pela tensão entre naturalismo e positivismo, ou entre o interesse da comunidade e o interesse individual do Estado, em linguagem mais moderna.[65]

Felizmente, como dissemos, há ainda autores que, em obras de outro fôlego (não do tipo desta que se está lendo) dedicam bastante tempo e espaço a questões histórico-filosóficas como estas.[66] Nunca é tempo perdido, adquirir um capital sólido de formação nestas áreas.

---

[64] ZARKA, *op. cit*, pp.7-8.
[65] KLABBERS, Jan. *International Law*. p. 19.
[66] Para uma síntese, apesar de tudo com mais autores e catalogações, *v.g.*, PEREIRA, Bruno Yepes. *Curso de Direito Internacional Público*. p. 15 *et seq*.

PARTE II

DIREITO INTERNACIONAL E ESTADO

LIÇÃO IV

OS MÍTICOS ELEMENTOS DO ESTADO

I   A tríade dos elementos do Estado em Max Weber
e o destino do Estado

Em alguns círculos dir-se-ia que já é um mantra, ou que produz uma egrégora. Há um elemento ritualístico na sua invocação, pelo menos. Senão mesmo mágico, mas sem dúvida encantatório: povo, território, poder político, soberania, ou expressões afins, sinónimas ou quase. É uma tríade sempre presente. Que estudante de Teoria Geral do Estado, Ciência Política, Direito Constitucional, ou Direto Internacional os não conhece e recita de cor? Aqui está uma dessas "certezas familiares" em Direito, um vero tópico.

Desses que, a seu tempo e com o estímulo devido, geram reflexo condicionado teórico... E quiçá prático também. Porque a teoria não fica isolada e sem consequências...

Recordemos, assim, antes de mais, um texto clássico de Max Weber (1864-1820). Para este renomado sociólogo e jurista alemão (por alguns cognominado "o Marx da burguesia" e a quem devemos, frequentemente mesmo sem o saber, muitas teorizações ainda válidas),[67] o Estado seria: "(...) uma comunidade humana que, nos limites de um território determinado (...) reivindica com sucesso para si própria o monopólio da violência legítima."[68]

---

[67] Cf. o nosso capítulo "Max Weber: actualidade, mensagem, desafio – uma introdução interpretativa", no nosso livro *Quadros institucionais*: do social ao jurídico. Porto: Rés, [1987?].

[68] ZARKA, Jean-Claude. *Droit internacional public*. Paris: Ellipses, 2011, p. 32.

Façamos algumas transposições conceituais mais evidentes:

a) *Comunidade humana* – Povo [por vezes, refere-se "população", mas este é um conceito que, mesmo no plano jurídico, coloca vários problemas];[69]

b) *Monopólio da violência legítima* – soberania – poder político;

c) *Território*: na aparência, o elemento mais material, concreto, e o mais evidente. Mas não o menos polémico.[70]

Não podemos porém esquecer que, sendo embora um ator fundamental (não apenas em Direito Internacional, como em quase todo o Direito, hoje, e obviamente com funções não só jurídicas, como também políticas e administrativas (que por vezes estão no limite do político e do jurídico: mas a questão é complexa e não pertence ao presente foro), o Estado atravessa várias crises, uma das quais é de essência, imagem e autoimagem (autognose) e relação com outras entidades. Não que isso verdadeiramente o enfraqueça sempre. Na verdade, os Estados, mesmo os que se vangloriam de serem liberais e antitotalitários ou anticoletivistas etc., crescem cada vez mais em aspetos que dizem respeito às pessoas comuns, embora possam privatizar quase tudo, e a burocracia não diminui, mesmo em dimensões meramente paraestatais, ou mesmo privadas... porque o privado tem também que dar contas ao público, e sobretudo as grandes organizações privadas parece gostarem de imitar a burocracia estatal. Não temos, pois, Estados mais fracos, exíguos ou limitados, mas Estados afetados por crises de identidade profunda, com contradições, com brechas, e com problemas sociais

---

[69] DAVICO, Rosalba. População. In: GIL, Feranando (Coord.). *Enciclopédia Einaudi*. Lisboa: Imprensa Nacional-Casa da Moeda, 1986. v. 8, p. 195.: "(...) a população não é, neste caso, um *datum* da observação, mas o conjunto de indivíduos compreendidos num espaço jurídico, em que o legislador pode ter em conta, embora não necessariamente, hábitos de comportamento e/ou costumes não codificados. O que leva, correntemente, a eliminar o termo 'população' da linguagem jurídica, substituindo-o pelos objetos reais da norma, ou seja, o nacional, o cidadão, o súbdito etc., os substantivos que constituem o indivíduo jurídico. Fora isso, o indivíduo tal como a população não existem se não estiverem contemplados na lei, ou fora daquela lei ou sistema de leis".

[70] Muito interessantes contributos de teorização se podem ver, entretanto, nomeadamente em: BONAVIDES, Paulo. *Teoria do Estado*. 7. ed. São Paulo: Malheiros, 2008; DALLARI, Dalmo de Abreu. *Elementos de Teoria Geral do Estado*. 32. ed. São Paulo: Saraiva, 2013. STRECK, Lenio Luiz; BOLZAN DE MORAIS, José Luis. *Ciência política & teoria do Estado*. 5. ed. Porto Alegre: Livraria do Advogado, 2006. E sempre se deve cotejar o clássico HELLER, Hermann. *Teoria do Estado*. Tradução Lycurgo Gomes da Motta. São Paulo: Mestre Jou, 1968 e ZIPPELIUS, Reinhold. *Allgemeine Staatslehre*. 3. ed. München: Beck, 1971.

de credibilidade, em certos casos. Não chegaríamos, de modo algum, pelo menos para já, a um diagnóstico de morte do Estado, ou caminho para tal, mas não deixa de ter interesse verificar se os sinais de alerta se estarão a verificar, e desde logo na Europa:

> O Estado vai morrendo. A sorte da Europa atual mostra-o: que resta entre as regiões e a entidade global, seja ela entendida como uma federação ou um "super-Estado"? Os governos nacionais veem os seus meios reduzirem-se; já não atuam mais sobre a moeda cuja manipulação foi um processo secular. Bom número de decisões relevam de uma legislação europeia determinante, em domínios custosos, sem que daí resulte contudo que a Europa constitua uma entidade claramente definida.[71]

Se analisarmos, por exemplo, o espaço europeu à luz dos elementos de Max Weber, temos certamente alguma dificuldade em reconhecer em cada Estado essa jurisdição trina com clareza e sem partilha. O mundo tem mudado muito, e os Estados e "o Estado" também...[72]

Parece que o território de cada um está sob jurisdição do respetivo governo; para outras, um observador externo verá a União Europeia como uma cidadela única, em que os governos terão um peso relativo na gestão do território que usa a sua bandeira. Pois não querem, por exemplo, alguns impor a outros que controlem melhor as suas fonteiras de migrantes do exterior? Ou não pensaram outros em penhorar ou confiscar ilhas para pagamento de dívidas? Todos os dias, Estados que foram outrora grandes e prestigiadíssimos, mas hoje são olhados pela sua mera dimensão territorial e demográfica, como a Grécia, Espanha e Portugal são de algum modo humilhados, até por comentadores na comunicação social, ou por políticos de terras mais ou menos distantes, que sobre eles fazem ideias obtusas e obviamente falsas, alimentadas pelos seus simples preconceitos. Estas manifestações são eco também da falta de poder destes e doutros Estados na tomada de decisões europeias. E internamente não falta a comunicação social que publica a cada passo notícias e opiniões (por vezes mescladas) igualmente humilhantes.

---

[71] BOUREAU, Alain. *La Religion de l'État: la construction de la République étatiue dans le discours théologique de l'Occident médiéval (1250-1350). La raison scolastique I*, Paris: Les Belles Lettres, 2008. p. 13.

[72] Cf., *v.g.*, STAFFEN, Márcio Ricardo. *Interfaces do direito global*. Rio de Janeiro: Lumen Juris, 2015; e já CHEVALLIER, Jacques. *O Estado pós-moderno*. Belo Horizonte: Fórum, 2009.

Coisas de algum modo idênticas se passam no jogo entre as cidadanias nacionais dos Estados e uma "cidadania europeia". O passaporte indica as duas pertenças, mas há situações e situações. E no que respeita ao poder político, as queixas dos pequenos países ou nos pequenos países relativamente às intromissões e imposições dos maiores são frequentes, sobretudo depois que estalou a crise.[73]

Por outro lado, há cada vez mais estudos que realçam a importância (mesmo heurística, mesmo de pesquisa) de cada vez

---

[73] Em alguns países passou quase a haver uma espécie de "partido" "estrangeirado" *hoc sensu*, obviamente informal, mas com muito apoio na comunicação social, que chega a preferir austeridade e sacrifício nacional a que se melindrem o que se vai chamando "parceiros" ou "os mercados", estes tidos como uma espécie de nova divindade aparentemente sem rosto, mas cujos novos rostos se começam a reconhecer. Nesse sentido, o Orçamento de Estado de 2016 em Portugal foi uma rutura com o medo da Europa e dos Mercados, tendo havido indicadores financeiros positivos (por exemplo da Moody's) precisamente a um orçamento que moderadamente infletia a linha de miserabilismo autoflagelador nacional para satisfazer recomendações (pelo menos) internacionais.

Parece haver já, contudo, uma "novilíngua" (como no *1984* de G. Orwell) em algum discurso (com eco) mediático, que chega a contagiar todos os falantes que a certos temas se aventurem. *Trabalhadores* são despromovidos a "colaboradores", medidas drásticas e trágicas a "ajustamentos", e também passa a ser "austeridade" (e acabamos por usar a palavra neste livro de algum modo recebendo pelo menos algo do sentido novo que ganhou) a imposição de sanções e afins excecionalmente severas (e não necessariamente imprescindíveis nem virtuosas) para uns e regalias e privilégios para outros (por exemplo, Niels Kadritzke fala em "Liquidação total na Grécia" e na "mais importante transferência de propriedade jamais operada num país da União Europeia". *Le Monde Diplomatique*, II série, n. 117, p. 8-9, julho 2016. Ed. port.). Pelo contrário, o sentido genuíno de "austeridade" é sempre virtuoso, sem dúvida algo ascético, mas sempre autoimposto. Coisa de busca de santidade, não de equilíbrio financeiro. Veja-se, por exemplo, este passo de LUGONES, Leopoldo. La estatua de sal. In: LUGONES, Leopoldo. *El vaso de alabastro y otros cuentos*. Madrid: Alianza Editorial, 1995, p. 47 *et seq.*, de que, *brevitatis causa*, respigamos apenas este passo: "Pasaban los días orando y meditando.

(...) El sacrificio de aquellos desterrados, que ofrecían diariamente la maceración de sus carnes y la pena de sus ayunos a la justa ira de Dios, para aplacarla, evitaron muchas pestes, guerras y terremotos. Estos no lo saben los impíos que ríen con ligereza de las penitencias de los cenobitas. Y, sin embargo, los sacrificios y oraciones de los justos son las claves del techo del universo. Al cabo de treinta años de *austeridad y silencio*, Sosistrato y sus compañeros habían alcanzado la santidad" (grifámos). E veja-se como o ideal da austeridade é o sofrer-se em silêncio. Ora já mais que um observador advertiu para um pelo menos pano de fundo (quiçá não consciente) que parece remeter para a punição religiosa, expiação imposta por "pecados" (muitos deles inventados, como a alegada "preguiça" dos povos do Sul – e aliás nem sequer era a preguiça classicamente um pecado, mas a acídia, bem diversa). Para alguns, certamente, os países do Sul precisariam, afinal, de um corretivo por serem demasiado "felizes"... E terem excessivo Sol. E não serão apenas os do Sul da Europa... Todo o Sul parece ser perigoso, porque, afinal, se diz proverbialmente que *Ultra aequinoxialem non peccati*.

maiores espaços, por um lado, ou análises mais "micro-", por outro.[74] No domínio macro-, entra em cena a perspetiva dos "impérios" (formais ou menos formais). Citemos apenas um passo de um de vários estudos recentes sobre a questão:

> Contrariamente às análises convencionais colocando a tónica sobre o Estado-nação, estudos recentes sublinham a importância dos impérios quando se considera o longo prazo, muito para além da passagem presumida do império ao Estado-nação. Com efeito, no século XVII, tanto na Europa como na Ásia, as construções administrativas, políticas e identitárias nacionais realizam-se ao mesmo tempo que os impérios se constroem.[75]

Nesse sentido, evidentemente, a União Europeia, por exemplo, teria que entrar num sentido latíssimo de "império".

II Dos tradicionais três elementos do Estado – povo, território, poder...

Aquele discurso tripartido dos elementos do Estado deu durante muito tempo lugar a uma retórica legitimadora em muitos autores, muitas latitudes, servindo formas diversas de Estado. Com uma ou outra variante, foi uma doutrina bastante expandida, nela confluindo vários dogmatismos.

Por exemplo, durante o Estado Novo português o manual oficial da disciplina de Organização Política e Administrativa da Nação, obrigatória no ensino secundário liceal, fazia-se eco dessa teorização em grande medida. Depois de considerar que a soberania seria independente (embora, honra lhe seja feita, "não absoluta e ilimitada"), una e indivisível e inalienável e imprescritível, ensinava

---

[74] Sobre alguns aspetos desta última dimensão, entre muitos, cf. ANDERSEN; Hans Thor; KEMPEN, Ronald van. *Governing European Cities*: Social Fragmentation, Social Exclusion and Urban Governance. Farnham: Ashgate, 2001.; BORJA, Jordi; CASTELLS, Manuel. *Local & global*: management of cities in the information age. Londres: Unchs, 1997; VILLAVERDE CABRAL, Manuel *et al*. *Cidade & cidadania*. Lisboa: Imprensa de Ciências Sociais, 2008.

[75] STANZIANI, Alessandro. Les échelles des inégalités: nation, région, empire. *Annales. Histoire, Science Sociales*, ano 70, n. 1, p. 109, jan./mar. 2015.

que os elementos constitutivos do Estado seriam a população ou coletividade, o território e precisamente a soberania ou governo.[76]

Mas, uma vez deposto esse regime (pela revolução "dos cravos", no dia 25 de abril de 1974), muitos autores continuaram a glosar essencialmente a mesma ideia de tripartição...

Será que mesmo a doutrina acaba por se fazer eco de uma perspetiva do Estado por ele mesmo, como que acima das conotações e das ideologias, ou constituindo uma ideologia estadualista, *tout court*? Ecoam em nós as prevenções de uma aula de Pierre Bourdieu no Collège de France:

> Ao estudarmos o Estado, devemos precaver-nos mais do que nunca contra as pré-noções no sentido de Durkheim, contra as ideias feitas, contra a sociologia espontânea. (...) corremos o risco de aplicar ao Estado um pensamento de Estado e insistiria no facto de o nosso pensamento, as próprias estruturas da consciência através das quais construímos o mundo social e esse objeto particular que é o Estado, terem boas hipóteses de ser produto do Estado. (...) Se é tão fácil dizer coisas fáceis sobre este objeto é precisamente porque somos, de algum modo, penetrados por aquilo que devemos estudar.[77]

A tríade parece ser muito simples, evidente e conveniente (até um velho adágio proclama que tudo o que é trino é perfeito *omne trinum est perfectum*), mas sabemos que a teorização começa a apresentar muitos sintomas de cansaço e dificuldades de adaptação pelo menos a desafios mais recentes e imaginativos (porque a realidade é sempre mais imaginativa que a doutrina jurídica). Um magistrado do Rio Grande do Sul assim coloca o seu decerto desencanto com a capacidade do modelo para descrever a realidade:

> O Estado, como ente produzido por uma racionalidade, para alguns, já fora-de-moda, necessita, pois, ser rearranjado; aliás, rearranjar-se é da organicidade do Estado criado na modernidade. Os domínios do Povo, Território e Soberania, já aparecem insuficientes às necessidades dos novos tráfegos econômicos e culturais do mundo contemporâneo.[78]

---

[76] AFONSO, A. Martins. *Princípios fundamentais de organização política e administrativa da nação*: compêndio para o 3.º ciclo dos Liceus. 10. ed. Lisboa: Papelaria Fernandes, [S.d]. p. 12 *et seq.*

[77] BOURDIEU, Pierre. *Sur l'État. Cours au Collège de France*. Paris: Raison d'Agir Seuil, 2011. trad. port. de Pedro Elói Duarte. *Sobre o Estado. Curso no Collège de France (1989-1992)*. Lisboa: Edições 70, 2014, pp. 15-16.

[78] GIULIANI NETO, Ricardo. *Imaginário, poder e Estado: reflexões sobre o Sujeito, a Política e a Esfera Pública*. Porto Alegre: Verbo Jurídico, 2009, p. 68.

III Valor doutrinal internacional da tríade estadual

"O Estado é comumente definido como uma coletividade que se compõe de um território e de uma população submetidos a um poder político organizado.", disse a Comissão de arbitragem da Conferência europeia para a paz na Jugoslávia.[79]

Esta perspectiva parece bem mais sólida que a sufragada pela Convenção de Montevidéu sobre os direitos e deveres dos Estados, de 1933, que considera, a nosso ver redundantemente na alínea *d*), que para que um Estado possa ser sujeito de Direito Internacional deve possuir: *a*) Uma população permanente; *b*) Um território definido; *c*) um governo; *c*) a capacidade de entrar em relações com outros estados.

Os três elementos com que nos quedamos são contudo (como quase todas as tabelas) passíveis de alguns matizes.

Pode haver casos de não conseguir um governo controlo efetivo sobre todo o seu território (por ação de bandidos, terroristas ou afins), ou mesmo por causa de uma ocupação estrangeira. Até quando continuará um Estado a sê-lo? Certamente até ao ponto que resista a sua capacidade diplomática, quantas vezes, no limite, por via de governos no exílio (e aí temos um novo elemento clássico que pode faltar em rigor). Já no primeiro aspecto não é só o território que pode faltar, mas a capacidade de um governo se impor a uma população. Situações como guerras civis e guerras civis não clássicas, hoje, ocupações estrangeiras (que podem ser clássicas e menos clássicas também), governos no exílio ou coexistência no mesmo território de mais que um governo, e finalmente os estados falhados (*failed States* – Somália, pelo menos desde os anos 90 do séc. XX, Libéria e para alguns a Colômbia), os *collapsed States* – Líbano ou Serra Leoa) e os estados fantoches (derivados apenas de outros estados que os criam para servirem os seus interesses: Manchuko, criado pelo Japão em 1932, República Cipriota turca, no norte de Chipre, criada pela Turquia em 1983) colocam sérios problemas às doutrinas tradicionais.[80]

---

[79] Comissão de arbitragem da Conferência europeia para a paz na Jugoslávia, *apud Revue générale de droit international public*, p. 264, 1992. Cf. também CASESSE, Antonio. *Diritto Internazionale*. 2. ed. Milano: Il Mulino, 2013. p. 61.

[80] Cf. CASESSE, Antonio. *Diritto internazionale*. 2. ed., p. 61-62; CANAL-FORGUES; RAMBAUD, *op. cit*, p. 160.

Admitimos que a teorização sobre a importância do elemento "governo" exercendo realmente um poder político (e administrativo) possa claudicar em casos como estes. Mas há situações que não lembram imediatamente, e que são também fator de relativização da teoria. Lembra Klabbers que, em 2011-2012, um estado absolutamente acima de toda a suspeita de falência (*hoc sensu*, mas aparentemente mesmo *tout court*), a Bélgica, se encontrou sem governo eleito saído das eleições mais recentes por mais de um ano.[81] Mas lembra também o internacionalista que o anterior governo assegurou a representação e os assuntos correntes, embora reconheça nessa situação um certo nível de *instabilidade* e assim também de *inefetividade*... Sobre inefetividade de normas, que é um outro problema, mas de que se poderá quiçá colher inspiração, vejam-se nomeadamente os trabalhos do Decano Carbonnier.[82]

De qualquer modo, não é inabitual que haja transições que podem ser vistas (ou não) como lapsos governativos, mas que não são propriamente vazios de poder. Uma situação mais grave terá sido a do Haiti, que foi sendo devastado por catástrofes políticas e naturais, e de que lemos, em fevereiro de 2016, o seguinte título na imprensa: "No Haiti houve Carnaval mas não houve eleições, e agora não há Presidente", que naturalmente incitará à leitura. Contudo, o que pessoalmente entendemos do assunto não será nem tão grave (no contexto de gravidade geral da situação do País), nem tão estranho como poderia parecer. Apesar de se falar no texto em "vazio de poder", o que parece ter ocorrido, em termos gerais, foi que o Presidente da República Michel Martelly acabou o mandato, mas algumas dificuldades não permitiram que se tivesse escolhido ainda um novo. Antes isso que uma escolha inquinada, achamos. Vai entretanto haver um Presidente interino e o Primeiro-Ministro demissionário, Evans Paul, continua a assegurar os negócios correntes, pois se mantém em funções.[83] Em geral é muito difícil que

---

[81] KLABBERS. *International Law*. Cambridge: Cambridge University Press, 2014. p. 80.

[82] CARBONNIER, Jean. Effectivité et ineffectivité de la règle de droit. *L'Année Sociologique*, Paris, 3. série, p.3 *et seq.*, 1957-1958.; *Idem. Fléxible droit*: pour une sociologie du droit sans rigueur. 6. ed. Paris: LGDJ, 1988.

[83] SIZA, Rita. No Haiti houve Carnaval mas não houve eleições, e agora não há Presidente. *Público*, p. 22-23, 08 fev. 2016. Disponível em: <https://www.publico.pt/2016/02/07/

exista um completo vazio de poder. Até em Direito Administrativo há a figura do funcionário de facto...

Vejamos agora, por contraposição ao discurso quase ritualístico e muito semelhante de manual para manual, que é afinal um discurso em grande medida reconfortante sobre a estrutura em que repousam os Estados, uma visão muito, muito crítica da tríade, encarada certamente como discurso legitimador:

> O enigma do direito é desvendado por alguns enunciados simples a seu respeito: o Estado não existiu sempre, antes é um ser histórico cuja génese assenta na cisão da sociedade em classes antagónicas; o esqueleto do Estado moderno é composto não por "poder, território e povo", a encobridora tripla tagarelice dos ideólogos fascistas (tagarelice que converte o "povo" em elemento do Estado), mas sim por: 1.º um exército permanente; 2.º um segundo exército de funcionários; 3.º a política (...).[84]

Evidentemente que se trata de um texto com uma grande dose de vontade retórica de quebrar tabus. É um texto em grande medida interventivo. Uma das grandes questões que coloca é a de saber qual a correspondência, se a houver, entre, poder, território e povo e as três novas categorias apontadas...

Outra pergunta, talvez apesar de tudo mais fácil, será: em que é que a adoção da nova tríade mudaria algo? E para que serve, realmente, o discurso, a teoria, ou a doutrina sobre os elementos do Estado?[85] Para mais hoje, em tempos de transnacionalidades e globalizações? E em que terrorismos e imperialismos económicos e financeiros (*inter alia*), quiçá mais que os velhos imperialismos só ideológicos e políticos, disputam ao Estado nacional a primazia e a "soberania"... E contudo, a desconstrução teórica desta dogmática não é só contextual, mas deriva de uma razão de fundo também, independente das novidades.

---

mundo/noticia/no-haiti-houve-carnaval-mas-nao-houve-eleicoes-e-agora-nao-ha-presidente-1722683>.

[84] RAMON CAPELLA, Juan. *Sobre a extinção do direito e a supressão dos juristas*. Tradução Maria Luzia Guerreiro. Coimbra: Centelha, 1977. p. 32.

[85] Cf. o nosso livro *Nova Teoria do Estado*. São Paulo: Malheiros, 2013. p. 72 *et seq.*

IV Exercício sobre elementos do Estado

1. Qual das opções está claramente errada? "Os elementos do Estado a considerar classicamente pelo Direito Internacional Público são":

a) Administração, população, território.
b) Povo, territorialidade, internacionalidade.
c) Soberania, povo, território.
d) Poder político, população, terra.
e) Política, espaço, elemento pessoal.

Na medida em que todas as demais opções são de algum modo variações sobre os clássicos elementos do Estado, a opção que sobressai como novidade (e que realmente não parece ter adeptos visíveis) é a que retira o elemento de poder político ou soberania do conjunto e lhe acrescenta a "internacionalidade". Assim, a resposta correta à questão (que pedia uma resposta incorreta, recorde-se) será a *b*.

2. Os clássicos elementos do Estado podem enunciar-se como sendo:

a) Chefe de Estado, Congresso, Tribunais.
b) Carisma, lei, tradição.
c) Povo, território, poder político.
d) Deus, Pátria, Família.

Fácil é concluir que a resposta certa seria *c*. O mais interessante nestes testes é testar as certezas. É revelador como mesmo em testes tão simples como este, há ainda uma percentagem de estudantes que, talvez perante as hipóteses novas e que abalam o que se teria por certo (mas talvez não muito solidamente interiorizado), erram.

LIÇÃO V

O ELEMENTO PESSOAL DO ESTADO

I Um estado sem cidadãos?

É difícil conceber-se um Estado vazio de pessoas.[86] A total ausência delas, que podemos ficcionar por absurdo, levaria a que nem poder político (governo, em sentido lato, *Government*) existisse. Há uma utopia [sob a forma de "ficção científica" ou afim, em *City*],[87] na qual parece terem desaparecido os Homens da cena social, e em que são os cães os protagonistas. Mas certamente aí seriam eles considerados pessoas. E então sim, finalmente e por uma vez, haveria razão no bordão de linguagem que hoje insiste em falar em "pessoa humana", porque nesse outro caso estaríamos perante "pessoas animais", "pessoas caninas". Acabaria então por ter razão a distinção.

Quando um antigo ministro da Cultura de França como Luc Ferry parece dar a entender em mais que uma obra que a máquina dos Estados como que anda sozinha,[88] havendo, por isso, concluímos nós, uma muito relativa participação da vontade humana na marcha dos negócios públicos, periga a dimensão do elemento pessoal, como que dando razão às ideias da auto-alimentação de uma estrutura, mais ou menos monstruosa, em marcha imparável (eventualmente

---

[86] Sobre Estado, Pessoa e Povo, *Idem, Ibidem*, p. 82 *et seq.* Sobre democracia e povo. *Idem, ibidem*, p. 126 ss..

[87] SIMAK, Clifford D. *A cidade no tempo*. Lisboa: Europa-América, 1955.

[88] Logo no início de FERRY, Luc; CAPELIER, Claude. *La plus belle histoire de la Philosophie*. Paris: Robert Laffont, 2014. e já *en passant* em FERRY, Luc. *Aprendre à vivre*: traité de philosophie à l'usage des jeunes générations. Paris: Plon, 2006.

devoradora, eventualmente suicida) depois da "morte do Homem" que se teria seguido, segundo alguns filósofos, à também ela catastrófica (embora igualmente talvez "a prazo") "morte de Deus". E do mesmo modo poderemos pensar no alheamento de cada vez mais pessoas (sobretudo nos países – e são a esmagadora maioria – em que o voto, a nosso ver infelizmente, não é obrigatório) da coisa pública, mesmo no singelo gesto de votar. Já há quem se pergunte (embora creiamos que se trata de uma interrogação sobretudo retórica e com o fito de nos levar a pensar – e eventualmente a agir) em que medida este elemento pessoal deve ser o ponto de Arquimedes sobre que contruir o poder:

> Com elevadas taxas de abstencionismo em praticamente todas as democracias representativas[89] e uma grande descrença dos cidadãos nos seus governantes e nas instituições de representação política democrática, é urgente entender com clareza não apenas os pressupostos jusfilosóficos da relação entre governantes e governados, como também as consequências práticas de uma rede de incentivos que têm levado o modelo para longe dos seus pontos óptimos.[90]

Perguntando-se mais adiante: "É e/ou deve ser o povo o referencial do poder e da vontade política?".[91]

Aparentemente, se o Povo ou outro elemento pessoal não fosse um dos pilares do Estado [não esqueçamos que, para além das teorizações em tríade "população, poder e território" ou afins, há quem encare o estado como complexo normativo, ordenamento de normas, por exemplo],[92] haveria de procurar-se uma outra realidade, exterior, como é óbvio, à própria dimensão estatal. Mas não. Podem efabular-se outras possibilidades, ao menos em teoria.

Com efeito, não se pode esquecer a provocatória identificação nietzscheana entre Estado e Povo. Mentindo, o Estado diria, na sua monstruosa e impostora frieza de gélida hipocrisia: "*Ich, der Staat, bin*

---

[89] KOCH, Luther Allen. *As the World Turns Out*: Economic Growth and Voter Turnout From a Global Perspective. Graduate College of Bowling Green State University, 2007. p. 2.

[90] FERREIRA DA CUNHA, Ary. Divórcio entre soberania e poder: contributos da teoria da agência aplicados à relação entre governados e governantes. *Revista da Faculdade de Direito da Universidade do Porto*, ano VIII, p. 363-364, 2011. Separata.

[91] *Idem, ibidem*, p. 364.

[92] Cf. esta e outras perspetivas nem sempre muito divulgadas em ZIPPELIUS, Reinhold. *Teoria Geral do Estado*. Tradução António Cabral de Moncada. 2. ed. Lisboa: Fundação Calouste Gulbenkian, 1984. p. 23-29.

das Volk"[93] ("Eu, o Estado, sou o Povo"). Atente-se, assim, na inversão de entidades: não é o Povo um elemento constitutivo e requisito do Estado, mas o Estado que se substituiria o Povo. Um povo ausente, indiferente, abstencionista no voto ou na participação cívica ou em ambas acaba por ser substituído por pseudo-povo: por funcionários, pela máquina do Estado, ou por ativistas (até, em alguns casos, com grupos de lóbi que simulam e induzem pseudo-participação cidadã, mais ou menos real: por exemplo, fazendo chover cartas na secretária de um governante, deputado, ou senador, assinadas por pessoas existentes ou inexistentes ou colocando crianças ou empregados a escrevê-las). E por-que se afasta o povo? Porque deixa de ser protagonista? Porque macerado, cauterizado, cansado de ser objeto de propaganda, mentira, manipulação? Ou porque sem tempo e sem forças depois de um quotidiano massacrante de luta pela sobrevivência? Ou meramente porque alienado na sociedade do espetáculo, do consumo, do hedonismo? Ou por partes desiguais, conforme as pessoas, de cada uma destas coisas?

Seja como for, o Povo, ou algum substituto pessoal dele (embora tal seja um empobrecimento, desde logo da Democracia), ainda parece ser necessário ao Estado para a perfeição, ao menos teórica, da sua composição. E trata-se de pessoas singularmente e coletivamente consideradas. Por exemplo, atentemos nesta reflexão, da área da Teoria Geral do Estado, que é evidentemente vizinha, solidária e dialogante com a nossa:

> Grande ou pequena, no entanto, a população do Estado não é a simples justaposição de indivíduos. Estes pertencem a várias associações, como a família, os grupos profissionais etc. Formam um todo orgânico, têm os seus interesses e as suas actividades enquadradas dentro de sociedades de naturezas diversas, não se encontram isolados, singularizados diante do Estado. Indivíduo e sociedade são termos de um binómio indestrutível: não é possível conceber um sem o outro.[94]

Um Estado sem pessoas não pode conceber-se (a menos que façam o seu lugar, ficcionalmente, utopicamente, cachorros ou

---

[93] NIETZSCHE, Friedrich. *Also sprach Zarathustra. Ein Buch für Alle und Keinen*, I., "Vom neuen Götzen", Berlim: Walter de Gruyter, 1963.p. 57.

[94] AZAMBUJA, Darcy. *Teoria Geral do Estado*. 4. ed. rev. ampl. São Paulo: Globo, 2008. p. 35-36.

robots...). Mas um Estado sem cidadãos, embora se possa imaginar (e possamos estar caminhando em alguns casos para tal situação), não será um Estado em que certamente a maioria das pessoas realmente gostaria de viver.

Passe o absurdo, que é, obviamente, intencional...

II Nacionalidade

1 Nacionalidade: cultura e Direito

No plano do Direito Internacional há alguns vetores importantes a considerar no que respeita à componente pessoal do Estado. O primeiro é a questão da nacionalidade. No fundo, trata-se de enfatizar a importância da pertença a uma "Nação", ou da vontade de com ela conviver (ou de algum modo passar a "pertencer"?).[95]

A nacionalidade, antes de ser um conceito jurídico, é uma dimensão antropológica, sociológica (por isso se fala e se procura tanto de *ethos* nacional[96] especialmente em épocas de crise), com

---

[95] Sobre Nação e Povo, por todos, MOREIRA, Adriano. *Teoria das Relações Internacionais*. 3. ed. Coimbra: Almedina, 1999. p. 312 *et seq.*

[96] Para o Brasil, v. obras de perspetivas tão diversas quanto, por exemplo, RIBEIRO, Darcy. *O povo brasileiro*. 2. ed. São Paulo: Companhia das Letras, 1995; HOLANDA, Sérgio Buarque de. *Raízes do Brasil*. 4. ed. Lisboa: Gradiva, 2000 e a pequena seleção preciosa *O homem cordial*. São Paulo: Penguin Classics, Companhia das Letras, 2012; VIANNA, Oliveira. *Evolução do povo brasileiro*. 4. ed. Rio de Janeiro: José Olímpio, 1956; FREYRE, Gilberto. *Casa grande & senzala*: formação da família brasileira sob o regime patriarcal. Lisboa: Livros do Brasil, 2001; *Idem. Interpretação do Brasil*: aspectos da formação social brasileira como processo de amalgamento de raças e culturas. São Paulo: Companhia das Letras, 2001; SALDANHA, Nelson. *O conceito de nação e a imagem do Brasil*. Revista Brasileira, fase VII, ano XII, n. 46, p. 213 *et seq.*, jan./mar. 2006.; CASTRO, Therezinha de. *História da civilização brasileira*. Rio de Janeiro: [S. d.]. v. I.; MARTINS, Wilson. *História da inteligência brasileira (1550-1960)*. São Paulo: Cultrix, 1976-1979; PAIM, António. *A filosofia brasileira*. Lisboa: ICALP, 1991; MORAES, Rubens Borba de; BERRIEN, William (Coord.). *Manual bibliográfico de estudos brasileiros*. Rio de Janeiro, Gráfica Editora Souza, 1949; interessantes visões de estrangeiros são as de SARCINELLA, Luigi. *O gigante brasileiro*. São Paulo: Alfa Omega, 1998 e LAPOUGE, Gilles. *Dicionário dos apaixonados pelo Brasil*. Tradução Maria Idalina Ferreira Lopes. Barueri: Manole, 2014. E ainda LOURENÇO, Eduardo. *Do Brasil. fascínio e miragem*. Lisboa: Gradiva, 2015. A lista seria muito vasta... Para Portugal, nomeadamente, PEREIRA MARQUES, Fernando. *Sobre as causas do atraso nacional*. Lisboa: Coisas de Ler, 2010; LOURENÇO, Eduardo. *O labirinto da saudade*: psicanálise mítica do destino português. Lisboa: Dom Quixote, 1978; PASCOAES, Teixeira de. *Arte de ser português*. Lisboa: Assírio & Alvim, 1991. Mais recentemente, REAL,

raízes históricas e espirituais (ou histórico-espirituais, como se diria, à alemã) profundas. Tem-se insistido sobretudo na relação de *pertença* [que tanto pode ser *belonging* como *membership*[97] ou de comunidade com um país, uma nação, um Estado...

Temos, portanto, um dificilmente definível e analisável vínculo político e cultural original ou de adoção (porque há quem, sem nenhum laço de sangue ou nascimento, se sinta nacional de até nações longínquas, como aquele cidadão japonês – mencionado em estudo da especialidade – que se sentia celta...).

Regulado pela lei, o fenómeno encontra-se, pois, baseado em elementos culturais, *lato sensu*. Em rigor, não deveria haver nacionalidade de conveniência (por razões profissionais, para se jogar no clube de futebol de certo país, ou para fugir a impostos no seu etc.), mas apenas por algum laço (desde logo parentesco, mas também parentesco espiritual, de alma).

Há assim nacionalidades de vários tipos: desde logo a *originária* ou primária e, por contraposição a ela, a nacionalidade secundária ou *adquirida* (por naturalização...).

Miguel. *Introdução à cultura portuguesa*. Lisboa: Planeta, 2011. E o nosso livro *Mysteria Ivris: raízes mitosóficas do pensamento jurídico-político português*. Porto: Legis, 1999. Para ambos os países, DURAND, Gilbert. *Imagens e reflexos do imaginário português*. Lisboa: Hugin, 2000, e o nosso livro *Lusofilias*: identidade portuguesa e Relações Internacionais. Porto: Caixotim, 2005 e o nosso artigo: Identidades, etnocentrismos e romance histórico: encontros e desencontros no Brasil Nascente e nas raízes de Portugal. *Videtur*, n. 25, 2004. Disponível em: <http://www. hottopos.com/videtur25/pfc.htm>. Neste âmbito se encontram, para realidades de língua castelhana, obras como MADARIAGA, Salvador de. *Presente y porvenir de Hispanoamérica*. Buenos Aires: Sudamericana, 1959 ou FRANCO, Dolores. *España como preocupación*. Barcelona: Argos Vergara, 1980 e SUÁREZ, Luis. *Lo que el mundo le debe a España*. Barcelona: Ariel, 2009. Ou para a compreensão do Japão: NAKAGAWA, Hisayasu. *Introdução à cultura japonesa*: ensaio de antropologia recíproca. Tradução Estela dos Santos Abreu. São Paulo: Martins Fontes, 2008. Mas uma coisa são tentativas de divulgação histórica, cultural, de costumes etc. Outra coisa são ensaios mais profundos de captar as essências, o *ethos*, ou mesmo um "sentido" ou uma "missão" de um povo, uma nação, um país... Evidentemente que há muitos preconceitos de vária índole nesta questão. Cf., recentemente, GLYKOFRYDI-LEONTSINI, Athanasia. David Hume on National Characters and National Self. *Philosophia*, Atenas, v. 44. p. 311-328, 2014. Cada país vai forjando, por vezes diferentemente segundo os regimes políticos, uma narrativa, uma mitologia, do seu *ethos* nacional. E por vezes mesmo um *ethos* transnacional, por exemplo cultural-linguístico. A título de exemplo, recorde-se que André Malraux considerou, em Niamey, em 1970, "le contenu de la fracophonie dans la 'culture de la fraternité'", conforme nos informa SALON, Albert. Fraternité. In: SALON, Albert. *Vocabulaire critique des relations culturelles internationales*, p. 68.

[97] Discutindo a possível tradução portuguesa de "membership", v. WALZER, Michael. *As esferas da justiça*: em defesa do pluralismo e da igualdade. Tradução Nuno Valadas. Lisboa: Presença, 1999. p. 46, nota do tradutor.

Os temas da nacionalidade, hospitalidade, xenofobia, racismo, migrações e refugiados estão na ordem do dia. E são problemas com dimensão filosófico-política e filosófico-jurídica.[98] E para grande surpresa (e escândalo) dos que, como nós, acreditam na fraternidade humana universal, e julgavam que alguns preconceitos estavam em grande medida ultrapassados, sobretudo depois do advento do Cristianismo, do Século das Luzes, da Revolução Francesa e das Democracias, temos de reconhecer a nossa ingenuidade e que voltam a galope muitas teias de aranha (e revanchismos sem complexos e sem piedade) e certamente vultuosos e pouco confessáveis interesses a coberto de distinções superficiais (e absurdas) na grande família humana. São realmente temas que, associados à crise económica, social etc., acabam por arrebatar demagogicamente alguns pobres contra outros pobres que nasceram de um outro lado (normalmente convencional, até simplesmente convencionado) de uma imaginária barricada: desempregados contra estrangeiros, pobres contra judeus, ocidentais contra árabes e muçulmanos (que obviamente se não identificam sempre). O bode expiatório internacional, ou como quinta coluna nacional é uma das debilidades e máculas recorrentes, como, além de outros, o mostrou Umberto Eco,[99] aliás por vezes com uma ironia a que cada vez menos pessoas têm acesso, por deficiência formativa, educativa, numa civilização de fanerismo, laxismo e facilitismo intectual.

2 Direito dos estrangeiros: critérios de reconhecimento e atribuição

Não se pense que ser estrangeiro se confunde com ser turista. Além de complexas questões culturais e psicológicas do próprio e da sua interação social, naturalmente o Direito não poderia deixar de

---

[98] Cf., *v.g.*, WALZER, *op cit*, p. 46 *et seq.*

[99] ECO, Umberto. *Construir o inimigo e outros escritos ocasionais.* Lisboa: Gradiva, 2011, e, em ficção, *Idem. O cemitério de Praga.* Lisboa: Gradiva, 2011. Sobre o ressurgir atual desse argumento estigmatizador, o nosso artigos Os perigosos sábios do Sião, I e II. *As Artes entre as Letras*, Porto, n. 70/72, 2012.

interessar-se pelas relações jurídicas e pelo próprio estatuto jurídico dos nacionais de outros Estados num país, e sobre a própria questão da atribuição da nacionalidade, que tudo parece preceder.[100]

Os critérios de atribuição (e reconhecimento) de nacionalidade diferem consonante os países, e centram-se sobretudo nos chamados direito territorial, do solo (*ius soli*), ou no direito do sangue (*ius sanguinis*), privilegiando respetivamente o local do nascimento, ou a nacionalidade dos ascendentes diretos:

a) *Ius soli* – sobretudo em países de imigração.

b) *Ius sanguinis* – sobretudo em países de emigração.

Evidentemente que não é normal a preferência exclusiva por um dos critérios, mas apenas a preponderância de um deles.

O Direito dos estrangeiros é Direito Interno de cada país, e não Direito Internacional Público [embora possa ser tratado de muitas perspetivas e incluído sistematicamente em várias categorias].[101] Mas tem atinências com ele, e interseções, nomeadamente quando dois países reciprocamente convencionam, por tratado, tratamento especial para os seus nacionais no outro país. E ainda aqui, em geral, por motivos de qualquer afinidade cultural ou histórica... É o que ocorre entre o Brasil e Portugal, por exemplo. No caso da União Europeia, a questão é ainda mais complexa, num paralelogramo de conceitos e forças que vão do esboroamento de pelo menos algumas soberanias nacionais, à pressão migratória, ao pânico terrorista e consquente xenofobia ao menos latente, de um lado, e, de outro, realidades e/ou aspirações como a cidadania europeia, a não discriminação, a livre circulação etc.[102]

Ocorrerá perguntar, por vezes, se "há estrangeiros mais iguais que outros?". A diferenciação de tratamento verifica-se em

---

[100] Sobre a condição jurídica do estrangeiro e nacionalidade no Brasil, cf. recentemente CARVALHO RAMOS, André de (Org.). *Direito Internacional privado*: questões controvertidas. Belo Horizonte: Arraes, 2016. p. 150 *et seq*. Há ainda outros projetos, que remetem para uma espécie de "transnacionalidade" (aliás sempre de algum modo presente, até em simples afinidades. v. o nosso *Lusofilias*: identidade portuguesa e Relações Internacionais. Porto: Caixotim, 2005). V., AQUINO, Sérgio Ricardo Fernandes. *Rumo à cidadania Sul-Americana*: reflexões sobre a sua viabilidade no contexto da Unasul a partir da ética, fraternidade e sustentabilidade. Saarbrücken: Novas Edições Acadêmicas, 2013.

[101] Cf., por exemplo, o tratamento do tema em TIBURCIO, Carmen; BARROSO, Luís Roberto. *Direito Constitucional Internacional*. Rio de Janeiro: Renovar, 2013. p. 287 *et seq*.

[102] Cf. PATAUT, Étienne. *La nationalité en déclin*. Paris: Odile Jacob, 2014.

várias ordens jurídicas (e pode ser estudada no Direito Comparado, Comparação de Direitos e áreas afins), por exemplo, em Portugal ou em Espanha, em que alguns estrangeiros, por razões de afinidade linguística e cultural, são tratados de forma mais favorável em alguns casos. E podem com bastante facilidade adquirir as respetivas nacionalidades, por exemplo. No Brasil, também os Portugueses têm um Estatuto particular, em grande medida optativo (podendo ou não fazer uso dos direitos que potencialmente têm).[103]

3 Estado e "fluxos internacionais de pessoas"

No âmbito do Direito dos Estrangeiros, motivados por problemas jurídicos que impossibilitam de algum modo permanência num Estado, há mecanismos centrípetos e centrífugos regulados pelo Direito. Podem ter maior ou menor "pathos" social, e ser usados de formas diferentes, conforme os países. Uma análise sociológica da questão (e dos problemas conexos) pode lançar diversa luz sobre alguns institutos.[104]

Vejamos algumas figuras, em tese geral:

3.1 Extradição

A extradição é um ato (um conjunto de atos que se concretizam num resultado, com uma certa conotação e configuração jurídica) de cooperação internacional, entrega de acusado ou condenado a outro país com quem se tem acordo de extradição. Ou se for prometida

---

[103] Para bem se compreender o sistema de direito dos estrangeiros no Brasil há muitos normativos a ter em consideração. Uns constitucionais e outros infraconstitucionais. E alguns, naturalmente, de fonte convencional (tratados, em geral). Vejamos alguns: Art. 12 Constituição Federal cura dos brasileiros natos. V. Emenda n. 3, de 1994; Estatuto do estrangeiro, Lei n.º 6.815, de 19.8.1980. Art. 5 da Constituição Federal; Refugiados – Lei 9.474, de 22.7.1997. Há contudo cargos privativos de brasileiros natos, como é natural: Constituição Federal, art. 12, parágrafo 13. Para mais desenvolvimentos, *v.g.* a obra coletiva de FREITAS, Vladimir Passos de (Coord.).

[104] É o caso do estudo do açoreano brilhante, miguel. *The Social Representations of the Deportee.* Lisboa: Salamandra, 2001. Seria interessante alargar com mais bibliografia o espetro das representações sobre o problema. É um campo de análise muito interessante, a requerer várias perspetivas, sociológicas e outras...

a reciprocidade, mesmo sem acordo, pelo país que assim fica com uma espécie de "crédito" de futura reciprocidade *praeter legem*.

3.2 Expulsão

A expulsão é um ato (como no caso anterior, também, naturalmente, mais que isso: um conjunto de atos que se concretizam num resultado, com uma certa conotação e configuração jurídica) em que o Estado age *sponte sua*, por sua própria decisão e conveniência, banindo do seu território o estrangeiro. No Brasil, *ex vi* o art. 338 do Código Penal, o reingresso de estrangeiro expulso é crime, punido com prisão de 1 a 4 anos, sem prejuízo de nova expulsão depois. Tem este instituto, sem dúvida, um caráter de algum estigma. A menos, evidentemente, que a expulsão tenha ocorrido sob um regime de exceção, ditatorial ou afim: o que importará, por seu turno, em tempo de normalidade democrática, pelo contrário, alguma conotação inversa, positiva.

3.4 Deportação

Deportação é a devolução ao exterior de estrangeiro que entrou ou permaneceu no território nacional sem para tanto preencher os devidos requisitos. Muito menos estigmatizante que o caso anterior... mesmo em regime normal. É o caso frequente de migrantes ilegais, que não conseguem regularizar a sua situação nos países "de acolhimento" em que, juridicamente, afinal o não conseguiram alcançar.

3.5 Asilo político

O asilo político é conferido a pessoas que não são criminosas de delito comum, mas consideradas criminosos políticos (ou eventualmente nem isso, porque os crimes políticos por vezes não são como tais reconhecidos pelo Estado que os deseja punir – que deseja punir certas condutas ou condições como tais), normalmente nos seus próprios países.

3.6 Asilo diplomático

O asilo diplomático difere, em rigor, do asilo político *tout court* clássico. Trata-se de uma figura jurídica especial, originária da América Latina, espécie de situação provisória, em território do país a que se pede asilo, em suas dependências diplomáticas e consulares no exterior. Tenderá a transformar-se em asilo político, normalmente.

III Evolução da importância dos elementos do Estado

Impõe-se, finalmente, uma última precisão ainda de nível mais teórico, interpretativo e panorâmico. É que, com o rodar dos tempos, parece que os diversos elementos singulares da tríade mítica constitutiva do Estado se parecem suceder na prevalência.

Primeiro terá prevalecido o elemento pessoal. Não será necessário recuar às hordas primitivas, ou às grandes migrações célticas na Europa Antiga, por exemplo. Lembremo-nos apenas dos vínculos feudais, num período que, em boa verdade, ainda é pré-estadual (na medida em que Estado propriamente dito só o teremos na Idade Moderna – apesar de haver vários autores que o negam, identificando qualquer forma política mais elaborada, a partir por exemplo da *Pólis*, com Estado).[105] Esses vínculos eram sobretudo pessoais.

Por exemplo: mesmo não tendo havido feudalismo propriamante dito em Portugal,[106] mas simples senhorialismo, recorde-se que D. Afonso Henriques, já rei soberano de Portugal, era ao mesmo tempo vassalo de seu primo rei de Leão, D. Afonso

---

[105] Cf., *v.g.*, MAAMARI, Adriana Mattar. *O Estado*. São Paulo: Martins Fontes, 2014., desde logo considerando "O Estado na Antiguidade" (p. 13 *et seq.*). Uma útil síntese das várias posições sobre o surgimentos histórico do Estado e os critérios para que uma sociedade política assim seja classificada pode colher-se em DALLARI, Dalmo de Abreu. *Elementos de Teoria Geral do Estado*. 33. ed. São Paulo: Saraiva, 2016, p. 60 *et seq.*

[106] MERÊA, Paulo. *Introdução ao problema do feudalismo em Portugal*: origens do feudalismo e caracterização deste regimen. Coimbra: França Amado, 1912. CASTRO, Armando de. *Teoria do sistema feudal e transição para o capitalismo em Portugal*. Lisboa: Caminho, 1987.

VII, por via de ser senhor de Astorga, território situado em terras leonesas (que já pertencera ao seu pai, D. Henrique, e fora de novo dado para selar a vassalagem do português, segundo Alexandre Herculano, opinião que partilhamos).

Do mesmo modo, nos estados africanos em que o Estado é fraco, com estruturas incipientes, funções exíguas e aderência escassa ao imaginário das pessoas, a base da comunidade política é, naturalmente, pessoal, e, no caso, de base étnica.[107]

Em Estados com a forma política de reinos em que a base de ligação, o cimento unitivo, seja sobretudo pessoal (ou se pretenda que o seja, como ainda hoje na Bélgica de hoje), o rei tende a ser apresentado no seu próprio título como dos nacionais desse país: "rei dos belgas" (*roi des Belges*).

Mas a evolução histórica parece ter sido de uma fase pessoal, em que o elemento pessoal do Estado avultava, portanto, para uma etapa menos pessoal, e mais territorial: rei de Espanha, de Inglaterra, da Escócia etc.

No caso de Portugal, em que, a partir da aventura de Ceuta em 1415, o império colonial foi crescendo e abarcava uma multiplicidade de povos de origem, sublinhava-se já a magnitude do Estado, e o título tradicional era uma enumeração de territórios: dizia-se em documentos oficias Dom Fulano (nome do monarca), pela "Graça de Deus Rei de Portugal e dos Algarves, d'Aquém e d'Além-Mar em África, Senhor da Guiné e da Conquista, Navegação e Comércio da Etiópia, Arábia, Pérsia e Índia". E porém as teorias explicativas da História comportam quase sempre algumas fragilidades, porque nos inícios da nacionalidade Portuguesa, no séc. XII, não são raros os autores que reclamam uma importância vital para o Povo, e não para a simples vontade política do príncipe[108] que talhou a independência, ou para as diferenças geográficas que em nada difeririam do conjunto ibérico.[109] Já o clássico Alexandre Herculano coloca o problema com saborosa prosa e interessantes conjeturas: a

---

[107] DJALO, Tcherno. *Da identidade à etnicidade.* Lisboa: Africanologia, 2009. n. 1, p. 217.

[108] HERMANO SARAIVA, José. *História concisa de Portugal.* Mem Martins: Europa-América, 1978, p. 38 set seq.

[109] OLIVEIRA MARQUES, A. H. de. *Breve história de Portugal.* Lisboa: Presença, 1995. p. 11.

breve trecho ter-se-ia consolidado uma ideia de nacionalidade, e a palavra "estrangeiro" passou a marcar uma clivagem irreversível.[110]

Rousseau teorizou sobre a questão (o que também foi notado por Zippellius), assinalando a diferença de títulos dos reis da antiguidade para os do seu tempo:

> Concebe-se como as terras dos particulares, reunidas e contíguas, se tornam território público, e como o direito de soberania, estendendo-se dos súditos ao terreno por eles ocupado, se torna ao mesmo tempo real e pessoal, o que coloca os possuidores numa dependência ainda maior e faz de suas próprias forças a garantia de sua fidelidade. Essa vantagem não parece ter sido bem compreendida pelos antigos monarcas que, intitulando-se simplesmente rei dos persas, dos citas, dos macedônios, pareciam considerar-se mais como chefes dos homens que como senhores do país. Os monarcas de hoje, mais hábeis, chamam-se a si mesmos reis da França, da Espanha, da Inglaterra etc. Dominando assim o território, sentem-se mais seguros de dominar os habitantes.[111]

Mas depois de Rousseau (que viria a falecer em 1778), o caso francês acabaria por se revelar um tanto distinto: porque entre 1791-92 e 1830-1848, o chefe do Estado francês (primeiro, o malogrado Luís XVI entre 1791 e 1792, período da monarquia constitucional, e depois Luís-Filipe, antigo duque de Orleães) chamou-se "rei dos franceses" (*roi des français*). A ideia desta modificação no título, que fora, evidentemente, "rei de França" (*roi de France*) anteriormente, era atenuar o poder do monarca, retirando-lhe qualquer origem de poder de natureza divina, e acentuando o carácter doravante exclusivamente popular da soberania (uma fórmula mais antiga dizia que o poder vinha de Deus pelo povo – *per populum omnis potestas a Deo*[112] –, mas agora vem só do povo mesmo). Está no cerne dos problemas conceituais (e não só) da "soberania" o facto de ter sido cunhada para um regime e depois usada para outro. E mesmo utilizada como bandeira de luta do último contra o

---

[110] HERCULANO, Alexandre. *História de Portugal*: desde o começo da monarquia até o fim do reinado de Afonso III. Lisboa: Bertrand, 1980. t. II, p. 16 *et seq*.

[111] ROUSSEAU, Jean-Jacques. *Du contrat social*. Disponível em: <https://www.passeidireto.com/arquivo/10990564/rousseau-jean-jaques-o-contrato-social/4>. Aceso em: 08 fev. 2016.

[112] Aliás, lema do município de Contagem, em Minas Gerais.

primeiro: designadamente, em França, a soberania, enquanto princípio, foi palavra de ordem da Revolução Francesa contra a monarquia absoluta.[113]

Em certo sentido, esta modificação constitucional (pelo menos materialmente constitucional) acabaria por ser um retorno. O Absolutismo, nas suas diferentes facetas,[114] havia concentrado e despersonalizado o poder, retirando qualquer veleidade de que residisse no povo, nas pessoas, e passando-o para o Estado (representado pelo monarca, na verdade nele encarnado na sua versão mais dilatada: *L'État c'est moi* – "o Estado sou eu", teria dito Luís XIV). Agora, para o superar, o liberalismo nascente (não confundir com o recente neoliberalismo) volta a centrar o simbolismo do lugar cimeiro do Estado no povo. Mas evidentemente que o Absolutismo, com a sua perspetiva de territorialização do Estado, transitando a tónica do Povo e população para o território, deixou muitas marcas, que não se podem apagar facilmente. Por exemplo, deixou o legado da soberania à maneira soberanista, que em grande medida se funda sobre o território, embora esse poder se alargue e transmita a quem está nele. E por isso é que o território passa em grande medida a conformar a nacionalidade e os direitos, e mesmo no mais íntimo das convicções, e do próprio rei: se cada rei começa

---

[113] Desenvolvendo esta ideia, *v.g.*, BAKER, Keith Michael. Souveraineté. In: FURET, François; OZOUF, Mona. *Dictionnaire Critique de la Révolution Française*. Paris: Flammarion, 1988. p. 888 *et seq.*

[114] Infelizmente, há cada vez mais um maior desconhecimento e confusão sobre épocas e períodos históricos, movimentos, correntes, estilos, ideologias, grandes divisões, enfim, conceitos estruturantes para o conhecimento histórico, político, jurídico (e não só). Tal tem consequências gravíssimas e chega a afetar estudiosos sérios, mas que se não apercebram das suas deficiências culturais de base (por assim dizer). Conjuntamente com as dificuldades linguísticas e de exposição (retóricas) são estas, nas nossas áreas humanísticas e sociais, das principais responsáveis pelo insucesso efetivo (nem sempre académico) de muitas dissertações e teses. As quais podem mesmo ficar prejudicadas no que têm de bom por este tipo de deficiências. Sobre Absolutismo, nas suas diferentes modalidades, v. MACEDO, Jorge Borges de. *Absolutismo*. In: SERRÃO, Joel. Dicionário de história de Portugal. Lisboa: Iniciativas Editoriais, 1963. v. I, p. 8-14. Sobre o seu devir,
PILLORGET, René. Del absolutismo a las revoluciones. In: *História Universal*. Pamplona: Eunsa, 1989. v. IX. Em geral, BONNEY, Richard *O Absolutismo*. Tradução Maria do Anjo Figueiredo. Lisboa: Publicações Europa-América, 1991. Discorrendo sobre os problemas periodológicos e afins, os nossos artigos CUNHA, Paulo Ferreira da. Retóricas do iluminismo, direito e política. *Quaderni fiorentini per la storia del pensiero giuridico moderno*, v. XLIV, p. 103-129, 2015. e Dividir a história: da epistemologia à política?. *História. Revista da FLUP*, Porto, IV série, v. V, p. 167-174, 2015.

por ditar a religião dos seus súbditos (*Cuius regio, eius religio*), ocorre que, para o monarca, acabará por ser natural que Paris (um território) bem valha uma missa (e uma conversão): *Paris vaut bien une messe*! Tal teria sido dita, como se sabe, por Henrique IV, conhecido em França, pela sua tolerância, como "o bom rei Henrique", mas tendo acabado por perecer assassinado por um fanático.

Evidentemente que a questão territorial começou por ser perturbada pelos moldes privatistas do Direito Romano, interrogando-nos nós se a soberania tal como cunhada por Jean Bodin não terá uma reminiscência dos velhos poderes de usar, fruir e abusar (*jus utendi, fruendi et abutendi*), de uma *plena in re potestas*. Não terá sido por acaso que pela Europa fora os reinos se foram retalhando numa perspetiva patrimonialista do monarca, que os ia deixando aos pedaços em testamento aos seus descendentes (o que não aconteceu em poucos casos, como o português). Mas levou tempo e transformação de mentalidades para a passagem da liderança pessoal à chefia estadual, com base territorial, nem sempre tendo sido um processo linear.

Cabe perguntar se as transformações do poder sob o impacto das multinacionais, das agências de notação, dos vetores tecnológicos e económicos globalizadores, dos novos polos de poder gerados pelas integrações (políticas, jurídicas, económicas...) regionais etc. etc., terão deslocado ou estarão em vias de deslocar o poder. A primeira tentação seria pensar que o novo protagonista de entre os elementos do Estado seria o próprio poder político, e não já nem a população, nem o território. Mas pode ocorrer que uma transformação muito mais profunda esteja em curso: a do próprio descentramento do poder, que poderá estar a transferir-se dos Estados para entidades muito menos conhecidas e de modo algum permeáveis ao escutíneo democrático. Não falamos de sinistras teorias da conspiração, de grupos que na sombra ou na penumbra maquinariam sobre os destinos do mundo, mas de realidades opacas, mas visíveis, de nível financeiro e económico, sobretudo, ou pelo menos na sua ação. Nunca, como nos tempos atuais de crise mundial persistente, se viu tão claramente visto como essas infraestruturas do domínio material determinam todos os demais elementos. E se, como terá dito Marx, "o capital não tem pátria", os Estados podem acabar por ser reminiscências mais ou menos decorativas e úteis num mundo globalizado em que o poder político acaba por ser um simples poder condicionado pelas determinações da economia e da finança. Dir-se-á que sempre terá sido assim... Mesmo que o tenha sido, ao menos os fenómenos da alienação terão de algum modo poupado muitos à visão da realidade, quiçá a começar pelos próprios atores políticos, que durante milénios terão vivido na ilusão de serem verdadeiros construtores da História.

LIÇÃO VI

DA SOBERANIA
À "GOVERNANÇA GLOBAL"

I   Repensar a soberania

Como todas as palavras políticas e jurídicas sonantes, a soberania tem sido muito utilizada, quantas vezes de forma imprecisa, e até mesmo demagógica. É algo de conatural a estes conceitos e expressões esse uso e mau uso, corrupção. Contudo, como sublinhou o malogrado constitucionalista português Francisco Lucas Pires, a metodologia jurídica baseia-se grandemente na palavra e na sua conotação e denotação conceituais,[115] pelo que precisamos, como diria aliás Confúcio, tratar antes de mais da retificação das palavras,[116] para que, tendo-as claras com as suas ideias, se possa bem governar.

Quando Jean Bodin[117] (de algum modo miticamente, é certo) "cunhou" o conceito de soberania, os problemas político-jurídicos

---

[115] LUCAS PIRES, Francisco. *Teoria da Constituição de 1976*: a transição dualista. Coimbra: edição do autor, 1988.

[116] CONFUCIUS. *Entretiens de Confucius*. Tradução Anne Cheng. Paris: Seuil, 1981. p. 102 (XIII, 3). Comentando, Simon Leys (dossier coordenado por Minh Tran Huy). *De -551 à Aujourd'hui. Confucius les voies de la sagesse*. Le Magazine Littéraire, n. 491, p. 66, nov. 2009; CHENG, Anne. *Histoire de la pensée chinoise*. Paris: Seuil, 1997. p. 82 et seq.

[117] Uma excelente síntese do que Bodin realmente disse (em 1576, nos *Seis Livros da República*, I, 8) sobre o assunto da soberania foi recolhida na obra de GOYARD-FABRE, Simone. *Quest'ce que la politique. Bodin, Rousseau et Aron*. Paris: Vrin, 1992. p. 56 et seq. Pode ver-se uma erudita e brilhante interpretação do autor em V VALLANÇON, François. *"Bodin" in Philosophie juridique*. [S. l]: Levallois-Perret, 2012. p. 233 et seq.

em presença eram bem claros. Tratava-se sobretudo de (em boa medida) ultrapassar a feudalidade, a dispersão, desagregação, ou inorganicidade da comunidade política (e ele pensava especialmente na França). Por isso, a soberania é expressa como poder que não tem par nem superior *intra muros*, embora com algumas limitações que não têm sido devidamente sublinhadas no didatismo ulterior.

Na verdade, o monarca, o "soberano" concebido por Bodin, com essa soberania *summa legibusque soluta potestas*, não está na verdade acima do Direito, pelo contrário, talvez até tivesse mais leis a limitá-lo que os atuais governantes constitucionais (pelo menos em teoria, claro). O absolutismo que decorre deste axioma não é, como sublinha um Otto Brunner, "'despótico e arbitrário', como o turco", mas um governo respeitador do Direito, e dele decorrente.[118]

O soberano deveria obedecer, a mais que estes, à lei divina, certamente tanto quanto estes deveriam, para alguns, seguir os ditames da lei natural e/ou lei racional (ou da razão; autonomizadas ou não, conforme os autores). Além de, evidentemente, deverem também obediência às leis fundamentais do Estado (então ditas, fundamentalmente, dos reinos...), que correspondem à formalização da Constituição material,[119] e ainda a várias leis humanas comuns a todos os povos, o que dá uma excelente abertura para a cooperação internacional e não para o isolacionismo sempre potencialmente belicista.[120]

Será talvez interessante notar, a título ilustrativo, que o Estado Novo (dito também na época "estado corporativo" por querer de algum modo recuperar um bucolismo mítico, quase medieval) português (*grosso modo* vigente entre a revolução de 28 de maio de 1926 e a de 25 de abril de 1974, e em que pontificaram Oliveira Salazar e Marcelo Caetano, ambos catedráticos de Direito) precisamente procurou ao menos formalmente não abandonar algumas dessas antigas limitações teóricas ao poder que, na prática, era sem freios

---

[118] BRUNNER, Otto. *Storia sociale dell'Europa nel Medioevo*. Tradução Gustavo Corni. Bolonha: Il Mulino, 1988. p. 164 *et seq.*

[119] Cf. uma síntese em BRIERLY, J. L. *Direito Internacional*, 4. ed. Lisboa: Fundação Calouste Gulbenkian, 1979. p. 9.

[120] TOUCHARD, Jean (Org.). *História das ideias políticas*. Lisboa: Edições Europa-América, 1970. v. 3, p. 63.

e contrapesos. Diz um manual da época, aliás já aqui citado, depois de considerar como elemento específico do Estado e seu direito fundamental (curiosa formulação e doutrina), a soberania, e antes de referir (justamente, na verdade) a pré-existência do Direito face ao Estado: "Apesar de independente, a soberania não é absoluta e ilimitada, pois, se assim fosse, facilmente os governantes poderiam exercer o despotismo e a tirania".[121]

E mais adiante recordará a própria Constituição de 1933 (revogada pela revolução de 25 de abril, como se sabe), como consagrando esse entendimento de limites morais e jurídicos ao poder do Estado ao nível nacional, que de algum modo funde com a ideia de soberania, e limites convencionais e consuetudinários ao nível internacional:

> Estes princípios estão expressamente sancionados na nossa actual Constituição, declarando o artigo 4.º que o Estado reconhece como limites à soberania, na ordem interna, a moral e o direito e, na internacional, os que derivam de convenções ou tratados livremente celebrados ou do direito consuetudinário livremente aceito.[122]

Talvez por isso um pesquisador insuspeito de simpatias com o regime como Manuel de Lucena teria defendido em certo momento que esta constituição poderia ter-se mantido, decerto com ligeiros retoques, depois da revolução democrática.[123] De facto, embora o contexto seja totalmente outro, a Constituição de 1976, que a substituiu, decerto por acreditar mais nos freios e contrapesos institucionais e na vigilância de um clima democrático face ao poder, não entendeu ser necessário colocar estas limitações de ordem mais teórica ou principial. Donde ganha algum corpo a ideia de que onde há limites por assim dizer superiores, ideológicos, éticos, poucos limites orgânico-jurídicos na prática existem, e vice-versa. Como que procurando uns compensar a falta dos outros. Ou, melhor: na verdade são

---

[121] AFONSO, A. Martins. *Princípios fundamentais de organização política e administrativa da nação*, p. 13.

[122] *Idem, ibidem*, p. 14.

[123] *Apud* AMARAL, Luciano. A herança de duas constituições. *Diário de Notícias*, Lisboa, 27 abr. 2006. Disponível em: <http://www.dn.pt/arquivo/2006/interior/a-heranca-de-duas-constituicoes-639647.html>. Acesso em: 21 fev. 2016.

duas técnicas de, ao menos na aparência, lidar com o problema dos abusos do poder e da tirania, que uns e outros admitem, ao menos em teoria. Uns acreditam mais no foro íntimo de bons governantes, outros mais nos meios objetivos e político-jurídicos de, como dizia Montesquieu, o poder travar o poder.

E contudo não é bem assim que se aprende normalmente. Não é mesmo nada assim. Não foi assim que nós aprendemos, já nem nos lembramos com quem pela primeira vez, para falar verdade... Falava-se e ainda se fala muito frequentemente de soberania como de um poder enorme, absoluto, quer do ponto de vista interno, quer no plano externo. Enorme e em grande medida arbitrário (ou pelo menos fica a sensação de que tal assim poderia ser, sem problemas). O rei estaria, pois, simultaneamente em luta (por vezes aparecendo associado à burguesia) quer contra os senhores feudais, quer contra o Papa, que constituiria a ameaça ao seu poder no plano externo, representando o polo internacional da teorização.

Talvez o tom haja sido como que contaminado pela visão hobbesiana do soberano, com um estilo ou fraseologia totalmente antidemocrática, de que respigamos, só para exemplo, de entre as epígrafes à margem de um capítulo fulcral do *Leviathan*: "Os súbditos não podem mudar a forma de governo", "não se perde o direito ao poder absoluto", "não há justiça nas acusações que o súbdito faça aos atos do soberano", "nada que o soberano faz pode ser punido pelo súbdito", "Também a ele – soberano – pertencem a autoridade judicial e a decisão das controvérsias", "E de fazer a guerra e a paz como lhe parecer melhor", concluindo-se destas e outras teses que: "O poder e a honra dos súbditos se desvanece na presença do poder soberano", sendo ainda que (curioso discurso legitimador) "O poder soberano não é tão prejudicial como a sua falta, e prejuízo deriva na sua maior parte de não haver pronta aceitação de um prejuízo menor".[124]

Contudo, é muito curioso observar que clássicos de várias áreas do saber e de diversos quadrantes geográficos há bastante

---

[124] HOBBES, Thomas . *Leviathan*. 3. ed. São Paulo: Martins Fontes, 2014. Parte 2, cap. XVII, p. 143 *et seq.*

tempo que não seguiam essa teorização atribuída a Jean Bodin. Paremos um pouco. Na verdade, parece tratar-se de uma teorização que, partindo do clássico jurista francês e invocando-o, vai muito mais longe. Passa para uma absolutização de uma categoria – a soberania – que deixa (pelo menos ao nível do pressuposto, do não dito) de ser uma perspetiva ou ponto de vista de um autor ou grupo de autores para encarnar o que se pressupõe como essência, com algo de universal e dificilmente discutível, ou mesmo indiscutível. Tanto mais que convocando, por vezes, ou sendo associado por vezes, a questões de honra, nação, sangue, pátria...

O clássico historiador das ideias políticas francês Jean Touchard, ou o consagradíssimo especialista britânico em Direito Internacional, J. L. Brierly, só para dar dois relevantes exemplos, ambos já apontavam para uma compreensão muito menos totalizante (ou totalitária) do pensamento de Bodin. E o curioso é que, tendo lido e relido as obras de ambos, nós e certamente muitos como nós não o apercebemos, imbuídos que estávamos pelo preconceito imperante: uma adesão às interpretações anteriormente assimiladas.

Essa definição simples, da dupla exclusão de poderes concorrentes, internos e externos, foi decerto excelente para a formação do Estado Moderno, e para o ulterior (bastante ulterior) advento dos nacionalismos românticos etc. etc. Mas com os processos de integração internacional, começou a claudicar, e a partir daí nunca mais se conseguiu ter ideias claras e distintas neste aspeto. Alguns, como o antigo presidente do Parlamento Português António de Almeida Santos, prolífico autor sobre temas políticos atuais, parece terem considerado que a partir do momento que se perde uma pequena parcela de soberania já se entrou no caminho do federalismo. Outros falam em *tertium genus*, sobretudo para a União Europeia. Esta parece ser, aliás, não diríamos a fórmula juridicamente correta, mas juridicamente confusa e *politicamente corretíssima*. Cremos que o que está principalmente em causa é uma inadaptação do conceito, na sua inteireza, aos tempos contemporâneos. Pelo menos uma dificuldade de transposição cabal e plácida. E um aproveitamento político muito perigoso por parte de hiper-nacionalismos de um lado, a par de desvalorizadores de qualquer sentido de independência, por parte de outros.

A virtude estará algures no equilíbrio de um meio termo:[125] soberania (ou algo como ela), numa versão de autonomia e independência também internacionais,[126] é importantíssima para as questões vitais (chamemos-lhe, por exemplo, "soberania estratégica"): militar, educativa, cultural e de Finanças, pelo menos. O grande educador António Sérgio dizia que a educação do Povo equivalia a opor resistência a uma invasão estrangeira. Mas há muitas outras (e até certos aspetos destas, o que complica as coisas) em que pode ser nociva aos próprios interesses nacionais. Há assim que repensar este aspeto, com a maior atenção e cuidado. Um excesso solipsista de soberania leva ao "orgulhosamente sós", talvez pobre e honrado (na mais idílica das versões), mas pequeno e triste; uma ingénua ou laxista abertura em exagero e dissolução nacional são ruína e aniquilamento certos, a prazo.

Certamente algo ficará ainda mais esclarecido se tivermos em conta alguns padrões de comparação, que se podem encontrar na História, e mesmo na história não muito recuada. Recordemos, pois, a chamada doutrina da "soberania limitada", que no contexto da oposição soviética às reformas de abertura da então Jugoslávia seria teorizada pelo presidente daquele país, então considerado "satélite" da potência dominante na área, a antiga URSS. Assim explicita a questão um Dicionário de Política Internacional:

> A denominação é muito expressiva, ainda que juridicamente contestável, na medida em que, não estando cada estado sozinho no mundo e sendo a vida internacional feita de concessões e compromissos, a soberania é necessariamente concebida pelos autores, desde o declínio das teorias absolutistas da Escola alemã do século XIX, como não ilimitada: na realidade, a recusa oposta a um Estado-membro da comunidade socialista a organizar politicamente o seu território com os nacionais que o habitam, como melhor entender, esvazia totalmente de conteúdo o conceito de soberania; em semelhante caso, tratar-se-ia mais de um aniquilamento que de uma limitação de soberania.[127]

---

[125] No sentido da Ética aristotélica. Cf., *v.g.*, ILIOPOULOS, Giorgios. *Mesotes und Erfahrung in der Aristotelischen Ethik*. *Philosophia*, Atenas, n. 33, p. 194 *et seq.*, 2003.

[126] Do mesmo modo que soberania, acabam por ser conceitos a requererem mais consenso. Alguns contributos podem colher-se, por exemplo, em PIRES, Adilson Rodrigues. Integração econômica e soberania. In: GOMES, Fabio Luiz (Coord.). *Direito Internacional*: perpectivas contemporâneas. São Paulo: Saraiva, 2010. p. 33-45.

[127] ZORGBIBE, Charles. Soberania limitada (doutrina ditada). In: ZORGBIBE, Charles. *Dicionário de política*. Tradução Henrique de Barros. Lisboa: Dom Quixote, 1990. p. 490.

Não devemos deixar de fazer as devidas reflexões e paralelos, sempre tendo presente a relativa debilidade e a real abertura e irreverência do conceito então proposto.[128]

II "Governança" e "governança global"

Não é a primeira vez que avalizados comentadores (recordamos, por exemplo, uma conferência pública do Reitor da Universidade Fernando Pessoa, Prof. Dr. Salvato Trigo, mas muitos são) criticam, e não apenas em termos linguísticos, a expressão "governança", ou, mais que isso, o seu conceito. E, eventualmente, os seus pressupostos, naturalmente conjeturados...

Não será este o momento nem o lugar para polemizar (até porque ainda há intuições que se devem ainda sedimentar e paralelos e contrates a desenvolver), mas cremos que a substituição, na esfera pública, no debate que se publica, da clássica e radical questão do Governo (no limite, o saber-se "quem manda",[129] como o faz, e se isso é bom ou mau, bem ou mal feito, para o bem ou para o mal do Povo) pela mais sofisticada problemática da *Governance*[130] (que alguns traduzem para português por essa palavra de elegância duvidosa aos nossos ouvidos, "governança") tem feito esquecer certamente o mais simples e o mais evidente. Mas não há dúvida,

---

[128] Em tempos hodiernos, e de União Europeia, um autor como PEREIRA MENAUT, Antonio-Carlos. Catolicismo español del siglo XXI: de religión oficial a contracultura, passando por complemento cultural? – un punto de vista. *Nueva Revista de Política, Cultura y Arte*, n. 153, p. 214, jun. 2005 fala em "ex-estados" e "no mucho más que protectorados de la EU" (obviamente referindo-se não a Estados do Leste europeu...). Há, na verdade, visões muito diversas sobre o sentido desta nova entidade, e das relações das partes com o todo. No que, obviamente, se envolvem diversas visões da soberania, ou o que a substitua...

[129] Entre inumeráveis, *v.g.* CASSESE, Sabino. *Chi governa il mondo*? Bolonha: Il Mulino, 2013; BESSA, António Marques. *Quem Governa*? uma análise histórico-política do tema da elite. Lisboa: ISCSP, mar. 1993. Contudo, é interessante notar que outros estudos inclinam-se mais para uma perspetiva ainda mais alargada que a especificamente política: como os certamente polémicos livros de PALMA, Ernesto. *O plutocrata*. Lisboa: Estudos de Filosofia Portuguesa, 1996; FAORO, Raymundo. *Os donos do poder*: formação do patronato político brasileiro. 3. ed. rev. Rio de Janeiro: Globo, 2001; ROSAS, Fernando; LOUÇÃ, Francisco. *Os donos de Portugal*: cem anos de poder económico. Lisboa: Afrontamento, 2010.

[130] Pode ver-se uma sintética introdução ao tema em BEVIR, Mark. *Governance*: a Very Short Introduction. Oxford: Oxford University Press, 2012. País a país (embora limitando-se a 19 estados, incluindo o Brasil, mas já não Portugal), cf. STUART, Spencer. *Governance Lexicon*. 3. ed. [S.l.]: Spencer Stuart, 2006.

ainda, de que seria interessante, noutro tempo, verificar as ligações desta última com a ideia de Cidadania, enquanto participação plural no Governo *latissimo sensu* de uma República. Há algo que nos inquieta, devemos confessá-lo, numa descrição como esta:

> In theorectical terms, is the process of governing. It is why gover-nments do to their citizens. But it is also what corporations and other organizations do to their employees and members. Further, the process of governing need not to be consciously undertaken by a hierarchically organized set of actors. Markets and networks of actors can govern, produce coordination and make decisions. Whereas government refers to political institutions, governance refers to processes of rule wherever they occur.[131]

Em que medida não há aqui um subtil discurso legitimador da perda de poder pelos governos nacionais para a assunção do mesmo até... pelos *tais* mercados? Podemos entender o conceito em termos descritivos, meramente sociológicos; mas o pior é se o tomamos de forma normativa, como o "bom governo", para mais aureolado pelo timbre de modernidade...

Parece-nos evidente, porém, que a redescoberta do Governo não pode hoje ser feita de forma idealizada, nem num puro isolamento, eventualmente juridista. Pensemos que a classe política e a classe económica são tratadas em conjunto por alguns teóricos, e não são estanques.[132] Por isso, é óbvio que o redespertar para a questão do Governo implica, agora, também uma visão mais abrangente. Vale a pena reler, de entre tantos, a *A Curva da Estrada*, romance de Ferreira de Castro...[133]

A questão do Governo *stricto sensu* anda sem dúvida muito ligada a ideias de Estado e soberania, que tempos de crise grave e austeridade e complexas articulações externas (desde logo no problema financeiro) trazem e trarão certamente ainda mais ao debate. É uma questão essencial, e vital. Pena é que certamente nem todos vão manter a polémica num nível científico, sendo de temer

---

[131] *Idem, ibidem*, p. 2-3.

[132] Estado não é independente nem autónomo. Nenhum Estado pode continuar a governar na ausência de um forte apoio de classes e grupos sociais importantes. É este factor que permite (...) tratar o conceito de 'classe dirigente' como uma amálgama de classe económica/ dominante e de élite política".

[133] FERREIRA DE CASTRO. *A curva da estrada*. 8. ed. Lisboa: Guimarães, [S.d].

muita demagogia e a invocação de argumentos inconsistentes, mas populistas. O problema da ligação do Governo com o Estado e a soberania não é novo, e não deixa de ser interessante notar que já Duguit tinha visto rotineiras ilusões nas obras sobre o tema...[134]

Mas evidentemente que a questão da felicidade (da mínima felicidade, da sobrevivência ao menos) pública não se limita ao Governo com "G" maiúsculo, englobado naturalmente o Executivo, o Legislativo (ao menos parte dele) e ainda o esboço de auto-governo propiciado pela Cidadania. É essencial a colaboração da normatividade, e da normatividade em ação: é preciso um Direito justo, não apenas ao nível de leis justas (aí parte do Legislativo, mas também da não despicienda ação reguladora e normativa em geral do Executivo), como de existente e justa juridição.

Na perspetiva específica da "governança global" parece entrar em linha de conta uma universalização de princípios básicos, economicistas as mais das vezes, como a seguinte citação parece demonstrar:

> os princípios fundadores [do consenso de Washington] são aplicáveis a qualquer período da história, a qualquer economia, em qualquer continente. Visam obter, o mais rapidamente possível, a liquidação de qualquer instância reguladora, estadual ou não, a liberalização mais total e mais rápida possível de todos os mercados (de bens, de capitais, de serviços, de patentes etc.) e a instauração a prazo de uma *stateless global Governance*, de um mercado mundial unificado e totalmente auto-regulado.[135]

Recordemos o que foi o Consenso de Washington – uma reunião em 1989 de funcionários do governo dos EUA, FMI, Banco Mundial e o Banco Interamericano de Desenvolvimento – seguindo, naturalmente, uma agenda neoliberal.

Também o sociólogo português Boaventura de Sousa Santos se tem debruçado sobre a questão da *Governance*. Numa clave ideológica completamente diferente. Num dos seus textos de há já alguns anos assim ponderava:

---

[134] Vale muito a pena aprofundar as ideias críticas do autor sobre estas matérias, já no seu tempo. V. DUGUIT, Léon. *Os elementos do Estado*. Tradução Eduardo Salgueiro. 2. ed. Lisboa: Inquérito, [S.d.].

[135] ZIEGLER, Jean. *Os novos senhores do mundo e os seus opositores*. Tradução de Magda Bigotte de Figueiredo. Lisboa: Terramar, 2003. p. 49.

> (...) a *desestatização dos regimes políticos* reflectida na transição do conceito de governo (*government*) para o de governação (*governance*), ou seja, de um modelo de regulação social e económica assente no papel central do Estado para um outro assente em parcerias e outras formas de associação entre organizações governamentais, nas quais o aparelho de Estado tem apenas tarefas de coordenação enquanto *primus inter pares*.[136]

Contudo, esta era ainda uma visão de algum modo *soft* do problema, quando a situação não se tinha ainda agudizado, em que parecia dar-se o benefício da dúvida. Jean Ziegler, no texto que vimos *supra*, parecer bem mais crítico. Até pelo facto de simplesmente agências de notação poderem classificar países. E considera-los até "lixo"... Cuidamos que este dado de facto será o melhor argumento aos que ainda sonham com uma soberania estadual absoluta. E contudo é um argumento que tem em si algo de deprimente... Se a soberania antiga nunca existiu e não tem aplicação hoje, a verdade é que ainda há quem acredite mais na legitimidade dos Governos (no sentido inglês de *Government*, o conjunto dos poderes do Estado, afinal, não apenas o executivo) que, por exemplo, nos Mercados.

Sobre estes, veja-se o que afirma alguém com a responsabilidade e o conhecimento e experiência de George Soros:

> Os mercados funcionam bem quando se trata de criar riqueza, mas não estão vocacionados para cuidar de outras necessidades sociais. A procura desenfreada de lucro pode afetar o ambiente e entrar em conflito com outros valores sociais. (...) é perigoso confiar excessivamente nos mecanismos do mercado. Os mercados destinam-se a facilitar a livre troca de bens e serviços entre as partes que o desejam, mas, só por si, são incapazes de satisfazer as necessidades sociais como a lei e a ordem, bem como manter os seus próprios mecanismos. Nem têm competência para garantir a justiça social. Estes "bens públicos" só podem ser assegurados por um processo político.[137]

E sobre as crises dos mercados financeiros, adverte:

> (...) os mercados financeiros globais são muito vulneráveis a crises. Talvez as populações dos países desenvolvidos não se apercebam

---

[136] SOUSA SANTOS, Boaventura. *Os processos de globalização*. In: SOUSA SANTOS, Boaventura. (Org.). *Globalização, fatalidade ou utopia?*. Porto: Afrontamento, 2006. p. 44.

[137] SOROS, George. *Globalização*. Lisboa: Temas e Debates, 2003. p. 20.

LIÇÃO VI
DA SOBERANIA À "GOVERNANÇA GLOBAL" | 103

totalmente da devastação provocada pelas crises financeiras porque (...) estas tendem a atingir com muito mais intensidade os países em desenvolvimento.[138]

Vejamos agora ainda mais um testemunho, que nos parece eloquente também:

> Como se pode dizer se ou quando a governação (*governance*) global é exercida, e por quem? Um exemplo relaciona-se com o papel das empresas. Enquanto alguns podem possuir empresas para serem enormemente poderosos, outros aperceberam-se de que não tinham alternativa senão agir de determinada forma. Assim, a governação global não é exercida assim tanto por empresas mas, já bastante assustadoramente, por mercados anónimos e fundamentalmente incontroláveis (há aqui uma nota no original, que reproduzimos *infra*[139]).[140]

Quando começam a propor-se conceitos novos, que contudo não se referem a realidades totalmente novas, antes procuram captar aspetos de objetos antigos (e alguns muito antigos, como aqueles a que ainda chamamos Governo, Poder, Governação etc.), é natural que comece a haver uma pulverização conceitual e de palavras, e chegue até a haver uma quezília, querela ou mesmo guerra entre elas, na pretensão de conquistar os utilizadores e os léxicos mais oficiais. Não é o caso aqui, porque a expressão se tem imposto muito, sobretudo nos meios mais mediáticos, modernos e jovens, o que é garantia de futuro, em princípio.

Contudo, não esqueçamos que outras abordagens existem, como, por exemplo, a do grande filósofo francês Michel Foucault, que fala de outra coisa, mas que ganharia em ser cotejada com a dita "governance": trata-se da "Governamentalidade" (*gouvernementalité*). Sobre ela, afirma o autor:

> Por governamentalidade, entendo o conjunto constituído pelas instituições, os procedimentos, análises e reflexões, cálculos e táticas que permitem exercer esta forma bem específica, bem complexa, de

---

[138] *Idem, ibidem.*

[139] V., *v.g.*, GRAY, John. *False Dawn*: the Delusions of Global Capitalism. Londres: Granta, 1998. p. 57-58.

[140] KLABBERS, Jan. *International Law*, p. 305.

poder, que tem por foco principal a população, por forma maior o saber da economia política, por instrumento técnico essencial os dispositivos de segurança.[141]

Será interessante, certamente, comparar "governança" e "governamentalidade".

A *Governance* tem contudo inúmeras aplicações (virtualmente poderá aplicar-se a todos os domínios do poder, especialmente internacional, ou global?), revelando algumas virtualidades ao que parece evidentes em áreas nas quais as formas clássicas de atuação individual ou mesmo tradicionalmente combinados dos Estados não têm tradição. Ou em que, precisamente, se elevaram na História pretensões "soberanistas" ou hegemónicas, a serem superadas por fórmulas mais coletivas e comunitárias.[142]

Oxalá a combinação dos diversos elementos em presença o permita, numa perspetiva, aliás, de um direito mais humanista e fraterno, por exemplo em matéria ambiental e de património comum da humanidade.[143] E, noutros casos, a *global governance* (na verdade, uma "boa" *global governance*) espera-se mais eficaz, por exemplo com a dimensão da corrupção. A partir de 15 de dezembro de 1975, pelo menos, com a resolução da Assembleia Geral da ONU n.º 3.514, seguida de múltiplos outros instrumentos, que o combate global à corrupção tem tido eco nesse mais alto fórum internacional.[144] E contudo alguns agudos observadores já advertiram para o perigo de uma histeria anticorrupção poder ser cortina de fumo fomentada por setores comprometidos com ela, e/ou uma maneira de criar um clima social de indignação justa, mas manipulado de forma demagógica e populista por forças interessadas em aniquiliar ou muscular as

---

[141] FOUCAULT, Michel. Sécurité, territoire, population. *Le Gouvernement, cours au Collège de France, 1977-1978*, 4ª lição, 1 fev. 1978 (tradução nossa), *apud Abécédaire*, in *Michel Foucault. Numéro Anniversaire*, Sciences Humaines, número especial, n. 19, p. 99, maio/jun. 2014.

[142] Será eventualmente o caso do governo dos Oceanos, pomo clássico de discórdia em Direito Internacional. Cf., *v.g.*, FERREIRA DA CUNHA, Ary. (*Pre*)*tensões sobre o mar*: rumo a uma global governance dos oceanos, p. 65-80. Tivemos já oportunidade de referir *supra*, quase logo no início do livro, alguns outros aspetos do problema.

[143] *Idem*. Patrimônio comum da humanidade: raízes tomistas. In: MACHADO, Edilene Vieira; Militão da Silva; Jair. Lauand, Jean (Org.). *Filosofia e educação*: interfaces. São Paulo: Factash, 2011. v. II.

[144] Para mais desenvolvimentos, em língua portuguesa, *Idem. Combate à corrupção. da teoria à prática*. Lisboa: Quid Juris, 2015. p. 59 *et seq*.

democracias clássicas, representativas. É pelo menos um ponto de vista a ter em consideração e motivo para análise.

II Exercícios sobre soberania e "governança"

1. Soberania, na perspetiva de Direito Internacional adotada, será especialmente
   a) O poder de usar, fruir e abusar do poder num Estado.
   b) O direito de punir os cidadãos nacionais.
   c) O direito de cobrar impostos e de punir os habitantes de um território.
   d) O exercício de poderes atinentes à independência do Estado.
   e) O direito de firmar tratados com outras potências.

Na perspetiva adotada estará correta a alínea *d)*. Mais que isso seria colocarmo-nos numa perspetiva certamente "soberanista". Menos que isso seria uma forma de cosmopolitismo internacionalita sem ter em consideração o valor (mesmo geral, universal) dos Estados, até como forma de exercício do princípio da subsidiariedade (em termos muito simples: cada um cuida melhor daquilo de que está próximo, do que "lhe dói na fazenda").

2 Em que medida a *global governance* pode ser encarada como uma ameaça ou uma substituição do Direito Internacional?
   a) É uma ameaça porque desafia a soberania dos Estados e o papel dos Governos.
   b) É uma substituição, porque exerce funções regulatórias que normalmente seriam dos Estados.
   c) É apenas umw fenómeno pontual, sem expressão global.
   d) O Direito Internacional tem de se acomodar a muitas novidades de poder, este é um sério desafio.
   e) Não passa de uma moda. Em breve os Estados voltarão a ser soberanos. Talvez depois de uma nova Guerra Mundial.

Uma perspetiva soberanista, mais clássica, escolheria certamente a solução *a)*. Uma perspetiva clássica, mas mais moderada, escolheria hipótese *b)*. As hipóteses *c)* e *e)* são mais passionais e de senso comum. A resposta mais ponderada e de acordo com os mais modernos desenvolvimentos seria, a nosso ver, a *d)*.

LIÇÃO VII

O TERRITÓRIO DOS ESTADOS

I Geral

Os etólogos ou etologistas incluem entre os traços essenciais comuns aos homens e aos animais uma espécie de "instinto" (*grosso modo*) de territorialidade. Somos seres de espaço, que precisam de espaço, e que determinam fronteiras, mesmo na simples aproximação entre pessoas (dependendo do contexto, das culturas, e da intimidade entre os agentes, como é óbvio). Numa sociedade muito confundida no que se pode ou não pode fazer (em grande medida por falta de educação familiar que a escola não pode nunca, apesar de tudo, colmatar), está de novo até a recuperar-se a ideia de limites, em vários aspetos, até o simples espaço entre as pessoas (nos aeroportos já há anúncios institucionais para em certos países se ter cuidado com demasiadas efusões de afeto, cordialidade ou camaradagem implicando excessiva aproximação física).[145] Que sentido terá hoje o preceito bíblico "Não mudes os marcos do teu próximo, que os antigos fixaram na tua herança, na terra que o Senhor, teu Deus, te dá para a possuíres"?[146]

E com tudo isto, entretanto, é curioso como muitas fronteiras caem... nomeadamente tal ocorreu na União Europeia.

Poderia inicialmente pensar-se que o menos polémico dos elementos da tríade mítica dos elementos do Estado seria o elemento

---

[145] Cf., *v.g.*, GRUEN, Anselm; ROBBEN, Ramona. *Estabelecer limites, respeitar limites*. Tradução Lorena Richter. 6. ed. Petrópolis: Vozes, 2014.

[146] Deut. XIX, 14.

territorial, o território, mas afinal é um assunto que tem muito que se lhe diga... Além de ter implicações de monta no xadrez internacional. Basta olhar um *mapa mundi* para se verificar o peso da dimensão territorial na própria imagem que dos países se faz (conta-se que os Portugueses só foram convidados a sair da Etiópia depois de os padres jesuítas, ao ensinarem aí Geografia, revelarem o segredo inconfessável do colonizador: a distância a que ficava e a dimensão do território que ocupava na Europa). O mesmo olhar para um planisfério ou um globo terrestre permitirá ainda verificar um dado muito importante: a vizinhança, elemento vital na geopolítica, que tem uma dimensão multidimensional[147] e não meramente estratégica, embora o seja clássica e primacialmente. Fica clara, pelo simples olhar da representação geográfica do mundo, a função de amortecedor de conflitos dos chamados "estados-tampão", por exemplo... E nunca esqueçamos o título do grande geógrafo Yves Lacoste: "A Geografia, isso serve antes de mais para fazer a guerra".[148]

A territorialidade (ou dimensão ou mesmo, pura e simplesmente, "existência" territorial) tem sido um ponto fundamental para o entendimento do Estado, dos Estados. Do Estado se diz ser um fenómeno essencialmente espacial (relativo ao espaço) – atesta-o Maurice Hauriou.[149] Também, por exemplo, Chales de Visscher chama a atenção para que o significado grandemente simbólico do espaço territorial leva a que frequentemente se identifique mesmo Estado e território, fronteiras e soberania.[150] Quem não entendeu já essa identificação frequente no discurso dos políticos ou da comunicação social?

Contudo, há quem negue o caráter geográfico da noção de território. Precisamos do maior cuidado na interpretação destas teorizações, porque os ideoletos em presença parecem diversos.

---

[147] Veja-se, por exemplo, e desde logo, a relação da História Diplomática com a Geopolítica, MACEDO, Jorge Borges de. *História diplomática portuguesa*: constantes e linhas de força – estudo de geopolítica. Lisboa: Instituto de Defesa Nacional, [S. d]. Mas também estudos como CASTRO, Josué de. *Geografia da fome*. Rio de Janeiro: Gryphus, 1992 (a obra foi Prêmio José Veríssimo da Academia Brasileira de Letras).

[148] LACOSTE, Yves. *La géographique, ça sert d'abord à faire la guerre*, reed. Paris: La Découverte, 2012.

[149] *apud* ZARKA, *op. cit.*, p. 33.

[150] VISSCHER, Charles de. *Théories et réalités en droit international public*. Paris: Pedone, 1970. p. 220.

Não estão todos a falar exatamente da mesma coisa. Assim, podemos ler em Celso D. de Albuquerque Mello:

> O Estado tem como um dos seus elementos o território. O território é onde o Estado exerce a sua soberania, dentro dos limites estabelecidos pelo Direito Internacional... *a noção de território não é geográfica, mas jurídica*, tendo em vista que ele é o domínio de validade da ordem jurídica de um determinado Estado soberano (grifámos).[151]

Mas pode certamente dizer-se que haverá um movimento pendular na consideração da relação entre território e Estado (e forças e movimentações internacionais). Ora vai prevalecendo o territorialismo, ora o juridismo. Assim, por exemplo, em tempos em que já se ouvem rufar tambores de guerra, Sandro Mendonça [aludindo a uma obra de Tim Marshall],[152] afirma: "O argumento é que a geografia modula as forças das relações entre os povos, favorece uns acontecimentos em vez de outros, acelera o passo da história numas áreas em vez de outras".[153]

Apesar de as vicissitudes políticas da existência de um Estado poderem fazer perigar ou mesmo desaparecer esse território das mãos de um poder político.

Mesmo o poder político pode desaparecer, em tempo de anarquia.

E por isso o mais perene elemento do Estado seria o Povo [v. Francisco Rezek].[154]

Mas não se esqueça nunca que há mais que isso. Há como que um princípio da continuidade do Estado, mesmo em caso de severas limitações demográficas, territoriais e mesmo dificuldades de exercício do poder político. É aliás este aspeto um dos grandes argumentos para a prevalência do Direito Internacional, como veremos.[155]

---

[151] MELLO, Celso D. de Albuquerque. *Curso de Direito Internacional Público*. Rio de Janeiro: Renovar, 1992. v. II, p. 795.

[152] MARSHALL. Tim. *Prisionners of Geography*: Ten Maps that Tell You Everything You Need to Know about Global Politics. Londres: Elliot & Thompson, 2015.

[153] MENDONÇA, Sandro. Real Geographik. *UP*, p. 130, nov. 2015.

[154] REZEK, *op. cit.*

[155] V. CANÇADO TRINDADE, Antonio Augusto. *O Direito Internacional em um mundo em transformação*. Rio de Janeiro, São Paulo: Renovar, 2002. p. 1045.

Valerá certamente ainda muito a pena ponderar o erudito e belo ensaio de Arthur J. Almeida Diniz, "Território: o Espaço privilegiado do paradigma da dominação".[156]

A relação do território com o sagrado não é dos menores aspetos deste interessante estudo. Atente-se neste trecho do referido autor:

> O espaço integra também o imaginário jurídico, provindo este de uma noção de sagrado. Inicialmente, relatam os historiadores, não havia nem o tempo nem o espaço dos homens, porque tudo pertencia aos deuses. Mircea Eliade descreve todas as coisas como que possuin-do um duplo aspecto. Há um céu visível e um céu invisível. A nossa terra, isto é, nosso espaço, corresponde a uma terra celeste. O templo, lugar sagrado por excelência, é um protótipo celeste (...) A ciência do espaço, isto é, a geografia, é sobretudo uma projeção antropomórfica. (...) O Direito de guerra entre os antigos era regulamentado por uma Teologia. As palavras, para os antigos, possuíam um significado mágico e sobretudo designavam um ato de posse, consequentemente, influenciaram definitivamente a Geografia.[157]

Outro aspeto relevante sublinhado pelo autor é a dimensão económica do território, e naturalmente das fronteiras.[158]

A dimensão histórico-simbólica não pode deixar de ser convocada aqui, e não por simples erudição. É que essas coisas, profundamente formativas, ajudam a compreender as raízes, os arquétipos e até os mistérios dos nossos atuais problemas, que continuam a ser muito territoriais e territorialistas... sobretudo quando se chega aos limites... *Et pour cause.*

Do mesmo modo que os pactos são sagrados desde tempos imemoriais (em Roma, a deusa Fides residia na palma da mão dos contraentes que celebravam os seus pactos com um aperto de mão), também divindades tutelares presidem e protegem os limites. Janus, deus das portas da Cidade, olha afora e adentro, com seu rosto bifronte. E se os gregos tinham regras para as distâncias e as medidas para plantações, poços etc., os romanos instituíram mesmo a festa sagrada da Terminália, expressão que deriva das pedras, elas também sagradas, que marcavam as divisas, os termos, e tinham por

---

[156] ALMEIDA-DINIZ, Arthur J. Território: o espaço privilegiado do paradigma da dominação. In: ALMEIDA-DINIZ, Arthur J. *Novos paradigmas em Direito Internacional Público.* Porto Alegre: SAFE, 1995. p. 139 *et seq.*

[157] *Idem, ibidem*, p. 139-141.

[158] *Idem, ibidem*, p. 145.

nome *termini*.[159] O *limes*, por seu turno, era também nome para as fronteiras do Império. Para além dele, reinava a barbárie, expressão que os gregos haviam cunhado para os que não falavam a sua língua. Ou seja, com quem se não podia (ao menos facilmente) comunicar, que é palavra irmã de comungar, estar em comunhão.

Importa ainda recordar e compreender simbolicamente como os Romanos, ao criarem uma cidade nova (e para isso os áuspices a consagravam), traçavam a estrutura viária e urbanística fundamentais da mesma com dois eixos cruzados e perpendiculares (numa cruz), o *cardus maximus* e o *decumanus maximus*. O primeiro no sentido norte-sul e o segundo no sentido este-oeste. A expressão "pontos cardeais" tem certamente esta origem... E cardeais são as quatro virtudes clássicas: Justiça, Prudência, Temperança e Fortaleza, que também estruturam e como que endireitam a vida das pessoas.

Os Romanos são ainda convocados nas suas conceções territorialistas a propósito do terrorismo.[160] Parece estranho, mas não é tanto assim, se pensarmos que toda esta perspetiva se contextualiza na cosmovisão romana.

Vejamos. Em Pomponio, e naturalmente no Digesto de Justiniano, encontra-se a ideia de *jus terrendi*, que parece começar por ser um direito de inspirar ao criminoso um "terror salutar" (naturalmente para a sociedade) para que ele, atemorizado, respeite a lei. Mas há mais que isso: há uma ligação desse terror com a terra e o território. Para os Romanos, a utilização dessa estratégia de terror é um mecanismo de impor e assegurar a própria soberania, contra os intrusos, que se repelem do território cujas leis não querem respeitar. Haveria assim no *jus terrendi* uma dimensão estatal, mas naturalmente também ética: para defesa da comunidade e das suas leis, impõe-se um terror que expulse os fora-da-lei. Para Philippe-Joseph Salazar, o Califado ou estado Islâmico está a reeditar a tese e o método romanos, e só se compreenderia o seu terrorismo à luz dessa doutrina estadualista e ética, agora com vista à islamização do mundo.

Evidentemente, um certo tipo de islamização...

---

[159] GRUEN, Anselm; ROBBEN, Ramona. *Estabelecer limites*: respeitar limites. p. 36.

[160] Inspiramo-nos aqui em SALAZAR, Philippe-Joseph. Le Communiqué du Califat a une dimension cachée. *Philosophie Magazine*, Paris, n. 95, p. 51, dez. 2015. Sobre o terrorismo em geral, cf. o nosso *Nova Teoria do Estado*, p. 143 *et seq.*

II Qual o terrritório de um Estado?

1 As formulações constitucionais

Existem no Direito Constitucional Comparado (na verdade, comparando as diferentes constituições) diversas formas constitucionais de enunciar os limites territoriais, ou de proclamar as possessões:

a) Enunciação de todos os os territórios que compõem um Estado (Constituição Portuguesa de 1933);

b) Declaração remetendo para a factualidade e a história (Constituição da República Portuguesa de 1976).

Não parece que, por exemplo, os hinos nacionais (ou outras expressões simbólicas) possam valer como elemento de reivindicação territorial. São contudo discursos particularmente solenes e significativos a ter em atenção, não juridicamente, mas culturalmente.

2 Algumas noções fundamentais

Há várias divisões possíveis, diferentes classificações a considerar.

2.1 Terra, mar e ar

Por exemplo, o território de um Estado pode ser *contínuo* ou *descontínuo* (Alasca separado dos EUA pelo Canadá, por exemplo) e da mais variada dimensão (do mais pequeno, como o Vaticano, ao maior, como a Rússia).

Compreende o território, na nossa perspetiva, o espaço terrestre, os espaços aquáticos internos (sempre haverá um ou outro), o espaço aéreo e o espaço marítimo no caso dos estados junto ao mar. A Convenção das Nações Unidas sobre o Direito do Mar, de 10.XII.1982, estabeleceu 12 milhas marítimas (c. 22km). Mas existem outras dimensões pelas quais o território de um Estado pode avançar para além da terra... Aliás, motivo para grandes controvérsias.

LIÇÃO VII
O TERRITÓRIO DOS ESTADOS | **113**

Há vários conceitos a ter em atenção, com regulamentação até pela Convenção de Montego Bay, de 1982, que entrou en vigor em 16 de novembro de 1984. De entre eles, avultam a Plataforma Continental e a Zona Económica Exclusiva.

2.2 Plataforma continental

A plataforma continental é formada, obviamente no caso de estados costeiros, "(...) pelo leito e o subsolo das áreas submarinas que se estendem além do seu mar territorial e toda a extensão do prolongamento natural do seu território terrestre (...)", segundo o texto da convenção das Nações Unidas sobre o Direito do Mar (art. 76.º, n.º 1). Mas não há como ver todo o pormenor que ao assunto é consagrado pela Convenção. A citação é longa, mas não há como substituí-la.

ARTIGO 76.º

Definição da plataforma continental

1. A plataforma continental de um Estado costeiro compreende o leito e o subsolo das áreas submarinas que se estendem além do seu mar territorial, em toda a extensão do prolongamento natural do seu território terrestre, até ao bordo exterior da margem continental ou até uma distância de 200 milhas marítimas das linhas de base a partir das quais se mede a largura do mar territorial, nos casos em que o bordo exterior da margem continental não atinja essa distância.

2. A plataforma continental de um Estado costeiro não se deve estender além dos limites previstos nos n.os 4 a 6.

3. A margem continental compreende o prolongamento submerso da massa terrestre do Estado costeiro e é constituída pelo leito e subsolo da plataforma continental, pelo talude e pela elevação continentais. Não compreende nem os grandes fundos oceânicos, com as suas cristas oceânicas, nem o seu subsolo.

4. a) Para os fins da presente Convenção, o Estado costeiro deve estabelecer o bordo exterior da margem continental, quando essa margem se estender além das 200 milhas marítimas das linhas de base, a partir das quais se mede a largura do mar territorial, por meio de:

i) Uma linha traçada de conformidade com o n.º 7, com referência aos pontos fixos mais exteriores em cada um dos quais a espessura das rochas sedimentares seja pelo menos 1% da distância mais curta entre esse ponto e o pé do talude continental; ou

ii) Uma linha traçada de conformidade com o n.º 7, com referência a pontos fixos situados a não mais de 60 milhas marítimas do pé do talude continental.

b) Salvo prova em contrário, o pé do talude continental deve ser determinado como o ponto de variação máxima do gradiente na sua base.

5. Os pontos fixos que constituem a linha dos limites exteriores da plataforma continental no leito do mar, traçada de conformidade com as subalíneas e *ii*) da alínea *a*) do n.º 4, devem estar situados a uma distância que não exceda 350 milhas marítimas da linha de base a partir da qual se mede a largura do mar territorial ou uma distância que não exceda 100 milhas marítimas de isóbata de 2500m, que é uma linha que une profundidades de 2500m.

6. Não obstante as disposições do n.º 5, no caso das cristas submarinas, o limite exterior da plataforma continental não deve exceder 350 milhas marítimas das linhas de base a partir das quais se mede a largura do mar territorial. O presente número não se aplica a elevações submarinas que sejam componentes naturais da margem continental, tais como os seus planaltos, elevações continentais, topes, bancos e esporões.

7. O Estado costeiro deve traçar o limite exterior da sua plataforma continental, quando esta se estender além de 200 milhas marítimas das linhas de base a partir das quais se mede a largura do mar territorial, unindo, mediante linhas rectas que não excedam 60 milhas marítimas, pontos fixos definidos por coordenadas de latitude e longitude.

8. Informações sobre os limites da plataforma continental, além das 200 milhas marítimas das linhas de base a partir das quais se mede a largura do mar territorial, devem ser submetidas pelo Estado costeiro à Comissão de Limites da Plataforma Continental, estabelecida de conformidade com o anexo II, com base numa representação geográfica equitativa. A Comissão fará recomendações aos Estados costeiros sobre questões relacionadas com o estabelecimento dos limites exteriores da sua plataforma continental. Os limites da plataforma continental estabelecidos pelo Estado costeiro com base nessas recomendações serão definitivos e obrigatórios.

9. O Estado costeiro deve depositar junto do Secretário-Geral das Nações Unidas mapas e informações pertinentes, incluindo dados geodésicos, que descrevam permanentemente os limites exteriores da sua plataforma continental. O Secretário-Geral deve dar a esses documentos a devida publicidade.

10. As disposições do presente artigo não prejudicam a questão da delimitação da plataforma continental entre Estados com costas adjacentes ou situadas frente a frente.

ARTIGO 77.º
Direitos do Estado costeiro sobre a plataforma continental

1. O Estado costeiro exerce direitos de soberania sobre a plataforma continental para efeitos de exploração e aproveitamento dos seus recursos naturais.

2. Os direitos a que se refere o n.º 1 são exclusivos, no sentido de que, se o Estado costeiro não explora a plataforma continental ou não aproveita os recursos naturais da mesma, ninguém pode empreender estas actividades sem o expresso consentimento desse Estado.

3. Os direitos do Estado costeiro sobre a plataforma continental são independentes da sua ocupação, real ou fictícia, ou de qualquer declaração expressa.

4. Os recursos naturais a que se referem as disposições da presente parte são os recursos minerais e outros recursos não vivos do leito do mar e subsolo, bem como os organismos vivos pertencentes a espécies sedentárias, isto é, aquelas que no período de captura estão imóveis no leito do mar ou no seu subsolo ou só podem mover-se em constante contacto físico com esse leito ou subsolo.

A plataforma continental é normalmente apresentada como uma conquista dos estados costeiros, que em geral se considera ter tido como precursor o Presidente Truman, dos EUA. Assim como, na Europa, foi Portugal o primeiro país a legislar sobre a matéria.[161] Ainda hoje, aliás, a atenção portuguesa às questões marítimas parece permanecer, depois de ratificada em 3 de novembro de 1997 a referida convenção. E não deixa de haver divergências sobre a extensão territorial, evidentemente. Por exemplo, entre Portugal e Espanha, a propósito sobretudo das ilhas Selvagens, onde um Presidente da República chegou a pernoitar, num gesto que poderá eventualmente ser interpretado como de simbolismo especial de posse territorial.[162]

---

[161] Lei n.º 2.080/1956, de 21 de março.

[162] Cf., por todos, CÂNDIDO, António Manuel de Carvalho Coelho. A convenção de montego bay e Portugal: delimitação das zonas marítimas da Madeira. *IESM Boletim Ensino/ Investigação*, n. 12, maio 2012. Disponível em: <http://www.iesm.pt/cisdi/boletim/Artigos/ art_7.pdf>. Acesso em: 10 fev. 2016.

2.3 Zona económica exclusiva

Segundo o art. 55.º da Convenção referida, que regula o Regime jurídico específico da zona económica exclusiva, "A zona económica exclusiva é uma zona situada além do mar territorial e a este adjacente, sujeita ao regime jurídico específico estabelecido na presente parte, segundo o qual os direitos e a jurisdição do Estado costeiro e os direitos e liberdades dos demais Estados são regidos pelas disposições pertinentes da presente Convenção", o que não auxilia, evidentemente, na delimitação concreta da mesma. O que é feito pelo art. 57.º: "A zona económica exclusiva não se estenderá além de 200 milhas marítimas das linhas de base a partir das quais se mede a largura do mar territorial."

2.4 Espaço aéreo

Passemos ao espaço aéreo. O espaço aéreo não tem limite superior. Mas, segundo a Convenção de Chicago de 1944, é meramente o espaço atmosférico (afinal uma projeção do espaço terrestre respetivo). Já o espaço extra-atmosférico tem outras regras...

2.5 Navios e aeronaves

O regime internacional de regimes e aeronaves encontra-se pormenorizadamente descrito na Convenção de Montego Bay.

A partir do seu art. 17.º regula a passagem inofensiva pelo mar territorial, a partir do art. 27.º estabelece as normas aplicáveis a navios mercantis e navios de Estado utilizados para fins comerciais, seguidas (logo no art. 29.º e seguintes) das normas aplicáveis a navios de guerra e a outros navios de Estado utilizados para fins não comerciais, dedicando-se à passagem em trânsito a partir do art. 37.º etc. A partir do art. 90.º estipula-se sobre nacionalidade, estatuto dos navios etc. O art. 99.º proíbe o transporte de escravos e a partir do 100.º cura-se da pirataria. É, na verdade, um grande Código de Direito do Mar...

Já as questões relativas a aeronaves, aproveitam da analogia com os navios. Tendo começado por ser alvo da Convenção de Paris de 1919, tiveram depois marco importante na Convenção de Chicago de 1944.

III Modificações territoriais

1 Modificações territoriais pacíficas

Há elementos que mudam e elementos que permanecem, nas andanças territoriais, que por vezes também o são de gentes. Um texto que valeria ponderar e ler em sintonia com o Direito Internacional Público é esta passagem de Italo Calvino:

> Evitem dizer que algumas vezes cidades diferentes sucedem-se no mesmo solo e com o mesmo nome, nascem e morrem sem se conhecer, incomunicáveis entre si. Às vezes os nomes dos habitantes permanecem iguais, e o sotaque das vozes, e até mesmo os traços dos rostos; mas os deuses que vivem com os nomes e nos solos foram embora sem avisar e em seus lugares acomodaram-se deuses estranhos. É inútil querer saber se estes serão melhores do que os antigos, dado que não existe nenhuma relação entre eles, da mesma forma que os velhos cartões-postais não representam a Manólia do passado mas uma outra cidade que por acaso também se chamava Manólia.[163]

Talvez por esta ordem de ideias nunca nenhuma nova situação ou enquadramento político de um território fosse permitisse a permanência da entidade por assim dizer essencial (espiritual, telúrica, eventualmente "nacional") anterior. É uma perspetiva que, com essas implicações, seria muito radical. Mas nela pode pairar ao menos um *fumus* de razão. Já houve mesmo quem dissesse, por exemplo, que o Portugal restaurado em 1640 já não seria o mesmo que entrara antes em (forçada) união com Espanha, em 1580. Teria o mesmo nome, mas seria já outra realidade.

---

[163] CALVINO, Italo. *As cidades e a memória*: as cidades invisíveis. Tradução Diogo Mainardi. São Paulo: Companhia das Letras, 1990. p. 30-31.

Matéria para mais meditações...

Por forma pacífica, os Estados podem alterar a sua composição territorial, designadamente por retificação de fronteiras, cessão, transferência convencional etc.

1821 – O México aceitou o território de futuros cinco estados que viriam efemeramente no meio tempo a formar a Federação Centro-Americana: Costa Rica, El Salvador, Guatemala, Honduras e Nicarágua, após a sua separação de Espanha.

1867 – EUA compram o Alasca à Rússia.

1903 – O Brasil em "operação complexa"[164] compra o Acre à Bolívia.

Devemos comparar estas situações com outras, também clássicas, como a sucessão de estados (fusão ou agregação *vs.* Secessão ou desmembramento).

Colocam-se muitas questões nem sempre pacíficas. Imagine-se, por exemplo, que a Catalunha se separava (por forma consensual, ou menos consensual) da Coroa espanhola. Como ficavam as suas obrigações internacionais (nomeadamente a "dívida"?) E como seria a questão da sua ligação (ou não) com a União Europeia?

O que parecia uma hipótese académica acabou por acontecer. Não foram os massacrados Gregos que bateram com a porta da União Europeia, foram os ditos fleumáticos e relativamente beneficiados e protegidos (sem euro, por exemplo) britânicos. Por uma margem relativamente pequena de votos (c. de 52% contra 48%), um referendo realizado em 23 de junho de 2016 no Reino Unido votou a saída de um dos fundadores do "Clube europeu" da União (à saída se chamou, mesmo antes do referendo, Brexit). As consequências são imprevisíveis. É, agora sim, a abertura de uma Caixa de Pandora. Evidentemente, quedas bolsistas da Libra, do *rating* AAA para AA e do Primeiro-Ministro são normais em casos destes. O problema será o futuro, para ambos os lados. Longas negociações e discussões sem fim esperam os Europeus nos próximos meses, talvez um par de anos, já se vaticina.

---

[164] A expressão é de REZEK, *op. cit.*

A saída do Reino Unido representa, é certo, uma derrota do maximalismo, do triunfalismo, da burocracia. E da ideia de que a União seria um império eterno ou pelo menos milenar. Os perdedores, afinal a classe política europeia instalada dos vários países, obviamente não serão capazes de se regenerar e tirar as devidas lições. Mas o problema é que se trata também de uma vitória das forças mais obscurantistas.

Sem o Reino Unido dentro (mesmo que fizesse o jogo duplo do Sir Humphrey da série *Yes, Minister e Yes, Prime Minister*), a Europa está mais ainda à mercê dos conjugados males das duas ou três velocidades, da Babel tecnocrática, do espetro do diretório, e dos fantasmas que Juncker disse, há anos, estarem apenas adormecidos. Eles estão a acordar... E entretanto, há muitos democratas e europeus sinceros sempre a assobiar para o ar, simpáticos, idealistas, ingénuos...

A agenda deveria ser para a democratização da Europa. Esta crise deverá ser o último alerta antes de um possível dilúvio antidemocrático. Oxalá não.[165] As notícias de que mais uma meia dúzia de países pensariam em realizar referendos deveriam fazer pensar os responsáveis europeus em termos civilizacionais, geoestratégicos, de grande política, e não nas consabidas e mesquinhas problemáticas da manteiga dos *déficits* (nova versão do canhões *vs.* manteiga de outrora). Há, desde logo, um problema

---

[165] O *The Economist* de 2 de julho, além de muitas outras reflexões e dados sobre o Brexit, parece associar o voto britânico pela saída a fenómenos como Marinne Le Pen, em França, e Donald Trump, nos EUA, tudo tendo como base "The Politics of Anger" – aliás título de um interessante artigo. É interessante que contudo dissocia, ao que pensamos, a política neoliberal global seguida nos últimos anos de alguns dos seus resultados (perversos, sem dúvida, mas nem por isso menos consequência) de extremismo político. Começa assim a haver uma crescente consciência dos perigos dos fantasmas que Juncker invocara. Por exemplo: no lançamento, no Porto, da obra de CARNEIRO, José Luís. *Os caminhos da Europa*: dez anos no comité das regiões (2006-2015). Porto: Afrontamento, 2016., em 4 de julho, quer um dos apresentadores, Eng. Silva Peneda, quer o Autor, referiram essa imagem (que por coincidência já tinha sido por nós escolhida, aliás, num texto que apresentamos à Universidade de São Paulo em 2013, e que está no prelo na Quid Juris, com Prefácio da Conselheira Prof. Doutora Clara Sottomayor). Quando as mesmas metáforas se repetem, são sinais dos tempos... Para o acervo de documentação das reações ainda "a quente" ao Brexit, refira-se por último o Dossiê da edição portuguesa de *Le Monde Diplomatique*, II série, n. 117, jul. 2016, mais duro ainda que o *The Economist* (naturalmente, e noutra clave ideológica bem diversa). Desde logo, pelo título geral: "Desunião Europeia: viagem por uma autodestruição".

ontológico, identitário essencial: Há ainda União Europeia sem o Reino Unido? Poderá haver? O Canal da Macha ficou mais largo e mais fundo. E o coração dos Europeus mais vazio.

2 Modificações territoriais por forma violenta

Por forma violenta, pode também ocorrer alteração das fronteiras de um Estado: como por conquista ou situação análoga. O que é contrário aos grandes princípios hodiernos do Direito Internacional Público. Exemplificando:

1867 – Alsácia-Lorena passa da França à Alemanha.

1919 – Volta esse território para a França, em consequência da derrota germânica na I Guerra Mundial.

Evidentemente que a questão territorial tem um papel único no imaginário simbólico coletivo dos Estados, e a sua tradução em elementos de uma "religião civil" ou "cívica", sobretudo em tempos de conflito (armado ou "guerra fria") pode ser deveras importante. Para isso contribuirá, em muitos casos, a propaganda, o *marketing* político, e mesmo a criação poética, musical, teatral etc.[166]

Como se sabe, têm vindo a acumular-se as manifestações, mais ou menos solenes, de condenação e proscrição da intervenção armada, e mais ainda para anexação territorial ou forma de resolução de conflitos. Recorde-se o Pacto Briand-Kellog, de proscrição da guerra, já em 1928, ou a doutrina Stimson, de não reconhecimento internacional de situações fundadas na força, de 1932.[167] E evidentemente, a Carta da ONU, nomeadamente no seu art. 2, parágrafo 4, da Carta das Nações Unidas:

> Os membros deverão abster-se nas suas Relações Internacionais de recorrer à ameaça ou uso da força, quer seja contra a integridade territorial ou a independência política de um Estado (...).

---

[166] ANTUNES; Acácio. *O estudante asaciano*. Disponível em: <http://www.blocosonline.com.br/literatura/poesia/pi01/pi210548.htm>. Deve atentar-se, evidentemente, que o poema é fruto das paixões da época.

[167] V. *v.g.* BROWNLIE, Ian. *Princípios de Direito Internacional Público*. Lisboa: Fundação Calouste Gulbenkian, 1997.

IV Exercícios sobre Estado e território

1 Segundo a Carta das Nações Unidas (art. 2, parágrafo 4) o uso da força ou da ameaça contra a integridade territorial de um outro Estado é
a) Desaconselhado.
b) Desaconselhado, salvo em situações de guerra justa.
c) Aconselhado em situações de guerra justa.
d) Proibido, embora em termos que podem parecer simples recomendação.
e) Permitido com restrições.

Solução: *d*) O texto da Carta referido diz: "Os membros deverão abster-se nas suas Relações Internacionais de recorrer à ameaça ou uso da força".

2 A Convenção das Nações Unidas sobre o Direito do Mar, de 10.XII. 1982 estabeleceu limites em limites "territoriais" marítimos em milhas marítimas. Quantas?
a) 5 milhas marítimas.
b) 7 milhas marítimas.
c) 12 milhas marítimas.
d) 32 milhas marítimas.
e) 40 milhas marítimas.

Solução: 12 milhas marítimas (cerca de 22km).

3 O território dos Estados Unidos da América (EUA) pode considerar-se caber em que classificação de Direito Internacional Público:
a) Abrangente.
b) Continental.
c) Extensivo.
d) Contínuo.
e) Descontínuo.

Solução: e) porque compreende, desde logo, um território separado como o Alasca, aliás adquirido à Rússia, em 1867.

PARTE III

ORGANIZAÇÕES INTERNACIONAIS

LIÇÃO VIII

TEORIA DAS ORGANIZAÇÕES INTERNACIONAIS

I Organizações internacionais, sujeitos do Direito Internacional

1 Enquadramento teórico das organizações internacionais

As organizações internacionais têm ganhado muito relevo nos tempos atuais.[168] Não podemos esquecer, contudo, que sistemática ou dogmaticamente, são sujeitos de Direito Internacional, enquadrando-se o seu estudo na teoria dos sujeitos do Direito Internacional.

Apesar de durante muito tempo a teoria só ter reconhecido os estados como sujeitos de Direito Internacional Público, a questão está hoje superada. As organizações internacionais também o são.

Contudo, os Estados não deixam de ser considerados os sujeitos primários de Direito Internacional. As organizações internacionais seriam sujeitos secundários.

O problema coloca-se hoje em relação às pessoas (e às próprias empresas). Pode pensar-se que deveriam ser as pessoas os sujeitos

---

[168] Limitamo-nos a uma exposição quase telegráfica. Para maior aprofundamento, *v.g.*, MOTA DE CAMPOS, João (Coord.). *Organizações internacionais*. Lisboa: Fundação Calouste Gulbenkian, 1999; e a tese de DEHOUSSE, Jean-Maurice. *Les organizations internationales*: essai de théorie générale. Liège: Gothiex, 1968., com abundante bibliografia.

primários. E invocar os Direitos Humanos. Porém, os ramos do direito têm especialidades... Não chega um humanismo de base. Questões a discutir... Há quem fale, por exemplo, em sujeitos "contestados".[169]

Há mesmo uma linha de pesquisa "constitucional" das organizações internacionais, assim como, por exemplo, se pode falar de um Direito Constitucional de algumas organizações, como a ONU ou a União Europeia. Como afirma Zorgbibe:

> A investigação "constitucional" das organizações internacionais consiste em desmontar o seu mecanismo, em examinar a sua autonomia. (...) Segundo Paul Reuter e Jean Combacau, são três os elementos que melhor caracterizam a fisionomia constitucional de cada organização: a participação dos Estados, a estrutura orgânica, os meios de ação.[170]

2 Soberania *vs.* personalidade jurídica

Uma coisa é a *soberania* outra coisa é a *personalidade jurídica*. Podem dissociar-se. Nem só quem alegadamente tem a primeira terá a segunda.

A Jurisprudência tem ido no sentido do reconhecimento da personalidade jurídica das organizações internacionais.

Há desde logo a recordar um Parecer de 11 de abril de 1949 da Corte Internacional de Justiça – Reparação de danos ao serviço da ONU. Foi o caso decorrente do Assassinato do Conde Bernardotte, mediador na Palestina do conflito Israelo-árabe.

O Parecer em causa reconhece a personalidade jurídica objetiva, oponível a todos os Estados, sejam eles ou não membros da ONU.

Refira-se ainda, mais recentemente, o caso MacLaine Watson & Co. Ltd. *vs. International Tin Council* (Tin Council Cases), 81 ILR 670.

Talvez nem todos estejamos familiarizados com a organização internacional International Tin Council. Uma rápida procura na *Internet*,

---

[169] É o caso de CANAL-FORGUES; RAMBAUD, *op. cit.*, 243 *et seq.*

[170] ZORGBIBE, Charles. Organizações Internacionais. In: ZORGBIBE, Charles. *Dicionário de Política*. Tradução Henrique de Barros. Lisboa: Dom Quixote, 1990, p. 386.

na *Wikipedia,* nos informará (nem sempre é antiacadémico procurar nestes meios, e no caso é mesmo o mais fácil, e muito útil):

> The International Tin Council was an organization which acted on behalf of the principal tin producers in Cornwall and Malaysia to buy up surplus tin stocks to maintain the price at a steady level.
>
> The organization was established in 1956, following on from the work of the International Tin Study Group, which was established in 1947 to survey the world supply and demand of tin.
>
> However, with the advent of aluminum containers, the use of protective polymer lacquers inside cans, and increased recycling by industry, the demand for tin had decreased considerably by the early 1980s, and in October 1985 the ITC could no longer maintain the price. It eventually ran out of money buying up tin on the metals markets.
>
> Attempts to refinance the ITC were eventually abandoned, and since then, as with many other raw materials, the price has generally declined as alternatives become more attractive.

Tendo a organização internacional do estanho falido, os credores acionaram em Londres a organização, mas também os Estados membros. A Câmara dos Lordes, tendo em consideração a personalidade jurídica própria da organização internacional, considerou os Estados membros partes terceiras.

II Personalidade, especialidade e competências das organizações internacionais

1 Alguns conceitos técnico-jurídicos da questão da personalidade jurídica das organizações internacionais

A personalidade jurídica objetiva de organizações internacionais como a ONU, independente da dos estados seus fundadores ou a ela aderentes, não se pode dizer que tenha limitações, mas tem especificidades.

No fundo, as organizações internacionais têm *Competências de Atribuição,* antes de mais.

Personalidade Funcional – A personalidade de cada organização internacional é reconhecida pela função que a organização exerce, estando assim modulada pelo

Princípio da Especialidade – Cada organização internacional pode apenas agir com vista aos fins para que foi instituída. Embora também existam

Competências Implícitas – decorrentes dos fins estabelecidos no seu ato instituidor. Sem as quais ela não conseguiria prosseguir tais fins.

2   Jurisprudência de poderes implícitos

Pondere-se o Caso AETR 22/ 70, que correu no Tribunal de Justiça das Comunidades Europeias: Sobre a questão em causa nada dizendo o tratado instituidor, o Tratado de Roma, a referida Corte permitiu a celebração à Comunidade Europeia de um acordo de transportes viários.[171]

3   Competências implícitas & especialidade

A teoria, baseada no parecer de 1949, permite o exercício de muitos poderes e competências não expressos, mas tem como limite o *Princípio da Especialidade*.

Dialéctica e Finalidade Comuns: Portanto, a *Teoria das Competências Implícitas* e o *Princípio da Especialidade* concorrem dialeticamente para o mesmo fim de bom desempenho das funções das organizações internacionais. Assim como, por exemplo, ao nível constitucional os princípios da *Proibição do retrocesso social* e o da *Reserva do possível*.[172]

Talvez se devesse passar a dizer *Princípio das Competências Implícitas...*

Já que ele vem sendo adotado. E a Suprema Corte (ou Supremo Tribunal) dos EUA fala em *implied powers*, poderes implícitos.

---

[171] Caso AETR 22/ 70, Comissão/Conselho, 31 de março de 1971, Rec. p. 263.

[172] Cf. o nosso artigo Dos princípios positivos e dos princípios supremos. *Collatio*, v. 11, 2012. Disponível em: <http://works.bepress.com/pfc/146/>. Acesso em: 11 maio 2016.

4 Teste sobre Princípio da Especialidade

A competência sobre a discussão sobre a licitude ou ilicitude do armamento nuclear, segundo a Corte Internacional de Justiça (8 de julho de 1996) pertence:
a) Ao Secretário-Geral das Nações Unidas.
b) Ao Tribunal Constitucional Internacional.
c) À Organização Mundial de Saúde.
d) À Assembleia Geral das Nações Unidas.
e) À Agência Internacional de Energia Atômica.

Segundo Parecer da Corte Internacional de Justiça, 8 de julho de 1996: A Organização Mundial de Saúde não tem competência jurídica para tratar da licitude de armamento nuclear. Mas sim a Assembleia Geral da ONU (resposta *d*)).

III Estrutura das organizações internacionais

1 Vida das organizações internacionais: o Direito Interno

Estado *vs.* Sociedade: Uma distinção importante a fazer é entre Organizações Internacionais de raiz estadual, criadas pelos Estados, e Organizações internacionais que são ONGs, ou afins.

Há uma multiplicidade de competências das Organizações Internacionais, assim como se verifica a sua proliferação.

Essas competências são exercidas pelos seus órgãos e agentes.

Produzem elas mesmas um direito derivado, como ao nível nacional as pessoas morais, coletivas ou corporações... A que já se chamou, mas com conotações muito próprias, direito corporativo e tinha cadeira universitária noutros tempos...

2 Órgãos: breve tipologia

Órgãos principais – cujas funções e composição já estão no documento instituidor e que governam em geral a organização.

Órgãos subsidiários – normalmente de criação ulterior, pelos órgãos principais, para melhor prossecução dos seus fins. Mas não podem delegar os poderes originais conferidos no instrumento da sua criação.[173]

Órgãos intergovernamentais – quando a organização preveja, e é fre-quentemente o caso, representantes dos governos dos Estados associados naquela organização.

Órgãos integrados – Há também o caso de entidades independentes poderem participar, em órgãos integrados.

3   Estrutura interna das Organizações Internacionais

As organizações internacionais têm pelo menos dois tipos de orgãos (deliberativo e de administração). Mas podem ter mais. Assim, podem existir:

A Assembleia Geral – órgão de deliberação, onde têm assento todos os Estados-Membros.

A Secretaria – órgão de administração.

Pode haver também um *Conselho Permanente*. Ou um órgão afim. A nomenclatura pode variar...

E naturalmente existem *órgãos técnicos*, dependentes da Secretaria, em regra. Embora se possa argumentar que não se trata de verdadeiros órgãos, mas de simples serviços.

IV   Competências das Organizações Internacionais

1   Geral

O elemento mais expressivo da personalidade jurídica de uma organização internacional é a sua competência para celebrar tratados.[174]

Aliás, segundo o Projeto Dupuy (1973) apenas as organizações com esta competência deveriam ser consideradas organizações internacionais. O que limitaria bastante o seu número, aliás.

---

[173] V. BANTEKAS; PAPASTAVRIDIS, *op. cit.*, p. 65.

[174] REZEK, *op. cit.*, p. 298.

Dividem-se normalmente as competências em materiais e normativas, como veremos já de seguida.

2 Competências materiais e competências normativas

2.1 Materiais

Implicam estas competências classificadas como materiais o domínio e o exercício da logística, *know how, expertise* técnica.

Esta competência técnica pode ser financeira, militar, de telecomunicações etc.

2.2 Normativas

Implicam, por seu turno, as competências ditas normativas, como a sua própria designação faz prever, a criação de normas quer adjuvantes dos projetos principais, quer, no caso de organizações com esse poder jurídico, por elas mesmas. A União Europeia está neste último caso. E as suas normas gozam do primado sobre as dos Estados-Membros.

Este primado não é questão de somenos, nem pode, porém, ser entendido e exercido de maneira mecânica. Mas existe, e tem de ser sabiamente aplicado. Desde logo, de acordo com a relação entre as pirâmides normativas Europeia e de cada Estado-Membro. Por exemplo, uma decisão avulsa de um pequeno funcionário de Bruxelas não pode invalidar a Constituição de um Estado-Membro, nem uma decisão da sua Suprema Corte.

V Procedimentos, sede, representação, garantias

1 Procedimento decisório e princípio majoritário

O papel do princípio majoritário na tomada das decisões não é o mesmo que no direito nacional, por exemplo ao nível parlamentar.

Uma coisa também é o princípio maioritário como técnica de tomada de decisões, e outra o sentido de vinculação que os Estados possuam (ou não) por uma decisão em que não votaram favoravelmente.

A História regista imensos casos de resoluções incumpridas, ao menos por alguns dos que não votaram a favor.

Porém vai-se verificando que o processo ganha força. Na União Europeia as decisões majoritárias foram substituindo outros métodos, pelo menos nos casos em que se decide por voto de todos.

2   Sede, representação, garantias

Sede – O tratado do acordo de sede, com um Estado que cede instalações no seu território. Por exemplo, recordamos que, num importante discurso, o antigo Presidente da Tunísica, Moncef Mazourki, manifestaria o desejo de ver o seu país sedear a Corte Constitucional Internacional. Mas uma organização pode ter várias sedes, como a ONU, nos EUA, Suíça e Holanda.

Representação – Os representantes da Organização nos diversos países, mesmo terceiros, têm direitos semelhantes aos do corpo diplomático.

Garantias – A própria organização internacional goza de uma certa forma de imunidade, em princípio. No caso brasileiro, afirma a dado passo do seu Manual o Ministro Francisco Rezek:

> No caso das organizações internacionais essa imunidade não resultou essencialmente do costume, mas de tratados que a determinam de modo expresso: o próprio tratado coletivo institucional, de que o Brasil seja parte, ou um tratado bilateral específico.[175]

---

[175] *Idem, ibidem*, p. 307. V. em seguida, na mesma obra, o voto do Autor como Juiz da Corte Internacional de Justiça, sobre um caso de *Imunidade do Relator especial da Comissão dos Direitos Humanos, na Malásia*, 1999.

LIÇÃO IX

ONU, OEA, MERCOSUL, UNIÃO EUROPEIA

I ONU – Organização das Nações Unidas

1 Origens

Promovida pelas potências vencedoras da I Guerra Mundial (1914-1918), pelo Tratado de Versalhes,[176] em 1919, a Sociedade das Nações (SDN) ou Liga das Nações, foi em si mesma um feito histórico coletivo de grande importância, apesar do veredicto histórico sobre ela ser negativo. Por exemplo, cabe notar que pela primeira vez se cria uma organização com vocação universalista (apesar de ainda se verem nela princípios da dita "responsabilidade das grandes potências").

Mas com o crescendo belicista e totalitário que prepararia a II Guerra Mundial começou a ficar claro o fracasso da SDN, a qual não tinha conseguido levar por diante a ideia (idealista) de fomentar o ensino do Esperanto como língua universal (perante forte oposição, na altura, da França), nem sequer adotar oficialmente símbolos próprios ou conseguir a participação dos EUA. Na verdade, extinguiu-se em 1942. De algum modo, formalmente sobreviveria até depois do final desse conflito bélico, até 1946, pois em 18 de abril endossou os seus poderes

---

[176] Cf., por exemplo, BECKER, Jean-Jacques. *O Tratado de Versalhes*. Tradução Constancia Egrejas. São Paulo: Editora Unesp, 2011.

à Organização das Nações Unidas (ONU), que contudo já havia sido criada em 24 de outubro de 1945. Uma tardia mas apesar de tudo elegante e simpática passagem do testemunho histórico e reconhecimento da legitimidade jurídica e política da organização nascente.

2 Multiplicidade e complexidade da ONU

A ONU possui múltiplos organismos, com estatuto e funções diversas, sendo difícil a um leigo movimentar-se nessa complexidade.[177]
Podemos certamente dividir essas ramificações nas seguintes:[178]

2.1 Órgão "centrais"

Poderemos considerar como órgão centrais da instituição: Assembleia Geral, Conselho de Segurança, Conselho Económico e Social (ECOSOC), Conselho de Tutela, Corte (ou Tribunal) Internacional de Justiça e Secretariado.

2.2 Programas e órgãos

Tem havido um conjunto inumerável de programas e respetivos órgão. Enumeremos alguns: Alto Comissariado das Nações Unidas para os Refugiados (ACNUR), de que foi Alto-Comissário o antigo Primeiro-Ministro português Eng..º António Guterres, Centro de Comércio Internacional (CCI), Programa Mundial de Alimentação (PMA), Programa das Nações Unidas para os Assentamentos Humanos (PNUAH), Programa das Nações Unidas para o Desenvolvimento (PNUD), Programa das Nações Unidas para a Fiscalização Internacional

---

[177] Para alguns dados elementares, cf., por exemplo, UNITED NATIONS DEPARTMENT OF PUBLIC INFORMATION. *Basic Facts about the United Nations*. New York: United Nations, 2004.

[178] Cf. *Wikipedia*. Disponível em:<https://pt.wikipedia.org/wiki/Sistema_das_Na%C3%A7%C3% B5es_ Unidas>. Acesso em: 10 fev. 2016.

de Drogas (PNUFID), Programa das Nações Unidas para o Meio Ambiente (PNUMA), Conferência das Nações Unidas sobre Comércio e Desenvolvimento (UNCTAD), Fundo das Nações Unidas para a Infância (UNICEF), Fundo de Desenvolvimento das Nações Unidas para a Mulher (UNIFEM), Voluntários das Nações Unidas (VNU), Escritório do Alto Comissário das Nações Unidas para os Direitos Humanos (EACDH), Programa Conjunto das Nações Unidas sobre o HIV (ONUSIDA), Gabinete das Nações Unidas de Serviços para Projectos (GNOPS), United Nations System Staff College (UNSSC), Universidade das Nações Unidas (UNU).

2.3 Institutos de estudo e pesquisa

Como institutos de estudo e pesquisa contam-se: International Research and Training Institute for the Advancement of Women (INSTRAW), United Nations Interregional Crime and Justice Research Institute (UNICRI), United Nations Institute for Training and Research (UNITAR), United Nations Research Institute for Social Development (UNRISD), United Nations Institute for Disarmament Research (UNIDIR).

2.4 Comissões orgânicas

Assinalem-se como comissões orgânicas: Comissão de Ciência e Tecnologia para o Desenvolvimento, Conselho de Direitos Humanos, Comissão do Desenvolvimento Rural, Comissão de Estatística, Comissão de Estupefacientes, Comissão do Estatuto das Mulheres, Comissão para a População e Desenvolvimento, Comissão de Prevenção e Justiça Criminal, Comissão para o Desenvolvimento Sustentável.

2.5 Comissões regionais

Há várias comissões regionais: Comissão Económica para a Europa (CEE), Comissão Económica para a África (CEA), Comissão

Económica para a América Latina e o Caribe (ou Caraíbas) (CEPAL), Comissão Económica para a Ásia Ocidental (CESAO), Comissão Económica e Social para a Ásia e Pacífico (CESAP), Fórum das Nações Unidas para as Florestas.

2.6 Órgãos conexos

Recebem a designação de "órgão conexos": Comissão Preparatória da Organização do Tratado sobre a Proibição Total de Ensaios Nucleares (CTBTO), Agência Internacional de Energia Atómica (AIEA), Organização Mundial do Comércio (OMC),[179] Organização Mundial de Turismo (OMT), Organização para a Proibição das Armas Químicas (OPAQ).

2.7 Organismos especializados

Finalmente, enunciemos os organismos especializados,[180] estes bem mais conhecidos da opinião pública (pelo menos boa parte deles), devido ao seu protagonismo na cena internacional: Organização das Nações Unidas para a Alimentação e a Agricultura (FAO), Fundo Monetário Internacional (FMI), Fundo Internacional de Desenvolvimento Agrícola (FIDA), Grupo do Banco Mundial, Associação Internacional de Desenvolvimento (AID), Banco Internacional para Reconstrução e Desenvolvimento (BIRD), Corporação Financeira Internacional (IFC), Centro Internacional para a Arbitragem de Disputas sobre Investimentos (CIADI), Agência Multilateral de Garantia de Investimentos (AMGI), Organização da Aviação Civil Internacional (OACI), Organização Internacional

---

[179] Particularmente interessantes são os estudos sobre a OMC coligidos em LAFER, Celso. *Direito Internacional*: um percurcurso no Direito no século XXI . São Paulo: Atlas, 2015. p. 55-183. E ainda *Idem. Comércio, desarmamento, Direitos Humanos*. São Paulo: Paz e Terra, 1999. p. 25 *et seq*. Uma síntese sobre a organização *v.g.* em FIKELSTEIN, Cláudio. *Direito Internacional*. 2. ed. São Paulo: Atlas, 2013. p. 65 *et seq*.

[180] Cf., para desenvolvimentos, *v.g.*, MATHIEU, Jean-Luc. *Les institutions spécialisées des Nations Unies*. Paris: Masson, 1997.

do Trabalho (OIT), Organização Marítima Internacional (OMI), Organização Meteorológica Mundial (OMM), Organização Mundial da Propriedade Intelectual (OMPI), Organização Mundial da Saúde (OMS), Organização das Nações Unidas para o Desenvolvimento Industrial (ONUDI), União Internacional de Telecomunicações (UIT), Organização das Nações Unidas para a Educação, a Ciência e a Cultura (UNESCO), União Postal Universal (UPU).

3   Algumas sanções internas da ONU

Frequentemente o melhor é procurar a lição das coisas na nua e crua clareza de instrumentos normativos. É o que aqui faremos, com caráter exemplificativo:

> Art. 5: Por decisão da Assembleia Geral por recomendação do Conselho de Segurança, um Estado contra o qual haja sido impetrada ação preventiva ou coercitiva pelo Conselho pode ver-se suspenso dos seus direitos.

> Art. 6: Prevê expulsão para o membro que viole reiteradamente os princípios da Carta, também pelo mesmo processo de recomendação do Conselho e decisão da Assembleia. Porém, como observa Rezek[181] da sanção parecem salvos os 5 membros permanentes do Conselho de Segurança (EUA, Rússia, China, França e Reino Unido), o que não ocorria na SDN nem ocorre na Liga Árabe, porque então o estado em causa não votará (nem vetará).

> Art. 19: O Estado em atraso no pagamento da sua cota para a ONU não pode votar na Assembleia Geral, salvo se houver justa causa para a demora.

4   Prospetiva

Muitas esperanças, mas também muitas dúvidas e reticências se têm levantado a propósito da ONU. Ela tem tido, ao longo destes anos de vida, diferentes matizes de atuação, certamente com altos

---

[181] REZEK, *op. cit.*, p. 313.

e baixos ao sabor do engenho e arte dos seus protagonistas (desde logo sendo relevantíssimo, até pelo seu simbolismo, mas muito mais que ele, o papel dos Secretários-Gerais). É ainda nela que residem possíveis soluções para muitos problemas, e também empenhos, vontades e meios. Nos complexos anos Sessenta do século passado, assim viam a questão, em prospetiva, Kaplan, da Universidade de Chicago, e Katzenbach, também académico dessa Casa, e que chegou a ser Subprocurador-Geral dos EUA:

> A evolução do modo de funcionamento das Nações Unidas óbviamente refletir-se-á nas normas adotadas na política internacional. A paralisação das Nações Unidas favorecerá a tendência para o recur-so à fôrça. A conquista da organização pelas nações revolucionárias provàvelmente fará aumentar a intervenção nos negócios internos das outras nações e diminuir restrições normativas a êste tipo de ação.[182]

Descontada a cor local da época ("conquista da organização pelas nações revolucionárias" é coisa que não ocorreu nem se prevê que possa ocorrer no nosso horizonte), talvez possamos acompanhá-los, ainda hoje. E em teoria e em abstrato, talvez seja um diagnóstico perene.

II OEA – Organização dos Estados Americanos

A Organização dos Estados Americanos, composta hoje por 35 estados americanos, 69 estados como observadores permanentes e tendo também como observador permanente a União Europeia, foi criada para promover, nos seus Estados membros, "uma ordem de paz e de justiça, para promover sua solidariedade, intensificar sua colaboração e defender sua soberania, sua integridade territorial e sua independência" (Carta da OEA, art. 1). Os pilares teóricos da sua ação são: a democracia, os Direitos Humanos, a segurança e o desenvolvimento.

As origens mais remotas de uma confluência internacional nas Américas recua à Primeira Conferência Internacional Americana,

---

[182] KAPLAN, Morton A.; KATZENBACH, Nicholas de B. *Fundamentos políticos do Direito Internacional*. Tradução Waldir da Costa Godolphim. Rio de Janeiro: Zahar, 1964. p. 332.

em Washington, D.C., de outubro de 1889 a abril de 1890. Aí se fundara a União Internacional das Repúblicas Americanas. Assim se dando os primeiros passos para a criação do chamado "Sistema Interamericano".

A OEA foi fundada com a assinatura da respetiva Carta, em 1948, em Bogotá, na Colômbia. Este instrumento entrou em vigor em dezembro de 1951 (com sucessivas revisões).

III Outras organizações americanas

1 O Mercosul

O Mercosul é o Mercado Comum do Sul do continente americano.[183] É uma organização intergovernamental fundada pelo Tratado de Assunção de 1991.

Primeiro votado à integração económica, é atualmente uma união aduaneira, em que há livre-comércio no seu seio e política comercial comum entre os seus membros. Inicialmente constituído por Argentina, Brasil, Paraguai e Uruguai; mais tarde, contou com a adesão da Venezuela. A Bolívia aguarda procedimentos internos e exteriores para a ser Estado-Membro. Neste momento, é um Estado associado, assim como o Chile. Em junho de 2012, em Mendoza, na Argentina, foi decidido pelos representantes do Brasil, da Argentina e do Uruguai suspender a participação do Paraguai na organização, alegando rutura na ordem democrática deste país; havendo porém prestigiada opinião de que tal terá sido feito sem o respeito cabal pelo devido processo.[184]

Em 2004 entrara já em vigor o Protocolo de Olivos (2002), que criou o Tribunal Arbitral Permanente de Revisão do Mercosul, com sede na cidade de Assunção (Paraguai).

---

[183] Para mais desenvolvimentos, *v.g.*, BASTOS, Celso Ribeiro; FINKELSTEIN, Cláudio. *Mercosul*: lições do período de transitoriedade. São Paulo: Instituto Brasileiro de Direito Constitucional, Celso Bastos, 1998; BACELLAR FILHO, Romeu Felipe (Coord.). *Elementos de Direito Internacional Público*. Barueri: Manole, 2003.

[184] LAFER, Celso. Descaminhos do Mercosul: a suspensão da participação do Paraguai e a integração da Venezuela – uma avaliação crítica da posição brasileira. In: LAFER, Celso. *Direito Internacional*: um percurso no Direito no século XXI. São Paulo: Atlas, 2015. v. II. p. 25 *et seq.*

2   A UNASUL

Em 23 de maio de 2008 foi assinado em Brasília o Tratado Constitutivo da União de Nações Sul-Americanas (UNASUL), composta pelos doze estados da América do Sul para uma integração sul-americana multissetorial. A organização conjuga as duas uniões aduaneiras regionais: o Mercosul e a Comunidade Andina (CAN), que assinou a Declaração de Cuzco para a criação dessa grande zona de comércio livre, já em 8 de dezembro de 2004.

Com a ratificação do tratado constitutivo pelo Uruguai, a organização existe desde 1 de dezembro de 2010.[185]

3   A Comunidade Andina (anteriormente Pacto Andino, até 1996)

Com sede em Lima, no Peru, foi fundada pelo Acordo de Cartagena em 1969, e é formado pela Bolívia, Colômbia, Equador e Peru, tendo saído do grupo o Chile e a Venezuela.

4   A Aliança do Pacífico

Em 6 de junho de 2012, no Chile, foi criado mais este "bloco" de índole comercial, que se deseja virado sobretudo para a Ásia, espaço em frente dos países iberoamericanos que a integram: além do anfitrião da cimeira fundadora, o México, a Colômbia, o Peru, e, desde o ano seguinte, também a Costa Rica. Assim começa a apresentação do seu sítio na *Internet*:

> Con un mercado de unos 217 millones de personas, con un PIB per cápita promedio de 9,910 dólares (en términos de paridad de poder adquisitivo), la Alianza del Pacífico es ideal para incentivar negocios

---

[185] V. a citada obra de AQUINO, Sérgio Ricardo Fernandes de. *Por uma cidadania Sul-Americana.*

conjuntos, brinda oportunidades para la inversión extranjera y está abierta a nuevos emprendimientos e innovación en diversas áreas.[186]

Apesar de por vezes serem encaradas do exterior como cúpulas mais ou menos platónicas, ou formas de coordenação meramente comercial, a verdade é que em torno destas instâncias, de que a Aliança do Pacífico é a mais recente, se acalentam sonhos plausíveis e realizáveis de integração americana, feita também, em grande medida, pela via jurídica. Como afirma o professor mexicano Pampillo Baliño,

> Como puede apreciarse, tanto los aspectos políticos, económicos y sociales – que deben fluir a través de cauces jurídicos – como los propiamente normativos relativos al diseño y funcionamiento de una estructura supranacional, su misma regulación y sus relaciones con los estados parte de la misma, constituyen temas eminentemente jurídicos que deben ser objeto de reflexión por parte los juristas. En éste último sentido es que consideramos que la integración americana, la conformación de su derecho comunitario y la armonización de los ordenamientos jurídicos nacionales americanos mediante el desarrollo de un nuevo derecho común – público y privado – constituye uno de los grandes temas – quizás el más importante y ciertamente el más dilatado por lo que respecta a su extensión – de los que pueden y deben ocuparse los estudiosos y los practicantes del derecho en el hemisferio americano, a efectos de construir un orden más justo que garantice una paz sustentada en una vida más digna para todos los habitantes de la región.[187]

IV União Europeia

1 Generalidades fundantes e fundadoras

A União Europeia (UE), cujo nome data somente do Tratado de Maastricht de 1993, é uma união muito profunda (inédita, historicamente, um *novum*) no plano jurídico-político, com

---

[186] Disponível em: <https://alianzapacifico.net/#negocios-e-inversion>. Acesso em: 29 mar. 2016.

[187] PAMPILLO BALIÑO, Juan Pablo. La alianza del pacífico dentro del contexto de la integración jurídica latinoamericana. *Revista Diritto e Processo*, p. 91 *et seq.*, 2015.

dimensões plurais, fazendo-se sentir praticamente em todos os aspetos da vida desses países. O seu de caráter jurídico é controverso na doutrina. Há quem fale em federalismo europeu, em *tertium genus*, entidade *sui generis* etc.[188] Começou por pequenos passos, para hoje ser uma entidade da maior relevância para a vida dos Estados-Membros. O primado do Direito da União Europeia (anteriormente dito "Comunitário", nome que ainda possuem muitas disciplinas universitárias, manuais etc.) impõe-se mesmo (cremos que prevalecerá em situação de paridade de hierarquia normativa entre o direito nacional e o da União ou superioridade do da União ao direito nacional apenas, mas mesmo assim é muito relevante) às próprias Constituições dos Estados-Membros, ao menos no domínio formal e da teoria. A ideia inicial era a da Solidaridade, como dizia o "pai fundador" Rober Shuman (1886-1963):

> A Europa não se fará de uma só vez, nem numa construção de conjunto: far-se-á por meio de realizações concretas que criem primeiro uma solidariedade de facto.[189]

A esta ideia de Solidaridade não é alheia uma dimensão europeia de grande relevância, e hoje em situação crítica, que é a realidade do chamado "modelo social europeu". Cremos que inequivocamente ele faz parte da constituição material europeia, apesar de alguns retrocessos, sobretudo nos países do Sul, impostos nos últimos anos por uma perspetiva não solidária da união. Tal modelo tem obviamente diferentes formulações conforme os países, mas baseia-se sempre na dignidade humana não retórica, mas na ideia de que ela se realiza numa dimensão também cultural, social e económica, além, evidentemente, da política. Por isso a Europa, antes da crise mãe de todas as subsequentes crises, em 2007/2008, estava a caminhar para uma sociedade de Bem-Estar, ou, pelo menos, de não total desamparo dos mais desvalidos na pobreza, no desemprego, na doença, na velhice... Havia, realmente,

---

[188] Cf., *v.g.*, BRICHAMBAUD, Marc Perrin de. *et al. Leçons de droit international public.* 2. ed. Paris: Dalloz, 2011. p. 149 *et seq.*

[189] *Apud* PINHO, Arnaldo de. *Introdução a Os Fundamentos Espirituais da Europa*, de Joseph Ratzinger. Leça da Palmeira: Ler e Coisas, 2011, p. 5.

uma Europa Social.[190] O panorama hoje é bem diferente já, apesar de alguns sintomas de recuperação social, como ocorre em Portugal, que simbolicamente resgatou já (além de vários benefícos e até salários cortados) os quatro feriados perdidos durante a dita "austeridade": *Corpus Christi*, dia de Todos os Santos, Implantação da República (e fundação do País) e Restauração da Independência. Porém, há ainda muitas ameaças e perigos que rondam o Continente: ou nele já crescem.[191] De Leste sopram ventos que deixam muita preocupação, pelo revanchismo de ideias totalitárias, desde logo identificáveis por muitos observadores com neonazismo ou revivalismos afins...

É a União Europeia composta hoje por 28 Estados anteriormente soberanos (no sentido clássico) e agora com soberania formalmente partilhada (o que para alguns sempre será uma *contradictio in terminis*) nos termos dos tratados da União e da prática política (constituição real) que se lhes seguiu. Inicialmente, a Comunidade Europeia do Carvão e do Aço (CECA) e a Comunidade Económica Europeia (CEE), eram formadas por seis países em 1957. Foram sendo alargadas sucessivamente.

Em junho de 2016, o Reino Unido votou em referendo a sua saída, e mais países parece pensarem em referendos com esse fim. Poderá estar-se a entrar na fase de retração, ou ser apenas o caso isolado (embora grave e de consequências imprevisíveis) da saída britânica. Se a União Europeia se desagregar, porém, ou ficar severamente amputada, a culpa não é da grande ideia de Europa, mas das vistas acanhadas de líderes e burocratas nos últimos tempos, e da crise mundial, que semeando pobreza gera também nacionalismos e radicalismos.

O Tratado de Lisboa é a fonte principal de uma constituição material esparsa por múltiplos tratados, sentenças e mesmo doutrina. Seguindo-se ao veto franco-holandês de um projeto de Tratado mais explicitamente constitucional elaborado por uma

---

[190] Cf. uma síntese em MAGLIULO, Bruno. *A Europa social*: das Instituições e dos Homens. Tradução Carlos Aboim de Brito. [S.l.]: PE Edições, 1993.

[191] Cf. o número monográfico Europa, Europa: para onde vais? de Finisterra. *Revista de Reflexão e Crítica*, n. 78/79, com artigos de Eduardo Lourenço, Guilherme d'Oliveira Martins, Glória Rebelo, Joaquim Jorge Veiguinha, e Ina Piperaki.

Convenção Europeia (presidida pelo antigo presidente francês Giscard D'Estaing), entrou em vigor em 2009.

Como principais instituições da UE teremos a Comissão Europeia (embrião quiçá de um governo europeu técnico, em que os comissários não são representantes dos Estados de onde são nacionais), o Conselho da União Europeia (espécie de câmara alta, no poder legislativo), o Conselho Europeu (cimeira de chefes de governo), o Tribunal de Justiça da União Europeia e o Banco Central Europeu. O Parlamento Europeu é eleito a cada cinco anos pelos cidadãos da EU, em listas nacionais e com representação de cada país dependente da respetiva população. Mas está longe de ser um Parlamento da Europa em termos clássicos. Há quem fale em *déficit* democrático na União, e alguns colocam as suas esperanças numa reforma do Parlamento Europeu.[192] Mas nos últimos tempos todos os dias se profetiza o fim ou uma crise dramática da União Europeia, e certamente o número de eurocéticos terá crescido, devido a tanta insistência de vaticínios negativos, e algumas notícias nada esperançosas, de repetidos problemas com migrantes extraeuropeus e mais escândalos ou ruturas bancárias... E, como se sabe da História, a barriga vazia não é boa conselheira política, engrossando as hostes de descontentes que acreditam cegamente quase sempre num salvador de pulso de ferro, mão dura e ideias simples, demagógicas, fixas e brutais. Com a culpabilização sistemática dos "suspeitos do costume", os bodes expiatórios de sempre, mais agora uns quantos grupos minoritários emergentes.

Fora da Europa é relativamente comum considerar a União Europeia como um *bloco*.[193] Tal surpreenderá decerto um europeu, que conhece as agruras e divisões do seu continente, historicamente em guerra civil, e cujas dificuldades e internas dissenções não terminaram com o Tratado de Roma, nem com o de Lisboa. Blocos, para o europeu médio, eram o americano (estadunidense ou da NATO/OTAN) e soviético (do antigo Pacto de Varsóvia), durante as guerras frias. Agora não mais... Pelo menos não se fala mais nisso...

---

[192] WATKINS, Susan. *Será o parlamento europeu realmente a solução?*. Le Monde Diplomatique, Lisboa, II série, n. 112, p. 10-11, fev. 2016. Ed. portuguesa.

[193] A classificação entre organizações supranacionais em universais e de bloco está já, porém, *v.g.*, em KAPLAN, Morton A.; KATZENBACH, Nicholas de B. Godolphim. *Fundamentos políticos do Direito Internacional*, p. 303 *et seq.*

LIÇÃO IX
ONU, OEA, MERCOSUL,UNIÃO EUROPEIA | 145

Escavemos um pouco na História, que se não é mestra da vida, como queria Cícero, pelo menos pode ilustrar e iluminar a nossa ciência do presente. A Europa comunitária originária baseou-se em elementos económicos materiais: carvão e aço, e depois energia atómica (esta de uma diferente, mas real, materialidade). Optou, depois de muitas divergências (por entre muitas querelas), por começar por ser uma "comunidade económica", baseada em pequenos passos graduais, e bem solidificados, sem aventureirismos, sem voluntarismos maximalistas.

Já a União Europeia, que viria a seguir-se-lhe realmente, teria um pendor muito mais político.[194] E naturalmente institucional. Mas curiosamente (ou nem tão curiosamente assim, porque uma coisa tem tudo a ver com a outra) foi construída sobre as Finanças. Continuam a ser as Finanças a sua sustentação... E, eventualmente, a sua perdição: o futuro dirá.

O Engenheiro António Guterres, então Primeiro-Ministro de Portugal, teria de algum modo batizado a unidade monetária europeia única num gesto (num rasgo) voluntarista, e invocando um tópico bíblico, *mutatis mutandis*: teria dito algo como "Tu és *Euro*, e sobre esta moeda construiremos a nova Europa".[195] Simbólico que tal haja ocorrido, na melhor das intenções (estamos disso sinceramente persuadido: poucos poderiam certamente prever o que viria a seguir...). Apenas não poderemos esquecer que a moeda é, biblicamente também, o tributo *a* César, o tributo *de* César, que a

---

[194] Sobre aspetos constitucionais já da União Europeia, cf. o nosso livro *Novo Direito Constitucional Europeu*. Coimbra: Almedina, 2005. Evidentemente, o Tratado de Lisboa viria a trazer ainda mais novidades, assim como a prática, a chamada "constituição real". Mais tarde, sublinhe-se a proposta do presidente francês, François Hollande, do estabelecimento de uma espécie de "governo europeu", composto por apenas seis países... Proposta que nos parece em si muito eloquente, e não comentamos. Contudo, a questão parece ter perdido atualidade...

[195] "In the same vein the Portuguese Prime Minister Guterres is reported to have made the following statement at the summit in Madrid at the end of 1995: "when Jesus Christ decided to found a church, he said to Peter: thou art Peter, and upon this rock I will build my church. You are the euro, and on this new currency, the euro, we will build our new Europe" (Frankfurter Allgemeine Zeitung, 13 December 1995)", *apud* Professor Dr. Dr. h.c. mult. Otmar Issing Mitglied des Direktoriums der Europäischen Zentralbank, Rede zur Verleihung der Würde eines Ehrendoktorsdes Fachbereichs Wirtschaftswissenschaftender Johann Wolfgang Goethe-Universität, Frankfurt am Main, am 15. April 1999, Disponível em: <https://www.ecb.europa.eu/press/key/date/1999/html/sp990415_2.de.html>. Acesso em:14 jun. 2015, agradecemos a indicação por parte do Prof. Doutor Vasco Pereira da Silva.

ele pertence. E por isso Jesus manda que lhe seja devolvido.[196] Uma Europa baseada numa moeda arrisca-se também a poder ser (ainda que simbolicamente) cesarista e argentarista...

2 Exemplificando: soberania financeira na União Europeia?[197]

Depois de já em 2009 aquele sistema a que alguns chamam "ordoliberalismo germânico" (o nome tem pouco interesse, o *quid* sim...) ter sido pioneiro nessa senda,[198] no início de dezembro de 2011 ventos de uma certa União Europeia (porque ela não é una, nunca o foi, e parece que os projetos que nela confluíram hoje claramente estão à vista como contraditórios) trouxeram-nos a alegada magna necessidade de introduzir expressamente nas Constituições limites ao endividamento dos respetivos Estados. Uma Constituição *polícia da dívida*, pois. Veremos adiante que poderá não ser afinal tanto assim...

A meio de 2013, de novo a questão era ainda atual para alguns, e pelos vistos até mesmo premente. Deveríamos por isso (referimo-nos a países como Portugal) fazer mais uma revisão constitucional, ainda que, a exemplo de tantas em curso de há pelos menos alguns anos, de alguma forma pela técnica do *fait accompli*? E ao fazê-la, se viesse a ser feita, não seria ela uma revisão constitucional inconstitucional?

Estamos em crer que sim.

Hoje de novo voltam alguns até a querer uma nova constituição, obviamente por procedimento inconstitucional. E como os ventos que fazem soprar, por exemplo em Portugal, estas ideias (que não são os mesmos por toda a parte: há que ter o maior cuidado quanto à diferença de causas e de métodos de uns países para os outros – que fará de uns continentes para os outros... como tantas

---

[196] Mc. XII, 17.

[197] Para a elaboração desta síntese, fizemos questão de previamente consultar especialistas de diversos quadrantes.

[198] Cf., *v.g.*, TRUGER, Achim. *The German Debt Brake*: Shining Example for Europe?. Disponível em: <http://www.social-europe.eu/2012/03/the-german-debt-brake-a-shining-example-for-europe/>.

coisas podem mudar...) são estrangeirados, de certo estrangeiramento (porque o há vivificante, inspirador, também, desde sempre: no caso lusitano, desde o Bolonhês ao Príncipe das Sete Partidas, D. Pedro),[199] certamente nessa nova constituição inconstitucional viria a amarra financeira anti-soberania, ou, se preferirmos, contrária ao princípio da independência nacional.

Usemos desse bom senso que é a grande chave hermenêutica e "pressuposto indescartável do direito, se não de todo o conhecimento humano", como escreveu o ministro Francisco Rezek:[200] É óbvio que nenhuma Constituição, e isso pela própria natureza das coisas (*natura rerum*), especialmente pela sua própria natureza de magna carta em prol do interesse e da felicidade de um Estado, poderia permitir endividamentos ruinosos.

Não queremos estar todos falidos *em dez anos*, como afirma o sugestivo título de Jacques Atali, cuja tradução portuguesa já conta com metade desse tempo.[201] Tal parece uma evidência. E assim não se precisa de marcar um limite quantitativo no texto da constituição formal (o limite, cautelar e não quantificado, está no coração e na cabeça das pessoas de bom entendimento e boa-fé, na *constituição material*), como quem determina o nível de alcoolémia permitido num "bafómetro". Nem é necessário explicitar muito esta elementar regra de bom senso. Quantas mais teria que conter, então, uma pobre Constituição, e pior ainda uma Constituição de países não abastados? Não tem de o fazer, e não deve fazê-lo. Seria algo de contrário à própria dignidade de uma Constituição, uma banalização... Mais um elemento de tecnocracia e economicismo a mandar em coisas de Política e Direito. A terceira função indo-europeia, mais uma vez, a impor-se à primeira. Uma clara inversão de valores.

A enumeração concreta [assim como a definição][202] nos textos legais é, além disso, uma técnica jurídica primitiva. Todos os juristas o sabem.

---

[199] MACEDO, Jorge Borges de. *Estrangeirados*: um conceito a rever. Bracara Augusta, Braga, v. XXVIII, fasc. 65-66 (77-78), 1974. Separata.

[200] REZEK, Francisco. Prefácio do autor à 12. ed. de *Direito Internacional Público*: curso elementar. São Paulo: Saraiva, 2010. p. XXI.

[201] Cf. ATALI, Jacques. *Estaremos todos falidos dentro de 10 anos?*. Lisboa: Alêtheia, 2010, obra plena de questões que dão que pensar.

[202] D. 50. 17. 202.

Claro que disso não são obrigados a saber oficiais de outros ofícios: deviam era ter mais respeito pelas áreas alheias, porque se metem e intrometem em técnicas que não dominam. Então no Direito, não só toda a gente parece tudo saber, como os próprios juristas de novas levas ou formadas em muitos casos trocaram a sua velha racionalidade, testada por séculos, para aderirem a modas que levam, em não poucas situações, não apenas a renegar de tradição (porque poderiam ser lufada de ar fresco), mas a enxertos que não resultam, porque colocando água no fogo, e produzindo só fumaça. Muitos já compreenderam que o laxismo educativo em que se vive em muitos países, mas mais numas escolas do que noutras, naturalmente, redunda num prejuízo social muito grave: a existência de profissionais (e no caso juristas ou políticos com cursos de Direito ainda que não exerçam) com muito deficiente preparação. Não admira, assim, que haja muitas reprovações nos concursos e nos exames das Ordens profissionais e afins.

Recordemos, a propósito, que uma das últimas aflorações da pré-história legislativa desse detalhismo, ainda no séc. XVIII, foi o *Allgemeine Landrecht für die Preußischen Staaten*, código que, segundo o mito à sua volta criado, para determinar, por exemplo, o que pertencia a uma quinta, enumeraria coisas imensas: como cercas, com suas chaves e cadeados, todos os tipos de construções, animais e alfaias, num texto interminável, e mesmo assim sempre sujeito a omissões. Por desconhecer cláusulas gerais, conceitos indeterminados e técnicas normativas afins que apelam para o raciocínio do intérprete. Desde então, a hermenêutica jurídica e a técnica legislativa, de mãos dadas, evoluíram muito, e permitem ler o que não necessita estar explicitamente escrito com todas as minúcias.

Agora, em retrocesso para a Jurisprudência, quer-se *preto no branco* a determinação constitucional das dívidas públicas. A tal alteração da Constituição (e há quem se deleite à simples ideia de dar nova estocada no texto constitucional: objeto de ódio de estimação) se opõem, porém, ainda muitas reservas de princípio.

Desde logo, pela génese da mudança não provir do Povo ou de seus representantes diretos e para tal mandatados, no exercício de genuíno poder constituinte nacional (nem europeu), mas de uma cúpula, para mais, ao que tudo indica, com o fito de (certamente mais uma vez em vão) acalmar uma insaciável entidade afinal juridicamente inexistente (além de que não legitimada) no universo constitucional democrático: os "Mercados". Não deixa de ser interessante que um argumento soberanista (ou pelo menos de soberania) poderia ser invocado contra tal intromissão no poder constituinte nacional.

A questão parece ser dos "Mercados". Sempre os "Mercados", o grande protagonista de toda a crise (pais e mães de todas as crises recentes), não "mão invisível" (pelo contrário, a sua mão tem sido visibilíssima), mas rosto velado do Poder real, do poder efetivo. Lembrando a lição da célebre conferência de Lassalle, *Ueber das Verfassungswesen*, proferida em 1862, diríamos hoje, *mutatis mutandis* que, afinal, os "Mercados" ditam a verdadeira "constituição real". As constituições nacionais tornaram-se, ao pé deles, pedaço de papel (ein *Stueck Papier*). E assim os orçamentos, que deveriam ter mais participação, pelo contrário tendem, na Europa, a ter menos. Como afirma Francisco Pedro Jucá:

> A sociedade inteira não tem como participar da elaboração do orçamento, até por impossibilidade material. Mas entende-se que deve ser ouvida obrigatoriamente sobre os pontos fundamentais dele, até para que possa legitimar e adequadamente assumir a corresponsabilidade, inclusive pelas consequências das decisões.[203]

Mas os ventos da concentração de poderes e decisões sobretudo não abrem mão das decisões essenciais sobre a recolha e afetação de recursos financeiros. Aliás, a mentalidade economicista imperante na política esquece tudo o mais. E procede como se nada mais existisse senão o seu bezerro de oiro.[204]

Acresce que a matéria dos limites expressos ao endividamento não é, para mais chegando a este pormenor quantitativo, de índole especificamente constitucional, mas de natureza política e económica. Assim, não adianta de nada estar a introduzir nela a alteração em causa, apesar de saída da cimeira europeia de 9 de dezembro de 2011 como grande panaceia para os males da União, que viria a ver e continua a presenciar grandes males sem os correspondentes

---

[203] JUCÁ, *op. cit.*, p. 55.
[204] Ex. XXXII; Deut. IX.

remédios grandes que se requereriam. A Grécia, para alguns, parece ser uma grande ameaça à saúde das Finanças europeias. E contudo a Grécia é a grande mártir... Independentemente de ser necessário um dia apurar realmente todas as componentes da dívida helénica, portuguesa, espanhola... e de países de que se não fala com alarmismo ou escândalo, mas que a têm vultuosíssima. Interessante é notar como a linguagem politicamente correta inverte as situações... E o público não está advertido para essa prestidigitação.

Entretanto, a inclusão de um elemento da racionalidade não jurídica (antes contabilística), e de apenas uma certa forma de encarar as Finanças, enfraqueceria a Constituição, retirar-lhe-ia credibilidade e força normativa ao estar a banalizá-la ao ponto de a tentar tornar polícia das opções dos políticos, financeiros e economistas. E não se sabe que sanção teriam os responsáveis (certamente nenhuma, como até aqui) pelo endividamento excessivo. Assim como nas Finanças "a má moeda expulsa a boa", assim também as normas não cumpridas (e impossíveis de cumprir) dificultam o cumprimento das exequíveis (já o observara Montesquieu). É que não adianta, pelo contrário só agrava as coisas, pensar-se em sanções para os Estados incumpridores se quem compromete os Estados não tem sanções para si, pessoalmente. Não foram os povos que criaram dívidas gigantescas, em muitos casos foram pessoas concretas, agindo em seu nome...

E, por outro lado, é muito complicado e perigosíssimo começar a instituir uma *caça às bruxas* penalizando políticos por atos de liberdade política. A sanção por atos que não sejam delituais (designadamente de corrupção) é, para eles, em democracia representativa, a do voto popular.

Efabular um novo sistema não é utopicamente proibido, mas correr-se-ia o risco (que já é real em alguns aspetos) de apenas se abalançarem a cargos públicos os muito ricos (para poderem pagar eventuais e muito plausíveis multas e indemnizações) ou os muito atrevidos ou temerários (aqueles desprovidos de capacidade de previsão do que lhes poderia acontecer), ou ambos.

Finalmente, uma razão económica e social a ter em conta neste debate: tal inclusão muito plausivelmente seria invocada contra *os prejudicados do costume* pela crise, podendo muito possivelmente revelar-se um garrote – mais um – ao desenvolvimento económico e ao Estado Social, por via da autoasfixia de fundos. É que, como é por demais sabido (mas ainda assim alguns se negam a reconhecer, não na teoria, quiçá, mas evidentemente na prática) as economias precisam, para funcionar, da seiva dos meios financeiros, assim como da aceleração propiciada pelo consumo.

O texto da aludida cimeira europeia deixava, apesar de tudo, uma tímida e formal abertura, falando na possibilidade de consagração desse limite de forma equivalente ou análoga à constitucional (no fundo, um texto materialmente constitucional ainda que não formalmente? Mas como tal poderia ocorrer, se por natureza essa medida não poderia ser materialmente constitucional?). Embora pensemos que se estaria a ter em mente a singularidade constitucional do Reino Unido (que contudo se afastaria das decisões do conclave), também já foi interpretada esta fórmula como uma possibilidade de inscrição em documento jurídico formal ou aparentemente infraconstitucional (porque não há realmente alternativa no plano da pirâmide normativa).

Alguns pensaram, certamente, que se poderia incluir o princípio nalguma lei de valor reforçado ou diploma afim, e assim se poderia fazer a *experiência*, como que "para tirar teimas". E cremos que aqui, mais uma vez, a lógica economicista se iria enganar (oxalá não...). Até porque se intromete em terreno que lhe é desconhecido e até de algum modo avesso, o constitucional. Que não é uma banalidade instrumental ao serviço de qualquer poder, mas (como alguém classicamente disse) a *question of art and time*, profundamente ligada à alma dos Povos.

Porque a Economia, aliás uma excelente *episteme*, deve ser ciência (*scientia*) antes de mais de saber, conhecimento de factos, enquanto o Direito deve ser arte de normas. Uma lidando rigorosa, escrupulosamente, com o domínio do ser (*sein*), o outro com não menos rigor curando do dever-ser que quer ser (o *sollen*). Só não visando usurpar a dimensão normativa as ciências do dinheiro e da riqueza e suas relações (crematísticas e cataláticas) poderão informar bem as artes da decisão sobre o que fazer. A decisão última é da política, isso se sabe. Mas não olvidemos o contributo das ciências políticas, em que o Direito tem parte, embora uma parte muito especial, nobre. Um economista reputado afirmou um dia que os da sua classe são excelentes a prever as crises que passaram. Essa *blague* denota a ainda escassa capacidade de previsão, mas ao mesmo tempo a tentação política dos economistas...

Contudo, há uma grande diferença entre *Economics* e a Economia Política...

Sabemos, porém, que a Economia anda longe da depuração factual e científica no sentido de assepcia "cientista". Em grande medida, os economistas inclinam-se para esta ou aquela perspetiva por motivos ideológicos, que entram pelo menos em grande diálogo com os seus conhecimentos teóricos e factuais. E naturalmente por isso não se encontram nada de acordo entre si:

> Os economistas adoram argumentar. Na verdade, desde [que eclodiu a presente grande] crise, tem parecido frequentemente que não conseguem concordar [entre si] em nada, e especialmente não concordam em assuntos importantes (...).[205]

Portanto, e encurtando razões, as concessões e as misturas, nestas matérias, seriam uma má concessão... Misturar água com fogo (entidades de natureza diversa) só tem como consequência, pela natureza das coisas, que se produza fumaça... É uma regra de oiro.

Esperemos que os *opinion makers* sempre consultados pelos *media* (e estes mesmos) não venham a curvar-se – ainda que por inércia – perante a moda, os poderes, ou a "força normativa dos factos". O economista francês Généreux já advertiu para um certo laxismo jornalístico (no mínimo), que tende a dizer o que a opinião corrente diz. Corrente, ou dominante...[206] Seja ela qual for, acrescentaríamos nós, que já vimos várias modas. Basta, aliás, deixar passar o tempo.

Como todos sabemos, nós juristas somos os primeiros dos nossos críticos. Não se trata, pois, de defender corporativamente um terreno ou uma casta, mas de preservar a Constituição de uma profanação, para mais sem nenhum efeito útil e muitas plausíveis

---

[205] Free Exchange. Room with a view. *The Economist*, 12 jan. 2013. p. 63 O artigo tem como parágrafo "lead" o seguinte: "Se os economistas concordassem em algo, o público certamente pensaria de forma diferente". Um gráfico no artigo demonstra grande divergência entre o que (em geral, posto que entre si divergem muito) os economistas e o "resto da América", ou "average Americans" (obviamente dos EUA).

[206] GÉNÉREUX, Jacques. *Nous, on peut! Manuel anticrise à l'usage du citoyen*. Ed. rev. e atual. Paris: Seuil, 2012. p. 12.

consequências adversas. E a Constituição é a última barreira que ainda resiste às investidas dos fantasmas e dos monstros de que já falava Juncker, atual presidente da Comissão Europeia: "*Die Dämonen sind nicht weg, sie schlafen nur*".[207]

Por isso é a Constituição (são muitas Constituições) tão atacada(s), ela(s) e os seus defensores. As crises em que mais ou menos por toda a parte se vive hoje levam-nos frequentemente a um enorme descontentamento e ao desejo de mudar. Mas apenas a mudança segura nos termos constitucionais nos livra de pecados originais que seriam pais e mães de múltiplos pecados derivados, e maculariam o futuro. E as nossas constituições, hoje em dia, possuem aberturas mais que suficientes para todas as regenerações. Assim haja pessoas e haja projetos.

Voltemos ao nosso tema, mais especificamente.

Colocar aqueles números frios e abstratos na Constituição é desconhecer que ela é, como dissemos já, uma *questão de tempo e arte*, que a breve trecho subverteriam o seu significado, ainda que meramente percentual. Fixações concretas de cifras na Constituição, sobretudo em matérias económicas e afins, são caminho certo e seguro para um rol interminável de emendas constitucionais. Pela simples razão que o mundo não para. E que o numérico é apenas expressão desse mundo, de relações e razões que podem ter padrões comuns, mas ganham expressões novas com frequência. Apesar de todos os esoterismos, esses números que vemos e são manipulados nas estatísticas são mutáveis e não nos salvam...[208]

Em síntese: as propostas a que nos vimos referindo são anticonstitucionais e uma sua consagração normativa seria inconstitucional. É que, por um lado, "tornariam constitucional" o que não só o não é materialmente (sem possuir dignidade constitucional), como assim se violariam limites implícitos de revisão constitucional.

---

[207] JUNCKER, Jean-Claude. Entrevista a "Der Spiegel": *Euro-Krise: Juncker spricht von Kriegsgefahr in Europa*. Disponível em: <http://www.spiegel.de/politik/ausland/juncker-spricht-von-kriegs-gefahr-in-europa-a-887923.html>. Acesso em: 1.º abr. 2013.

[208] Sobre a luta ideológica em torno de estatísticas, *v.g.*, já com algum recuo histórico, a secção *Des statistiques très politiques. Revue d'Histoire Moderne & Contemporaine*, Paris, t. 62, n. 4, p. 7 *et seq.*, 2015.

Entre estes limites, de grande importância, se devem contar as regras lógicas (como a que não permite a dupla revisão: por muito que Charlot entre na porta proibida simplesmente removendo o cartaz que o proíbe, como lembrou Gomes Canotilho) e as de dignidade constitucional (relevância, pertinência, estilo e tradição até).

A matéria não tem dignidade constitucional, está fora da tradição constitucional moderna de Constituições como grandes metanarrativas sobre o Político e não questões técnicas e neste caso *proprio sensu*, contabilísticas.

Por outro lado, a asfixia ou garrote financeiro, seja no próprio texto da Constituição, seja em lei de valor reforçado (mas *a fortiori* no primeiro caso) põe em causa o modelo ou projeto constitucional das Constituições vigentes na Europa do modelo social europeu, nunca revogado *de jure* em país nenhum. E que foi inspirador de muitos mais.

Ora o Estado Social de tipo democrático ocidental (pois outros são e foram possíveis, como lembrou, por exemplo, e antes de mais, Paulo Bonavides),[209] de democracia representativa e participativa, num Estado de Direito [portanto Estado de direito democrático, de social e de cultura – ou Estado Constitucional moderno, como afirma Peter Haeberle],[210] tem frequentemente sido baseado em políticas que latamente poderíamos classificar como keynesianas, em que o Estado assume o protagonismo (embora de forma articulada, moderada e pluralista, sem totalitarismos) de dinamizar a economia, o que frequentemente leva a endividamento.

Endividamento virtuoso, porém, porque gerador de emprego, de desenvolvimento económico, de progresso social. E ao mesmo tempo de liberdade económica e política. Porque a clausura da austeridade não leva ao livre comércio, leva à economia de subsistência, se não mesmo à economia de guerra. E nestas situações autoritarismos e até totalitarismos espreitam. A fome nunca é boa conselheira, e raramente é conselheira de moderação, pluralismo e democracia.

Como o Estado Social democrático ainda não terá encontrado, sobretudo em tempos de estagnação ou recuo da iniciativa privada, soluções muito diferentes das referidas, por uma via aparentemente

---

[209] BONAVIDES, Paulo. *Do Estado Liberal ao Estado Social*. 10. ed. São Paulo: Malheiros, 2011.

[210] HAEBERLE, Peter. *El Estado Constitucional*: estudo introdutório de Diego Valadés. Tradução Héctor Fix-Fierro. México: Universidad Nacional Autónoma de México, 2003.

inócua de números e por um meio em teoria consensual de imprimir rigor e parcimónia às contas públicas se poderá enfim estar a inviabilizar todo o projeto constitucional europeu (geral e dos diferentes países) ao nível da Constituição Económica e Social.[211]

Mais uma vez, são precisos constitucionalistas e cidadãos que defendam a Constituição. E que compreendam como ela nos pode defender. E deveria finalmente entender-se que não são os *números* que devem mandar. Faz falta quem, como De Gaulle, afirme: *A Intendência seguirá!* Primeiro estão o Direito e os Direitos das Pessoas.

E quando tudo, na Europa do Sul, sobretudo, se pretende cortar em austeridade, haveria também que recordar o conservador (e antigo liberal) Winston Churchill, que se oporia terminantemente a qualquer corte na Cultura durante a II Guerra Mundial, porque é ela a razão de ser (e a forma de ser) de um Povo, de uma Civilização,[212] a sua *differentia specifica.*

Nem De Gaulle nem Churchill eram dinossauros, e muito menos "dinossauros vermelhos". Aliás, o que hoje parece ocorrer, na Europa, é um fenómeno curioso de *coincidentia oppositorum,* de concordância até entre os contrários, uma quase unanimidade político-ideológica que coincide na prática num diagnóstico negativo sobre o rumo de descaminho dos últimos anos na União Europeia, em real risco de se desagregar. Ou de continuar agregada, mas com profundos descontentamentos, sobretudo "periféricos".

Dos tradicionalistas monárquicos e dos conservadores mais extremistas que não se converteram em *neocons,* até aos coletivistas mais convictos e os libertários mais convictos, passando por todas as moderações democratas-cristãs, social-cristãs, sociais-liberais, social-democratas, republicanas, radicais de direita e de esquerda, trabalhistas,

---

[211] A qual não se encontra isolada dos demais aspetos constitucionais e assim pode levar, com o agravamento da crise, a *déficits* democráticos mais ou menos acentuados. Em suma, o que poderia parecer uma modesta cedência a uma exigência de economicistas, mais ou menos supérflua, poderia redundar, na bola de neve das consequências, em graves danos à aplicação concreta da Constituição vigente. V. o nosso livro *Constituição & política.* Lisboa: Quid Juris, 2012, em que também apontamos já as grandes linhas do que aqui dizemos.

[212] A expressão civilização (que teria mais tarde utilizações ideológicas bem marcadas – o Estado Novo português ensinava, por exemplo, no ensino secundário "História da Civilização Portuguesa", ilustrada pelos respetivos manuais), é contudo recente, datando, ao que parece do séc. XVIII e muito devendo à pena de Mirabeau. Cf. BENVENISTE, Émile. Civilisation: contributions à l'histoire du mot. In: BENVENISTE, Émile. *Problèmes de linguistique générale.* Paris: Gallimard, 1966. v. I, p. 336 *et seq.*

socialistas democráticas, verdes, ecologistas, poucos serão os que não concordam (com mais ou menos perífrases e reticências garantidoras da sua identidade, mas o que importa agora é a concordância, para além dela) que o modelo social europeu era uma *eutopia*, uma utopia positiva, não no sentido de quimera, mas agora de uma cidade ideal quase perdida, em grande medida por via de uma ditadura financeira, que teve o *euro* como instrumento normalizador...

Só alguns que se dizem, ou diziam, ou os disseram "liberais" não estarão de acordo, e teimam em tentar convencer-nos, nos escombros da nossa Pátria comum, entre miséria e o rondar dos espectros de novos totalitarismos (e até velhos, que renascem), que "tudo vai bem, e não podia ir melhor". Salvo talvez a culpa desses PI(I)GS alegadamente (talvez até por natureza) preguiçosos, a começar pelos endividados Gregos. A quem, contudo, jamais pagaremos todos, o mundo inteiro, a dívida ancestral da Civilização. Mesmo que nos perdoassem os justos juros compostos... Liberais, se dizem, os dizem? Não nos parece. Basta ler o esquecido clássico Thomas Hill Green, além da síntese de John Gray.[213]

Um dos mais vitais problemas nesta matéria foi já colocado por Bertrand Russel. Uma das mais vitais questões políticas do nosso tempo é saber ou não saber Finanças, e, naturalmente, Direito Financeiro.

Mas Russel achava, nesse belo livro que um dia adquirimos em edição brasileira num sebo de São Paulo, *O elogio do lazer*,[214] que o grande problema seria, na condução dos negócios públicos, que poucos da opinião pública saberiam de duas questões todavia politicamente vitais: quer de guerra, quer de Finanças. E nós acrescentaríamos que a muitos parece que nem mesmo os especialistas, em sede política, muitas vezes posam muito bem para a História como conhecedores do seu ofício.

Esperamos que no futuro mais pessoas, dentro e fora dos Governos, saibam ao menos mais de Finanças. Apesar do poema de Fernando Pessoa que termina, e à sua sombra nos acolhemos nós,

---

[213] GRAY, John. *Liberalismo*. Tradução Maria Teresa de Mucha. Madrid: Alianza, 2002. p. 9, 57, 113 *et seq.*

[214] RUSSELL, Bertrand. *O elogio do lazer*. Tradução Luiz Ribeiro de Sena. São Paulo: Companhia Editora Nacional, 1957.

pessoalmente, "E mais que isto é Jesus Cristo Que não sabia nada de Finanças Nem consta que tivesse biblioteca."

São muito complexas e várias as vicissitudes do projeto europeu (de unidade europeia), designadamente dos esforços de criação de uma Constituição escrita, formal.

Sobre estrutura e funcionamento da União Europeia qualquer enciclopédia, em papel ou virtual, permite compreender os respetivos rudimentos. Interessa mais entender o sentido, o papel e a problemática do *novum* na cena internacional.[215]

V   Exercícios sobre Organizações Internacionais

1. Qual a organização internacional que afirma no seu art. 1 desejar estabelecer: "uma ordem de paz e de justiça, para promover sua solidariedade, intensificar sua colaboração e defender sua soberania, sua integridade territorial e sua independência"?

a) Organização de Unidade Africana.
b) Organização das Nações Unidas.
c) União Europeia.
d) Organização dos Estados Americanos.
e) Pacto Andino.
Solução: alínea *d*)

2. O principal tratado que hoje governa a União Europeia é
a) O Tratado de Versalhes.
b) O Tratado de Veneza.
c) O Tratado de Paris.
d) O Tratado de Lisboa.
e) O Tratado de Viena.
Solução: alínea *d*)

---

[215] Mais desenvolvimentos no nosso artigo *Tempos de Sancho: a Constituição Europeia e os ventos da história*. Disponível em: <http://hottopos.com/videtur28/pfc.htm>. E o nosso livro *Novo Direito Constitucional europeu*. Coimbra: Almedina, 2005. Disponível em: <https://www.youtube.com/watch?v=aYo24eWF7E0>.

3 O caso MacLaine Watson & Co. Ltd. *vs*. International Tin Council (Tin Council Cases), 81 ILR 670 pode ser sobretudo considerado um argumento no sentido de:

a) Reforçar a importância da dimensão económica do DIP.

b) Sublinhar a importância dos tribunais nacionais na solução de conflitos internacionais.

c) Enfatizar a personalidade jurídica dos Estados.

d) Enfatizar a personalidade jurídica das Organizações Internacionais.

e) Enfatizar a soberania dos Estados.

Solução: *d*)

PARTE IV

FONTES DO DIREITO INTERNACIONAL

LIÇÃO X

DAS FONTES DO DIREITO INTERNACIONAL EM GERAL

I   Fontes materiais e fontes formais

1   A questão em geral

A expressão *fontes de direito* é uma metáfora (como o é a própria expressão Direito) criada, segundo a tradição, pelo grande jurista romano Marco Túlio Cícero, para designar, como se sabe, as formas de criação de juridicidade em abstrato (num catálogo doutrinal) ou em concreto (numa dada ordem jurídica). Mas, como dizia Aristóteles, nós aprendemos sobretudo através de metáforas.[216] Não haveria, na verdade, melhor maneira de dizer o que Fontes do Direito querem dizer senão com essa expressão.

No caso do Direito Internacional Público trata-se das formas ou processos de criação de juridicidade válida na ordem internacional (e subsidiariamente na ordem interna a partir da ordem internacional).

1.1   Fontes materiais

As fontes materiais de algum modo confundem-se com fundamentos axiológicos, políticos, económicos e sociais (entre outros) das normas (*lato sensu*) de Direito Internacional.

---

[216] ARISTÓTELES. *Retórica*, III, 10, 1410 b, 15.

1.2 Fontes formais

Fontes formais são os títulos jurídicos especificamente aptos a criar, manter, modificar, suspender ou extinguir relações jurídicas internacionais, ou, dito de outro modo, os procedimentos técnico-jurídicos específicos de criação e validação de normas jurídicas internacionais.[217]

2 A abordagem de Hoe Moon Jo

Uma outra abordagem, mas que desemboca em implicações semelhantes (embora mais explícitas talvez) é a de Hoe Moon Jo:

> A fonte legal material (*material legal source*) corresponde a todos os fenômenos e fatores de valor que contribuem para a formação do conteúdo da lei, como, por exemplo, o costume da sociedade, a moral, a tradição, a história, a cultura, a necessidade social etc.
>
> A fonte legal formal (*formal legal source*) refere-se à forma de existência atual ou ao processo de formação da lei.
>
> Portanto, em termos gerais, a fonte refere-se à fonte formal e a fonte material é tratada pela filosofia do direito.[218]

Não cremos, porém, que apenas pertença a questão à Filosofia do Direito.

Todas as chamadas ciências jurídicas humanísticas podem ter a ver com o problema: História, Antropologia, Sociologia e Filosofia Jurídicas, pelo menos.

---

[217] BRICHAMBAUD, Marc Perrin de *et al. Leçons de droit international public.* 2. ed. Paris: Dalloz, 2011. p. 265.

[218] JO, Hoe Moon Jo. *Introdução ao Direito Internacional.* São Paulo: LTr, 2000. p. 76.

II Fontes clássicas de Direito Internacional Público (art. 38, Estatuto da CIJ – Corte Internacional de Justiça)

1 Recapitulação normativa

Recordemos o já referido art. 38 do Estatuto da Corte Internacional de Justiça. "A Corte, cuja função é decidir de acordo com o Direito Internacional as controvérsias que lhe forem submetidas, aplicará:

a) As convenções internacionais, quer gerais, quer especiais, que estabeleçam regras expressamente reconhecidas pelos Estados litigantes;

b) o costume internacional, como prova de uma prática geral aceita como sendo o Direito;

c) os princípios gerais de Direito, reconhecidos *pelas nações civilizadas*;

d) sob ressalva da disposição do artigo 59, as decisões judiciárias e a *doutrina dos juristas mais qualificados* das diferentes nações, como meio auxiliar para a determinação das regras de direito.

A presente disposição não prejudicará a faculdade da Corte de decidir uma questão *ex aequo et bono*, se as partes com isto concordarem."

2 Análise crítica do art. 38 do Estatuto da CIJ. Em especial os princípios

Apesar de ser uma base de trabalho (e – recordemos sempre – uma fonte das fontes considerada "partrimónio" do Direito Internacional Público), o rol das fontes deste artigo 38 do Estatuto da CIJ é datado e de algum modo espelha um mundo já passado... Vejam-se as expressões hoje pelo menos (no mínimo) politicamente incorretas "nações civilizadas" e até "juristas mais qualificados"...

Há polémica e divergência sobre os princípios a ter em conta como fontes de Direito Internacional, à luz desta cláusula.

De qualquer forma, os princípios são sempre uma espécie de "super-normas", pelo que é mais complicado (uma vez depurado o conceito) criticar a validade de princípios no Direito Internacional. Do mesmo modo que em sede geral, também aqui se pode discutir se os princípios são uma generalização de normas individuais, ou se de algum modo pré-existem a elas, decorrendo as regras dos princípios. Há também matizes a considerar se se estiver perante Direito Internacional geral, universal, ou particular, por assim dizer regional. O mesmo ocorrendo, até talvez a *fortiori*, com o costume.

Seja como for, podemos considerar, a existência de grandes princípios do Direito Internacional, como vimos já *supra*, a propósito do *jus cogens*. A grande questão é que o que a Convenção diz não é que os Princípios do Direito Internacional sejam fonte, mas sim os "Princípios gerais de Direito, reconhecidos pelas nações civilizadas". Ora estes princípios originariamente terão que ter sido certamente de Direito Interno, a menos que as nações civilizadas também reconhecessem princípios de Direito Internacional... E também nada proíbe que um princípio de Direito Interno, nacional, aceite pelo conjunto dos Estados (ou boa parte deles, ou uma região etc.) passe a ser, pelo seu reconhecimento como tal pelos estados na sua ação internacional, também princípio de Direito Internacional. Ou seja, os requisitos para a consideração de um princípio como fonte, neste âmbito, parecem ser essencialmente que as nações civilizadas (que agora se terá que interpretar como todas as democráticas, ou minimamente democráticas,[219] salvo um

---

[219] Afirma, de forma muito eloquente, e propondo uma "tradução" útil e atualista, BEN ACHOUR, Yadh. Au service du droit démocratique et du droit constitutionnel international. Une Cour constitutionnelle internationale. *Revue du Droit Public et de la Science Politique en France et à l'Estranger*. Paris, n. 2, p. 419-443, 2014: "(...) principes généraux du droit démocratique et du droit constitutionnel, admis par les "nations démocratiques", qui, représentent aujourd'hui véritablement les nations civilisées du monde. Autrement dit, le concept de "nations démocratiques", concept universaliste et humaniste fondé sur la protection des droits de l'humanité, doit venir remplacer le concept de "nations civilisées", concept discriminatoire et racial de l'ancien droit international colonialiste. On peut présenter les choses autrement et dire que si nous voulons garder l'expression de "nations civilisées", il faudrait l'entendre au sens de "nations démocratiques", c'est-à-dire au sens que lui donnait Habermas qui affirmait, rappelons-le, que le droit démocratique a des

estado terrorista, bárbaro etc.) os aceitem: quer na ordem interna, quer na ordem internacional. Como a atividade internacional dos Estados se foi tornando cada vez mais intensa, poderia até ocorrer, em abstrato, que um Estado admitisse um princípio externamente, internacionalmente, mas não em sua casa.

Não é essa, literalmente, a posição de vários autores, que se dividem normalmente em três posições clássicas: princípios como só de Direito Internacional Público, ou princípios só de Direito Interno, ou de ambos. No nosso caso, cremos que tais princípios certamente até se tornarão todos de Direito Internacional, surgindo, pela mediação da sua aceitação pelos Estados, quer colhidos em práticas internacionais, quer extraídos do *corpus* principiológico nacional.

Mesmo se nos limitarmos aos princípios com estrito acolhimento em Direito Interno, teremos um manancial muito significativo. Assim os enuncia Ferreira de Almeida:

> Assim, são princípios gerais de direito, *v.g.: o princípio do enriquecimento sem causa, o princípio da boa fé; o princípio da responsabilidade baseada na culpa; o princípio da reparação integral do prejuízo; o princípio segundo o qual a lei especial prevalece sobre a lei geral; o princípio do ónus da prova; o princípio da igualdade das partes; o princípio dos direitos adquiridos; o princípio de estoppel* (ninguém se pode prevalecer das suas próprias faltas ou, num processo, adoptar uma atitude contrária a algo previamente, por si, admitido, com prejuízo para a contraparte – *venire contra factum proprium non valet*); *princípio do efeito útil; o princípio do caso julgado; princípio da segurança jurídica* etc.[220]

Mas na medida em que os Estados (e não precisa de haver unanimidade) concordam que certos padrões normativos são princípios de Direito Internacional não nos repugna considerar

---

vertus humanisantes et civilisatrices, qui dépassent, par définition même, les cultures et les identités particulières. Le droit démocratique n'est pas le droit occidental, si tant est que cette formule puisse avoir un sens." V. também o clássico: RIPERT, Georges. '*Les règles du droit civil applicables aux rapports internationaux*' (contribution à l'étude des principes généraux du droit visés au statut de la Cour permanente de justice internationale). *Recueil des Cours*, v. 44, p. 565-664, 1933.

[220] FERREIRA DE ALMEIDA, Francisco. *Direito Internacional Público*. Coimbra: Coimbra Editora, 2001. Parte I. p. 178. Sobre princípios, cf. ainda o nosso livro *Introdução à Teoria do Direito*. Porto: Rés, [S.d.]. p. 120 *et seq.*

que essas situações também estarão compreendidas na previsão da respetiva alínea da Convenção de Viena. Interpretação demasiado literal? Não nos parece, porque aliando, no caso, o literalismo a uma teleologia. Não quererão ou quereriam os Estados, se o pudessem exprimir, que valessem por exemplo os já falados sete princípios fundamentais de Direito Internacional como fontes de Direito Internacional? Por que razão? Por eventualmente um ou outro deles poder não ter contornos exatamente idênticos (pela natureza das coisas) no Direito Interno? Parece-nos uma conclusão pobre e até, de algum modo, um pouco absurda...

No plano genético, haverá princípios de origem essencialmente nacional, e de origem essencialmente internacional. Mas não nos parece lógico, senão pela adoção de uma teorização soberanista extrema, que valham apenas como fontes em Direito Internacional precisamente os princípios nacionais, e não os internacionais. É claro que os defensores (nem sempre explícitos quanto às consequências das suas posições) do nacionalismo podem admitir que esses outros princípios ainda valham alguma coisa, mas associados a outras fontes de direito. Como que sendo fontes dessas fontes, em geral ou em concreto... Mas é demasiado complexo, e pode enfraquecer realmente o que tem mais interesse específico pela especialidade da sua génese: internacional. E tal em nada apouca, evidentemente, os princípios nacionais que, pela sua universalidade (ou quase) ao nível internacional se pode duvidar se não são, mais que direitos positivos nacionais generalizados (princípios nacionais de génese generalizadora), afinal um património jurídico universal ou mesmo direito natural ou racional, ou manifestações da justiça comum aos Homens (como se queira chamar). Portanto, o que pareceria direito puramente interno pode bem ser, ao nível interno, manifestação de um sentimento comum de justiça, universal.

De qualquer forma, certamente não por culpa sua, mas pelo andar das mudanças internacionais e da mistura entre ser e dever ser e aspirações ao ser da doutrina, a Convenção acaba por não ser totalmente clara, *hic et nunc*.

Mas não há dúvida de que a formulação clássica da Convenção de Viena nos remete para uma questão civilizacional, ou de multiculturalidade, e também para a necessidade do estudo da Comparação de Direitos, que normalmente leva o nome académico de Direito Comparado. Tal foi advertido já por René David:

Uma das fontes de Direito Internacional Público, prevista pelo estatuto da Corte internacional de justiça, é constituída pelos "princípios gerais do direito, comuns às nações civilizadas": a interpretação desta fórmula não se pode fazer a não ser a partir do direito comparado.[221]

Outra questão polémica, ou pelo menos lacunar. Ignora este artigo, por exemplo, as normatividades provindas das organizações internacionais [desde logo, as resoluções da Assembleia Geral da ONU – as principais resoluções são por alguns consideradas *soft law*, de valor persuasivo a caminho de se tornar costume][222] e mesmo atos unilaterais dos estados: como vimos. A doutrina é praticamente unânime em considerar esta lacuna, explicável pelo tempo em que foi elaborado o texto [nos anos 20 do séc. XX, pois deriva da Corte Permanente de Justiça].[223]

Há ainda um aspecto importante a sublinhar. Como diz Brierly,[224] este texto, pela sua mais alta *auctoritas*, razoavelmente nos faz admitir que influencia a forma como outras cortes e tribunais (*courts and tribunals*) se aproximam ou encaram (*approach*) (d)as fontes do Direito Internacional.

Tem em todo o caso sentido e é útil conceitualmente dividir entre Princípios Gerais de Direito (das nações democráticas, as "civilizadas" de hoje) e Princípios do Direito (Internacional). A razão para que o art. 38 do Estatuto da Corte Internacional de Justiça se refira aos primeiros e não aos segundos foi já justificada pelo caráter óbvio da consideração como fontes de Direito Internacional de princípios nascidos diretamente no seio da prática jurídica especificamente internacional. Seja como for, e embora não sejamos partidário de que a norma faça doutrina, cremos que não teria custado que o Estatuto explicitasse os dois tipos de Princípios. Afirma sintetizando Valerio Mazzuoli:

> (...) os princípios gerais de direito provêm de baixo (da ordem estatal) e ascendem à ordem superior (internacional) quando da sua aplicação pela CIJ num caso concreto, ao passo que os segundos – os princípios

---

[221] DAVID, René. Droit. B. Droit comparé. In: *Enciclopédia Universalis*. Paris: [S.d]. v. 7, p. 704.

[222] BANTEKAS; PAPASTAVRIDIS. *International Law Concentrate*, p. 17.

[223] BRINCHAMBAUT et al. *Leçons de droit international public*, p. 266.

[224] BRIERLY. *Law of Nations*, p. 54.

gerais do direito – já nascem da ordem de cima (da ordem internacional) e são diretamente aplicados por ela.[225]

III   Fontes novas? O exemplo da *soft law*

1   A questão em geral e alguns lugares paralelos

Seria interessante comparar o *soft law*[226] com conceitos um pouco mais antigos, embora muito dinâmicos e cheios de sugestividade como *Flexible droit – direito flexível* (*Carbonnier*) e *diritto mitte – direito dúctil* (*Zagrebelsky*).

> *Flexible droit*: *pour une sociologie du droit sans rigueur* est une œuvre de Jean Carbonnier, parlant de philosophie de droit principalement ainsi que de la sociologie de droit. Dans ce livre, Carbonier évoque sa théorie du "non droit" selon laquelle, il existe des règles dans la société qui ne sont pas des règles juridiques mais qui ont une force plus grande que les règles de droit.[227]

Zagrebelsky utiliza a expressão "ductilidade constitucional" para explicar:

> A coexistência de valores e princípios, sobre a que hoje deve basear-se necessariamente uma Constituição para não renunciar aos seus deveres

---

[225] MAZZUOLI, Valerio de Oliveira. *Curso de Direito Internacional Público*, p. 142.

[226] Para mais desenvolvimentos, cf. ABI-SAAB, Georges. *Éloge du 'droit assourdi' quelques réflexions sur le rôle de la soft law en droit international contemporain*: Nouveaux itinéraires en droit: hommage à François Rigaux (Mélanges Rigaux). Bruxelas: Bruylant, 1993. p. 59-68. LAUTERPACHT, Elihu. *Gentleman's Agreements*. In: Intern. Recht und Wirtschaftsordnung: Festschrift für F. A. Mann. Munich: Werner Flume, 1977. RAUSTIALA, Kal. Form and Substance in International Agreements. *American Journal of International Law*. v. 99, n. 3, p. 581-614, 2004. VERHOEVEN. Joe. *Les activités normatives et quasi-normatives*: manuel sur les organisations internationales: a handbook on international organizations. Dordrecht; Boston; Lancaster: Martinus Nijhoff Publisheurs, 1998. p. 413-484. VIRALLY, Michel. *A propos de 'lex ferenda'*: le droit international – unité et diversité: Mélanges offerts à Paul Reuter. Paris: Pedone, 1981. VIRALLY, Michel. La valeur juridique des recommandations des organisations internationals. In: *Annuaire Français de Droit International*. Paris: Pedone, 1956. VIRALLY, Michel. *La distinction entre textes internationaux ayant une portée juridique entre leurs auteurs et textes qui en sont dépourvus*. In: Annuaire IDI. Paris: Pedone, 1983. p. 166-257. WEIL, Prosper. *Vers une normativité relative en droit international?*. *Revue générale de droit international public*. Paris: Pedone, 1982. t. LXXXVI, p. 05-47 (lista amavelmente cedida pelo Prof. Dr. Luiz Ricardo Miranda).

[227] *Wikipedia*. Acesso em: 15 out. 2015.

de unidade e integração e, ao mesmo tempo, não se fazer incompatível com sua base material pluralista, exige que cada um de tais valores e princípios se assuma com caráter não absoluto, compatível com aqueles outros com que deve conviver.[228]

2 A síntese de Valerio de Oliveira Mazzuoli

O internacionalista brasileiro analisa no seu manual detidamente os desenvolvimentos do conceito e afirma nomeadamente:

(...) existência de normas (arranjos, ajustes, declarações, diretrizes, programas de ação etc.) de Direito Internacional não obrigatórias e de diretivas que deixam aos seus destinatários uma *margem de apreciação* no que toca ao cumprimento de seu conteúdo.[229]

Apesar de não se ter ainda, na doutrina internacionalista, uma conceituação adequada do que seja *soft law* – que em português pode ser traduzida por *direito plástico, direito flexível* ou *direito maleável* –, pode-se afirmar que na sua moderna acepção ela compreende todas aquelas regras sujo valor normativo é menos constringente que o das normas jurídicas tradicionais, seja porque os instrumentos que as abrigam não detêm o *status* de "normas jurídicas", seja porque os seus dispositivos (...) não criam obrigações de direito positivo aos Estados, ou não criam senão obrigações pouco constringentes.[230]

A justificação do *soft law* constuma ser sobretudo a da mutabilidade económica global.

IV Divergências doutrinais sobre fontes do Direito Internacional Público: ilustração

1 A questão em geral

Como se sabe, pode criticar-se o art. 38 do Estatuto da CIJ por estar de algum modo antiquado e não integrar normas de

---

[228] Sintetiza BUESCHEL, Inês do Amaral. *Revista Internacional de Direito e Cidadania*. Disponível em: <http://www.reid.org.br/?CONT=00000063>. Acesso em: 15 out. 2015.

[229] MAZZUOLI, Valerio de Oliveira. *Curso de Direito Internacional Público*. 10. ed. rev., atual. e ampl. São Paulo: RT, 2016. p. 188.

[230] *Idem, ibidem*, p. 189.

Direito Internacional Público de hoje, sobretudo nos seus matizes e novas interpretações. Já vimos, entretanto, *supra*, a questão de divergências sobre os Princípios.

Há autores que, mais reticentes quanto ao alcance do Direito Internacional Público, criticarão até algumas das próprias fontes claramente presentes nesse mesmo artigo. É o caso, no Brasil, do Prof. Luís Ivani de Amorim Araújo, que no seu Curso vai criticando várias das fontes clássicas consideradas por outros autores.[231] Como se sabe, no referido normativo, a doutrina e a jurisprudência já não são consideradas fontes ao mesmo título das demais aí presentes. Canal Forgues e Rambaud, por exemplo, classificam-nas como sendo "meios subsidiários, considerando que a doutrina participa na criação do Direito Internacional Público como parte do processo consuetudinário,[232] e embora a jurisprudência ocupe um lugar de relevo no sistema normativo do Direito Internacional Público, esbarra, *v.g.*, com o art. 59 do Estatuto da Corte Internacional de Justiça:[233] Artigo 59 "A decisão da Corte só será obrigatória para as partes litigantes e a respeito do caso em questão."

2 Crítica da doutrina como fonte de Direito Internacional Público

Por exemplo, Amorim Araújo vai de algum modo mais longe na sua crítica:

> A *Doutrina* é, no nosso mode de julgar, apenas auxiliário do legislador, aparelhando-o para modificar idéias retrógradas e agasalhar as novas concepções jurídicas. Não é de se abandalhar, por pertinente, a afirmativa de Clóvis Bevilaqua[234] [nota no original] ao considerar que a

---

[231] ARAÚJO, Luís Ivani de Amorim. *Curso de Direito Internacional Público*. Rio de Janeiro: Forense, 2002.

[232] CANAL FORGUES; RAMBAUD, *op. cit.*, p. 146.

[233] *Idem, ibidem*, p. 147.

[234] *Princípio Elementares de Direito Internacional Privado*, ed. História, Ed. Rio, p. 92.

doutrina apesar de criadora de todas as outras fontes "tem menos força obrigatória do que elas, por que não tem propriamente nenhuma".[235]

Não acompanhamos cabalmente o autor nesta crítica, apesar de estribado em autoridade renomadíssima. Porque a forma de ser fonte mesmo formal é diversificada. Não há *ius publice respondendi*, mas pode a doutrina em Direito Internacional Público ser auxílio hermenêutico, desde logo, e isso já é ser fonte formal e não material. Porém, é legítimo chamar-se a atenção para potenciais excessos doutrinaristas.

3 Crítica da Jurisprudência em Direito Internacional Público (segundo Amorim Araújo)

Do mesmo modo, também contra a Jurisprudência como fonte de Direito Internacional Público se insurge o referido autor. Depois de vários considerandos, refere, nomeadamente este argumento, que nos parece, no contexto da sua argumentação, dos mais relevantes:

> E não devemos tirar da lembrança que as decisões da Corte Internacional de Justiça (e dos tribunais arbitrais) somente envolvem obrigações para as partes na controvérsia e em relação ao caso em tela (art. 59 da CIJ), dado que o *stare decisis* (precedente de índole vinculatória) não foi agasalhado pelo Direito Internacional.

Também neste âmbito (e por maioria da razão até) se nos afigura excessivamente restritiva a perspectiva do mestre do Rio de Janeiro.

4 Crítica do costume

Os autores voluntaristas e estadualistas chegam a recusar o Costume como Fonte do Direito Internacional. Ou a limitá-lo à vontade interna de cada (ou do respetivo) Estado.

---

[235] ARAÚJO, *op. cit.*, p. 29.

É o caso de dois autores soviéticos, que são explicitamente citados também pelo Prof. Amorim Araújo.[236] Para Korovine, a admissibilidade do Costume como fonte de Direito Internacional Público depende de dois requisitos:

a) As normas de direito consuetudinário não poderiam contrariar a "consciência jurídica socialista";
b) tais normas deveriam ser reconhecidas pela URSS.

Afirma Tunkin:

> A doutrina segundo a qual as normas costumeiras de Direito Internacional reconhecidas como tais por um número considerável de Estados são obrigatórias para todos, não apenas não encontra fundamento no Direito Internacional contemporâneo, mas além disso encerra um grande perigo.[237]

5 Várias visões do alcance da consideração das fontes

Pode confundir um pouco a divergência entre os que consideram fontes em Direito Internacional várias realidades jurídicas do catálogo normal de fontes em sentido hipotético (ideacionais ou conceptuais), ao nível nacional, e os que as criticam e limitam ao máximo, para além de posições intermédias. Para a clarificação do problema (apercebido só por alguns) podem contribuir algumas distinções, que também se fazem em Direito nacional, entre fontes em sentido material e fontes em sentido formal, ou outras.[238]

Estamos em crer que o problema, como muitos outros, se resolve (ou ao menos se esclarece) com recurso a conhecimentos de Teoria Geral do Direito, a matérias básicas comuns a todo o Direito,[239] mas que nem sempre são prelecionadas, ou recordadas.

---

[236] *Idem, ibidem*, p. 27.

[237] *Apud ibidem*, p. 27. Para mais desenvolvimentos sobre o Costume, por todos, cf. MENDELSON, Maurice. Formation of Customary International Law. *General Course Public International Law. Recueil des Cours*, v. 272, p. 155-410, 1998. O autor tem ainda outros estudos sobre temática conexa.

[238] V., *v.g.*, BRITO, Wladimir. *Direito Internacional Público*. n. 209, p. 187-188.

[239] Cf. Nomeadamente já os nossos livros (ambos esgotados há anos): *Introdução à Teoria do Direito*. Porto: Rés, [S.d]. p. 137 *et seq.*, máx. p. 141 *et seq.* e *Princípios de Direito*:

Recordar-se-á que uma coisa são fontes em sentido abstrato ou hipotético, um catálogo de todas as fontes possíveis (algumas que historicamente ou pontualmente tiveram ou têm vigor, mas que não são universalmente consensuais e omnipresentes, nem no tempo nem no espaço) e outra coisa são fontes em sentido institucional ou normativo (também chamado legal ao nível interno), que são aquelas que, num dado tempo e lugar, realmente estão em vigor. No caso de fontes internacionais, o lugar não é uma ordem jurídica em concreto, um dado Estado, mas pelo menos vários...

Assim se compreenderá que por vezes se está a falar de fontes em sentido hipotético, com grande abertura, abarcando tudo o que se possa fazer aí caber. Outras vezes, pelo contrário, os autores referem-se a fontes em sentido mais estrito. Procurando saber ao certo (e delimitar bem) quais as fontes que se aplicam ou aplicariam mesmo, num dado caso, no tempo em que escrevem, e dada a correlação de teorias, forças e normativos da circunstância.

Falam, afinal, em muitos casos, de questões diferentes.

V   Exercícios sobre fontes do Direito Internacional

1. A clássica perspetiva soviética sobre o Direito Internacional poderá eventualmente classificar-se como:

a) Jusnaturalista.

b) Pacifista.

c) Soberanista.

d) Terceiromundista.

e) Desenvolvimentista.

Cremos que a perspetiva de que mais se aproxima a clássica perspetiva soviética sobre o Direito Internacional será mesmo a *c*), Soberanista.

---

introdução à filosofia e metodologia jurídicas. Porto: Rés, [S.d.], p. 321 *et seq.*, máx. p.326 *et seq.* Para desenvolvimentos específicos sobre as diversas fontes e seu sistema: v., em geral, AGO, Roberto. *La codification du droit international et les problèmes de sa réalisation.* In: *Recueil d'études en hommage à Paul Guggenheim.* Genebra: Faculdade de Direito da Universidade de Genebra, 1968.

2. *Soft Law* aproxima-se mais do conceito de:

a) Direito curvo.

b) Direito flexível.

c) Direito negociado.

d) Direito humano.

e) Direito facultativo.

Solução: *b*

LIÇÃO XI

DIREITO DOS TRATADOS

I Sentido, noção, designações

1 Caráter "sinalagmático" do Direito e dos tratados

Todo o Direito tem (ainda que possa sê-lo apenas em tela de fundo) uma essencial dimensão sinalagmática (ou contratual *lato sensu*). Não é a burocracia, a coação, a ordem, o *imperium*, que prevalecem na essência do Direito, mas uma vontade comum (confluente), expressa ou presumida (esta então tem um peso enorme, e não será difícil ver no próprio costume sua manifestação). Desde os contratos privados mais simples e quotidianos até ao mais complexo e em grande medida tácito (e simbólico) Contrato Social, aquele que liga os cidadãos uns aos outros na sociedade política e que fundamenta o poder político, desde logo, nos nossos dias, o dos Estados. Um pouco nesta linha, houve mesmo quem dissesse (por exemplo, José Adelino Maltez) que a máxima fonte do Direito, e a base de todas as fontes, seria o costume, em que mais que pela vontade expressa, o consenso se manifesta pelo tempo e se evidencia pela reiteração do *corpus* do usual, de que se adivinha o *animus* que o inspira. E assim, a própria lei deveria a sua validade ao costume do seu cumprimento!

Se os Estados são os sujeitos primários do Direito Internacional, a sua própria existência se deve a um contrato social, sem o qual, como diria Hobbes, a sociedade seria a "guerra de todos contra todos" (*bellum omnium contra omnes*).

No plano internacional, é muito antiga a celebração de acordos solenes entre Estados.[240] Os mais antigos tratados conhecidos serão certamente os referenciados na Mesopotâmia, alguns deles tendo como partes entidades gregas e o próprio Egito. Neste último país, no templo de Amon em Karnak, encontrou-se um pacto (que se viria a tornar muito célebre) celebrado entre o faraó Ramsés II e o rei hitita Hatousilis III, datando de uma data controversa ainda, entre 1278 a.C. e 1269 a.C. Muitos consideram-no o primeiro tratado, mas pelo menos alguns dos firmados pelas entidades soberanas de terras entre o Tigre e o Eufrates datariam de quase três mil anos antes (c. de 4000 a.C.)

De lá até agora multiplicaram-se exponencialmente os tratados, mas o princípio é sempre o mesmo: duas (ou mais) altas autoridades "soberanas" entre si estabelecem regras de convivência futura amigável ou pelo menos razoável e racional, em vários ou um aspeto específico dos domínios humanos de relação.

2 Tratado, fonte voluntária de Direito Internacional por excelência

A segunda Convenção de Viena do Direito dos Tratados (21 de março de 1986), embora não tendo ainda o número de ratificações suficiente, é consagrada precisamente aos tratados envolvendo como uma das partes (ou ambas) organizações internacionais. A regra geral parece porém ainda ser a de os tratados serem celebrados entre Estados.

O tratado é assim, na sua origem, uma manifestação da vontade confluente (ou "ajuste de vontades") de Estados que entre si decidem o estabelecimento de um título jurídico internacional, ou seja, um instrumento jurídico apto a influir sobre relações jurídicas, no sentido de as criar, renovar, alterar, suspender, ou extinguir... Criando (em sentido lato) portanto direitos e obrigações jurídicas.

---

[240] Cf., em geral, por todos, MAZZUOLI, Valério de Oliveira. *The Law of Treaties*. Rio de Janeiro: Forense, 2016; REZEK, J. Francisco. *Direito dos Tratados*. Rio de Janeiro: Forense, 1984; REUTER, Paul. *Introduction au droit des traités*. Paris: Armand Colin., 1972. ELIAS, T.O. *The Modern Law of Treaties*. Londres: Oceana, 1974.

Mas a questão, para a consideração dos tratados como fonte de Direito Internacional não é assim tão simples. Algo a aproxima de outras polémicas, ao nível do Direito Interno dos Estados.

Tudo gira afinal em volta de uma certa ambiguidade subsistente em muita doutrina (e não só) sobre o que realmente seja uma fonte de Direito. Para o ser, tem de ter a realidade ou facto jurídico em causa uma vocação para produzir efeitos que se imporão generalizadamente, ou apenas em alguma medida, e para os intervenientes ou destinatários mais diretos? Note-se que uma sentença, num sistema em que o precedente não exista ou tenha uma relevância limitada (exemplar, indicativa, deva ser tomado em consideração mas não seja vinculativo etc.), sendo normalmente considerada uma expressão de jurisprudência, não será fonte de direito senão para os envolvidos, e apenas remotamente, já integrada no *corpus* geral da jurisprudência, é que poderá ser fonte de direito, e mesmo assim, no sistema romanístico, mediata. Aliás, a lei portuguesa (Código Civil, art. 2.º), a propósito do instituto dos Assentos [que sofreram limitações de inconstitucionalidade na sua irradiação para o ordenamento jurídico, portanto como fontes de Direito],[241] falava curiosamente em jurisprudência (ou atuação judicial) criadora de "doutrina" com força obrigatória geral. Ou seja, então, doutrina criadora de jurisprudência: "Nos casos declarados na lei, podem os tribunais fixar, por meio de assentos, doutrina com força obrigatória geral."

Note-se particularmente que os contratos (considerados classicamente "lei entre as partes") e especificamente as convenções coletivas de trabalho, por vezes são objeto de alguma discussão sobre o seu caráter de fontes, para via de regra serem recusados enquanto tais. Pois bem, os tratados também em geral só vinculam as partes envolvidas, e nesse sentido seria possível criticá-los, mesmo a eles, como fontes de direito, à luz dessa ideia da generalidade de repercussão dos seus efeitos. Assim, afirma o sempre clássico Brierly, ponderando já algumas distinções:

> A única espécie de tratados que se poderá admitir como fonte de direito geral são os negociados por um grande número de Estados

---

[241] O art. 2.º do Código Civil português seria revogado pelo Decreto-Lei n.º 329-A/95, de 12 de dezembro.

> para declararem o seu entendimento do direito vigente sobre um dado assunto, ou para estabelecerem uma norma geral nova que regule a sua conduta futura, ou para porem de pé alguma instituição internacional (...) tais tratados são no ordenamento internacional o sucedâneo da legislação, e chama-se-lhes, por comodidade, "normativos" ou "tratados-leis" [242]

E mesmo assim o problema não fica solucionado. Não parece para muitos evidente que um Estado que não participou num tratado (sobretudo um Estado contemporâneo à sua formação, não um Estado ulteriormente criado) seja obrigado ao seu cumprimento. Por isso, alguns consideram que os efeitos destes tratados normativos seriam "gerais" (criando Direito Internacional geral) mas não "universais"... Há porém quem seja mais voluntarista e a quem chegue, de algum modo, um consenso alargado de Estados, de um lado, e uma razoabilidade, digamos, capaz de por algum modo fazer presumir uma necessidade universal de aplicação. Sempre no futuro certamente teremos (e talvez cada vez mais) um tipo de internacionalistas mais reservado, contido, e estadualista, e outro mais voluntarista e menos apegado ao "contratualismo" entre Estados, e aos procedimentos antigos da sua vinculação na cena internacional.

A Corte Internacional de Justiça foi das primeiras organizações (e com uma especial *auctoritas*) a traçar o caminho de alguma objetividade de criação jurídica internacional, prescindindo, em parte, e em caso relevante, do expresso reconhecimento e intervenção de Estados de per si. Foi o que ocorreu logo ao declarar a personalidade jurídica objetiva das Nações Unidas, impondo-a mesmo a Estados dela não fazendo parte.[243]

3 Designações e noção geral de tratado

3.1 As Expressões por que se denominam os tratados (mesmo oficiais) não são de molde a clarificar as suas espécies: Acordo,

---

[242] BRIERLY. *Direito Internacional*. p. 57-58.
[243] *Idem, ibidem*, p. 59, n. 1.

Pacto, Estatuto, Convenção, Carta etc.[244] Há tentativas de encontrar regularidades nestas denominações, mas nem sempre frutíferas. O melhor é analisar a substância do título jurídico para averiguar se tem as características de um tratado.

3.2 Noção

Tratado, independentemente do nome que lhe seja atribuído, é uma manifestação expressa, escrita e por isso desde logo com alguma solenidade [como *v.g.* afirma Mazzuoli],[245] mesmo nos acordos executivos, entre Estados ou Estados e Organizações Internacionais ou entre estas (portanto, sempre entre sujeitos mais ou menos clássicos de Direito Internacional) com a finalidade de criar alguma situação jurídica nova no domínio do Direito Internacional Público. Noção de Tratado para a Convenção de Viena de 1969:

ARTIGO 2
Expressões Empregadas
1. Para os fins da presente Convenção:
a) "tratado" significa um acordo internacional concluído por escrito entre Estados e regido pelo Direito Internacional, quer conste de um instrumento único, quer de dois ou mais instrumentos conexos, qualquer que seja sua denominação específica;

II   Algumas classificações dos tratados

1   Questões gerais

As classificações são sempre simplificações, por vezes levam a deturpações da realidade que descrevem de forma estilizada, e obviamente os classificadores não podem estar sempre de acordo

---

[244] Cf., *v.g.*, PEREIRA, Bruno Yepes. *Curso de Direito Internacional Público*. p. 51 *et seq.*
[245] MAZZUOLI, Valerio de Oliveira. *Direito Internacional Público*. 8. ed. São Paulo: Revista dos Tribunais, 2014. p. 63.

com os traços apresentados, as denominações, e a composição concreta dos respetivos conjuntos. Porém, as classificações são uma forma didática de ir conhecendo as modalidades de uma realidade.

Uma hipótese será[246] começar por uma divisão principal ou liminar (uma grande divisão, *magna divisio*) entre critérios formais e critérios materiais. E em cada um proceder a mais subdivisões.

2 Alguns critérios: formais e materiais

a) Critérios formais:
  • Quanto ao número de partes: Bilaterais *vs*. Multilaterais ou Coletivos;
  • Quanto ao Procedimento: solenes *vs*. Acordos executivos.

b) Critérios materiais:
  • Possibilidade de Adesão: abertos *vs*. fechados;
  • Matéria: contratuais *vs*. normativos;
  • Execução no tempo: transitórios *vs*. permanentes;
  • Execução no espaço territorial: totais ou parciais.

III Procedimento de formação dos tratados

A tramitação desde a ideia de celebrar um tratado até à sua plena entrada em vigor entre Estados e nas ordens jurídicas internas é em regra complexa, precisamente por, além de eventuais atavismos e burocracias, mais ou menos presentes, se poder acautelar a prudência no passo a dar, e ouvir vários interessados ou que poderão concorrer para uma melhor decisão. Na prática há muitos tratados que aguardam a conclusão com êxito de alguma das fases... E não é impossível (pelo contrário) que acabem por aplicar-se por via do costume normas que têm a sua origem em negociações e

---

[246] Adaptando, *v.g.*, SANTOS, Borges dos. *Curso de Direito Internacional Público*. São Paulo: Leud, 2009, p. 36 ss.

mesmo fases intermédias (por vezes aguardando apenas as últimas, integrativas de eficácia) do procedimento no âmbito dos tratados.

A doutrina ao mesmo tempo se divide (no concreto) como conflui (no geral e no mais profundo) sobre as fases de tramitação dos tratados, em geral, independentemente de uma ordem jurídica ou outra, em concreto.

Alguns autores optam por uma malha analítica mais pormenorizada, encontrando mais fases individualizadas, e outros por uma abordagem mais global (juntando aspetos que outros autonomizam), limitando, portanto, as fases consideradas.

Bacelar Gouveia apresenta-nos um elenco de algumas posições da doutrina, que nos despertou a atenção. Julgamos que é importante, realmente, comparar as várias posições em presença. Obvimante não seremos tão exaustivo, porém.

Exemplificando, apenas: autores como Nguyen Quoc Dinh, Patrick Daillier e Alain Pellet, assim como Jorge Miranda, optam por uma perspetiva mais global, menos analítica, com a consideração de apenas três fases, embora com algumas diferenças. Para este último autor, teríamos primeiro a negociação (incluindo a assinatura), a aprovação, e a ratificação. Para os primeiros autores, as três fases seriam antes de mais a elaboração do texto, seguidamente a expressão do consentimento de vinculação e finalmente a introdução do instrumento na ordem internacional.

No limite contrário, há autores que apontam para cinco fases: como Francisco Ferreira de Almeida ou o próprio Jorge Bacelar Gouveia. O primeiro, considerando sucessivamente: negociação, autenticação ou assinatura, vinculação ao tratado, entrada em vigor e finalmente publicação. O último, considera as cinco fases do seguinte modo: negociação do texto do tratado, adoção do mesmo, vinculação internacional do tratado, entrada em vigor do mesmo, e finalmente registo e publicação do dito diploma.[247]

É o tipo de questão em que não cremos ser muito proveitoso, na nossa perspetiva pedagógica e didática, tomar posição. No estado atual da arte, para quê aumentar ao rol de perspetivas mais uma

---

[247] Cf., para os vários autores, e ainda para outras teorizações aqui não referidas, BACELAR GOUVEIA. *Manual de Direito Internacional Público*. 3. ed. Coimbra: Almedina, 2008.

teoria, quando já há tantas, e a questão está clarificada, quanto à sua essência? Seria certamente uma nova manifestação da *ars combinatoria*, sobretudo dessa modalidade académica já criticada, em boa hora, por Jacques Leclercq.[248]

Há mesmo autores que sobretudo descrevem o procedimento (com algumas vicissitudes, que nem sempre ocorrem), sem entrar, pelo menos a nosso ver, numa determinada delimitação das fases.[249] Aliás, as fases consideradas nas várias etapas indicadas pela doutrina são estilizações e generalizações, porque, como é sabido, os tratados (que têm desde logo múltiplas designações, procurando por vezes com isso captar conotações e matizes da sua específica natureza) não têm que ter uma forma específica, nem sequer uma forma procedimental específica. É certo que alguma solenidade em princípio lhes anda associada, mas concluir um tratado com um aperto de mão, com uma roda em que se fuma o cachimbo da paz, com um pacto de sangue, ou um telefonema, são formas muito variadas que desafiam as três, quatro, cinco fases...

Ficamos com a ideia de que há uma tramitação que implica sucessivas formalizações. Um elemento a sublinhar é que a assinatura pode não ter a vinculatividade que eventualmente se poderia pensar que teria. Havendo lugar a ratificação do texto, aí sim, com poder livre e discricionário, se julgará o essencial da sorte do texto. E evidentemente, não é a mesma coisa um tratado entre dois estados sobre uma matéria particular e eventualmente muito consensual, até "rotineira" e um vasto tratado multilateral, que fique aberto a adesão ulterior de Estados...

Estilizemos o procedimento considerando seis momentos. São os que podem ser considerados para os tratados gerais, dado que outros há, de forma simplificada, como sabemos. As três primeiras fases são de criação, as três últimas de criação e de receção.

1 *Primeira fase: Negociação*

Esta pode ser feita entre Estados diretamente ou em Conferência Internacional.

---

[248] LECLERCQ, Jacques. *Do Direito natural à sociologia*. São Paulo: Duas Cidades, [S. d].

[249] Parece-nos ser por exemplo o caso de, entre vários, QUEIRÓS, Cristina. *Direito Internacional e Relações Internacionais*. p. 250 *et seq*.

2 Segunda fase: Assinatura

Há várias entidades, conforme os países, e conforme também a importância e o tipo de tratados, que possuirão poderes para proceder à Assinatura, que, contudo, não é um vínculo definitivo para a entidade (sujeito de Direito Internacional). Podem assim assinar o Chefe do Estado (rei, ou presidente), o Ministro das Relações Exteriores/Negócios Estrangeiros, ou um outro representante diplomático credenciado.

3 Terceira fase: Autorização pelo Poder Legislativo

No Brasil, é pertinente o art. 49.º, I, da Constituição Federal:

Art. 49.

É da competência exclusiva do Congresso Nacional:

I – resolver definitivamente sobre tratados, acordos ou atos internacionais que acarretem encargos ou compromissos gravosos ao patrimônio nacional.

Deve assim haver uma apreciação pelo Congresso da constitucionalidade do Tratado. Em caso de conformidade, aprovação por decreto legislativo e autorização ao Presidente da República, para que ratifique.

4 Quarta fase: Ratificação

No Brasil, o art. 84.º da Constituição Federal estipula:

Compete privativamente ao Presidente da República: (...) VII – manter relações com Estados estrangeiros e acreditar seus representantes diplomáticos; VIII – celebrar tratados, convenções e atos internacionais, sujeitos a referendo do Congresso Nacional;

5 Quinta fase: Promulgação

Ultrapassada a quarta fase, a que se segue é a da assinatura do Decreto de Promulgação pelo Chefe do Estado.

6 Sexta fase: Publicação

É um ato de publicidade do ato, que lhe dá perfeição jurídica plena. A publicação deve ser feita, no Brasil, no *Diário Oficial da União*. Assim, haverá total eficácia do Tratado na jurisdição do Estado.

O procedimento de receção dos Tratados de Direitos Humanos é no Brasil mais simplificado. Assim, haverá apenas quatro fases:

1 Primeira fase: Negociação e Assinatura
Fases normais, como nos tratados gerais... Mas de alguma forma a assimilação entre Negociação e Assinatura já parece indiciar alguma abreviação.

2 Segunda fase: Apreciação pelo Poder Legislativo
Nesta matéria, cumpre particularmente atentar, no Brasil, ao art. 5.º da Constituição Federal, e na Emenda n.º 45 de 2004:

§3.º Os tratados e convenções internacionais sobre Direitos Humanos que forem aprovados, em cada Casa do Congresso Nacional, em dois turnos, por três quintos dos votos dos respectivos membros, serão equivalentes às emendas constitucionais. (Incluído pela Emenda Constitucional n.º 45, de 2004) (Atos aprovados na forma deste parágrafo).

3 Terceira fase: Ratificação
Mas esta ratificação opera-se sem decreto de execução.

4 Quarta fase: Publicação
Há, evidentemente, hoje em dia divergências (em vários países) quanto à hierarquia entre tratados e normas constitucionais. E o controlo de convencionalidade (para mais se não concentrado, e supranacional, mas difuso e interno) coloca mais problemas ainda, que não poderemos tratar aqui, *brevitatis causa*.

IV   Reservas aos tratados

1   Noção geral de reserva

Talvez devamos começar por colher uma boa descrição do conceito de reserva, numa enciclopédia especializada. Vejamos o que diz uma das mais atuais, em Língua Portuguesa:

Reserva:

designa uma declaração unilateral, qualquer que seja o seu conteúdo ou a sua denominação, feita por um Estado ou Organização Internacional quando assina, ratifica, aceita ou aprova um tratado ou a ele adere, ou ainda por um Estado quando notifique da sucessão a um tratado, pela qual visa excluir ou modificar o efeito jurídico de certas disposições do tratado na sua aplicação a esse Estado ou Organização Internacional.[250]

Nesta indagação como que tópico-sociológica, importa também ter uma noção normativa. Assim,

2 Reserva segundo a Convenção de Viena de 1969

Voltemos a consultar diretamente os textos normativos, que são por vezes particularmente elucidativos, mesmo em matéria com contornos doutrinais (embora não lhes compita fazer doutrina):

ARTIGO 19

Formulação de Reservas

Um Estado pode, ao assinar, ratificar, aceitar ou aprovar um tratado, ou a ele aderir, formular uma reserva, a não ser que:

a) a reserva seja proibida pelo tratado;

b) o tratado disponha que só possam ser formuladas determinadas reservas, entre as quais não figure a reserva em questão; ou

c) nos casos não previstos nas alíneas *a* e *b*, a reserva seja incompatível com o objeto e a finalidade do tratado.

V Interpretação dos tratados

Os problemas de interpretação, que aliás hoje ganham uma dimensão muito mais complexa e em sintonia com outras *epistemai* ou saberes do sentido, numa vera hermenêutica, não são privativos

---

[250] KOWALSKI, Mateus; SOARES, Miguel de Serpa. *Reservas*. In: RIBEIRO, Manuel de Almeida *et al.* (Coords.). *Enciclopédia de Direito Internacional*. Coimbra: Almedina, 2011. p. 408-409.

dos tratados.[251] Pelo contrário, inserem-se numa Hermenêutica geral (jurídica geral, no nosso caso), que tem evidentemente as suas especificidades nesse domínio da sinalagmatologia que é o da hermenêutica dos tratados. Remete-se, *brevitatis causa*, para o estudo da Hermenêutica jurídica.[252] Dir-se-ão apenas duas palavras sobre alguns parâmetros normativos. E no final brevíssimas reflexões sobre alguns pontos a ter em atenção na interpretação, mas sem caráter sistemático e muito menos exauriente da matéria, que é, no fundo o X de muitas das controvérsias internacionais.

É sempre muito tranquilizador para o jurista possuir normativos que o balizam quanto ao seu labor. E neste caso esses dispositivos existem, de facto.

A grande fonte para o Direito dos Tratados é, como se sabe, a Convenção de Viena de 1969:

---

[251] V., *v.g.*, um recente escrito hermenêutico especificamente neste âmbito: BAPTISTA, Luiz Olavo. *Interpretação dos tratados e devido processo legal*. In: CICCO FILHO, Alceu José; VELLOSO, Ana Flávia Penna; ROCHA, Maria Elisabeth Guimarães Teixeira (Orgs.). *Direito Internacional na Constituição*. São Paulo: Saraiva, 2014. p. 455 *et seq.*

[252] Referimo-nos sinteticamente à questão hermenêutica em geral especialmente no nosso *Princípios de direito*. Porto: Rés, [S.d.]. p. 393 *et seq.*, e mais voltado para o Direito Público, e o constitucional em particular, em *Direito Constitucional geral*. 2. ed., Lisboa: Quid Juris, 2013 (matéria não incluída ainda na primeira edição, quer na portuguesa, pela Quid Juris também, quer na edição brasileira, editada pela Método). De entre a multidão de estudos, alguns dos que a nós pessoalmente mais inspiraram: SAVIGNY, Friedrich Karl von. *Los fundamentos de la ciencia juridica*, in *La Ciencia del derecho*, Savigni, Kirchmann, Zitelmann, Kantorowicz. Buenos Aires: Losada, 1949, máx. p. 77 *et seq.*; TAVARES, André Ramos. *Fronteiras da hermenêutica constitucional*. São Paulo: Método, 2006; *Idem*. *Direito Constitucional brasileiro concretizado*: hard cases e soluções juridicamente adequadas. São Paulo: Método, 2006-2011; SOUSA E BRITO, José. Hermenêutica e direito. *Boletim da Faculdade de Direito*, Coimbra, p. 3 *et seq.*, 1990. Separata; STRECK, Lenio Luiz. A hermenêutica filosófica e as posibilidades de superação do positivismo pelo (neo) constitucionalismo. In: SAMPAIO, José Adércio Leite. *Constituição e crise política* (Coord.). Belo Horizonte: Del Rey, 2006. p. 280; HAEBERLE, Peter. *Hermenêutica constitucional*: a sociedade aberta dos intérpretes da constituição – contribuição para a interpretação pluralista e "procedimental" da Constituição. Tradução Gilmar Ferreira Mendes. Porto Alegre: Sergio Antonio Fabris, 2002; IVAINIER, Théodore. *L'interprétation des faits en droit*. Paris: LGDJ, 1988; RABENHORST, Eduardo Ramalho. *A interpretação dos fatos no direito*. In: Anuário dos cursos de pós-graduação em direito. Recife: Universidade Federal de Pernambuco, Centro de Ciências Jurídicas, Faculdade de Direito do Recife, 2002. n. 12, p. 191 *et seq.*; STRECK, Lenio Luiz. *Hermenêutica e(m) crise*. Porto Alegre: Livraria do Advogado, 2000. p. 224-225. GARCIA DE ENTERRIA, Eduardo. *La Constitución como norma jurídica*. In: *Anuario de derecho civil*. Madrid: Ministerio de Justicia y Consejo Superior de Investigaciones Cientificas, p. 292 et seq.; MAGALHÃES FILHO, Glauco Barreira. *Hermenêutica e unidade axiológica da Constituição*. 3. ed. Belo Horizonte: Mandamentos, 2004. E sem dúvida não se podem esquecer as aportações (em pano de fundo) de DWORKIN, Ronald. *Justiça para ouriços*. Tradução Pedro Elói Duarte Coimbra: Almedina, 2012. máx. p. 107 *et seq.*

ARTIGO 31

Regra Geral de Interpretação

1. Um tratado deve ser interpretado de boa fé segundo o sentido comum atribuível aos termos do tratado em seu contexto e à luz de seu objetivo e finalidade.

2. Para os fins de interpretação de um tratado, o contexto compreenderá, além do texto, seu preâmbulo e anexos:

a) qualquer acordo relativo ao tratado e feito entre todas as partes em conexão com a conclusão do tratado;

b) qualquer instrumento estabelecido por uma ou várias partes em conexão com a conclusão do tratado e aceito pelas outras partes como instrumento relativo ao tratado.

3. Serão levados em consideração, juntamente com o contexto:

a) qualquer acordo posterior entre as partes relativo à interpretação do tratado ou à aplicação de suas disposições;

b) qualquer prática seguida posteriormente na aplicação do tratado, pela qual se estabeleça o acordo das partes relativo à sua interpretação;

c) quaisquer regras pertinentes de Direito Internacional aplicáveis às relações entre as partes.

4. Um termo será entendido em sentido especial se estiver estabelecido que essa era a intenção das partes.

ARTIGO 32

Meios Suplementares de Interpretação

Pode-se recorrer a meios suplementares de interpretação, inclusive aos trabalhos preparatórios do tratado e às circunstâncias de sua conclusão, a fim de confirmar o sentido resultante da aplicação do artigo 31 ou de determinar o sentido quando a interpretação, de conformidade com o artigo 31:

a) deixa o sentido ambíguo ou obscuro; ou

b) conduz a um resultado que é manifestamente absurdo ou desarrazoado.

Há ainda a questão linguística a ter em consideração, objeto do artigo seguinte da Convenção de Viena de 1969:

ARTIGO 33

Interpretação de Tratados Autenticados em Duas ou Mais Línguas

1. Quando um tratado foi autenticado em duas ou mais línguas, seu texto faz igualmente fé em cada uma delas, a não ser que o tratado disponha ou as partes concordem que, em caso de divergência, prevaleça um texto determinado.

PAULO FERREIRA DA CUNHA
DIREITO INTERNACIONAL: RAÍZES & ASAS

2. Uma versão do tratado em língua diversa daquelas em que o texto foi autenticado só será considerada texto autêntico se o tratado o previr ou as partes nisso concordarem.

3. Presume-se que os termos do tratado têm o mesmo sentido nos diversos textos autênticos.

4. Salvo o caso em que um determinado texto prevalece nos termos do parágrafo 1, quando a comparação dos textos autênticos revela uma diferença de sentido que a aplicação dos artigos 31 e 32 não elimina, adotar-se-á o sentido que, tendo em conta o objeto e a finalidade do tratado, melhor conciliar os textos.

Notar-se-á que para bem interpretar um tratado seria necessário perder algumas ilusões e preconceitos sobre o ato de ler (já que os tratados são hoje e quase sempre necessariamente escritos) e retirar sentido(s) da leitura (o que normalmente se chama "interpretar"). Infelizmente, muitos juristas de velha escola não foram sensibilizados nem nas Faculdades e Escolas de Direito, nem a vida prática os desafiou a mudarem ideias-feitas e erróneas e deturpadoras sobre essas tarefas essenciais para o seu labor. Felizmente, pelo contrário, atualmente em alguns países vai havendo quem empreenda uma certa "cruzada" intelectual e ética (traduzida numa pedagogia e numa *praxis*) pela Hermenêutica, não sem incompreensão por parte de quem julga que a lei é em geral clara, e que o que importa é memorizá-la já que *in claris non fit interpretatio*. O claro não requereria interpretação. Ora como se sabe se algo é claro sem interpretar primeiro?

Alguns aspetos específicos da interpretação do Direito Internacional prendem-se com a multiplicidade de fontes, a importância do costume, e a necessidade óbvia de um jogo tópico de escolha de fontes, num terreno que tem dissenções ao nível da hierarquia das mesmas (v. *jus cogens*, por exemplo).

Em Direito Internacional ganha ainda mais razão de ser a ideia, não apenas do âmbito da hermenêutica jurídica, mas de toda a hermenêutica, e particularmente enfatizada por um Todorov, de que é necessário, para bem interpretar um texto, conhecer e interpretar em panorâmica "todos os textos".[253] Até porque cada texto remete

---

[253] Cf. GUIMARÃES, Fernando. *A obra de arte e o seu mundo*. Famalicão: Quasi, 2007. p. 52.

sempre para muitos outros, ao menos na sombra, na reminiscência, em várias formas de citação, intertextualidade... Vale também para o nosso caso o que se diz neste trecho para o texto literário (mesmo se não pensarmos, como, por exemplo, um Peter Goodrich, que Direito também é Literatura, e o texto jurídico muito comunga do literário, ou que mesmo não há senão um texto ou uma textualidade...):

> Para utilizarmos uma expressão feliz e bem conhecida de Gérard Genette, o texto literário é um palimpsesto. Ele (...) tende a revelar-se como a transformação decifradora de outro texto, de outras citações ou até de outros estilos.[254]

No caso mais específico dos tratados, começará por recordar-se antes de mais o próprio caráter de fontes internacionais, pelo que uma interpretação "nacionalista" e absolutamente *pro domo* dos mesmos não se adequará à atuação na cena internacional mesmo de um Estado nacional. Não se confunda, evidentemente, a interpretação a que chamamos "nacionalista" com a interpretação interna dos tratados, que é insuscetível de se opor a outros Estados, tendo efeitos meramente internos.

Mas acima de todas essas considerações, parece que o mais relevante é um dado essencial que corresponderá às bases em que deve fundar-se toda a disputa argumentativa, e que já estão no *Organum* de Aristóteles. Esse ponto fixo de Arquimedes, na interpretação dos Tratados, mas se crermos em Kelsen em todo o Direito, é o princípio *pacta sunt servanda*. Os pactos são para ser cumpridos, são vinculativos, obrigatórios. É sobre esse pacto de Fides, de confiança, e obviamente de boa-fé que se celebram as convenções internacionais de todo o tipo. "Se os contratos fossem para ser violados, não haveria por que fazê-los", diria M. de La Palice. Mas sabemos que muitas verdades importantes são devidas a M. de La Palice.

É assim com base numa perspetiva sistémica de internacionali-dade e no princípio da boa-fé que se deve partir para a interpretação.

De uma maneira geral, as regras que se elencam para interpretação dos Tratados mais não são que um recordar dos velhos elementos interpretativos de Savigny, com os acrescentos

---

[254] *Idem, ibidem*, p. 56.

consabidos, por um lado, e, por outro, algumas cautelas adicionais para garantir o que normalmente se chama o *efeito útil*. Ainda aqui, diria o célebre francês: não se pode interpretar um tratado nem extraindo dele o exato oposto do que uma lhana interpretação gramatical escolaríssima retiraria, nem omitindo o que está implícito nessa mesma interpretação, nem arquitetanto sobre o texto conclusões absurdas, ou que anulariam o que se poderia presumir como sendo a sua intenção, ou mesmo que anulariam qualquer sentido ou efeito prático do tratado, ou que cerceassem os seus efeitos evidentes e óbvios, ainda que implícitos.

Porém, a ideia de que possa haver tratados obtusos e com fins ambíguos, ou meramente para usos aparentes, simbólicos ou de exercício da função fática da linguagem não está totalmente fora das ideias da ficção (que, como sabemos, é uma maneira de interpretar e exprimir algumas visões da realidade). Encontramos esta saborosa passagem numa conhecida e muito renomada obra da assim chamada ficção científica:

> – Muito bem. – Hardin arrumou as folhas. – Agora perante vocês há uma cópia do tratado entre Anacreon e o Império – incidentalmente um tratado assinado pelo mesmo Lorde Dorwin que aqui esteve na semana passada – e junto está uma análise simbólica.
>
> – O tratado compunha-se de cinco folhas bem impressas e a análise de meia página, ou pouco menos.
>
> – Como se pode ver, mais ou menos 90% do tratado não têm qualquer significado e podemos tirar de todo ele a seguinte conclusão, tão cheia de interesse:
>
> – Obrigações de Anacreon para com o Império: Nenhuma.
>
> – Poderes do Império sobre Anacreon: Nenhum.
>
> Novamente os cinco seguiram ansiosamente o raciocínio exposto na análise, conferindo-a com o tratado e quando terminaram Pirenne ainda mais preocupado estava. – Parece estar tudo certo.
>
> – Admite, então, que o tratado não passa de uma declaração de independência total da parte de Anacreon e o reconhecimento desse Estado por parte do Império?
>
> – Assim parece.
>
> – E supõe que Anacreon não o compreende, e que não anseia por dar ênfase a essa posição de independência, de modo a ressentir-se contra qualquer ameaça feita pelo Império? Particularmente, quando se torna óbvio que o Império nada pode fazer além de ameaçar, ou nunca teria consentido em sua independência.

– Então – interpelou Sutt – como interpretar as afirmações de Lorde Dorwin quanto ao apoio do Imperador? Pareciam – bem, pareciam satisfatórias.

Hardi recostou-se na cadeira. – Se querem saber, essa parte é a mais interessante de todas. Admito ter pensado que Sua Serenidade fosse o mais consumado burro que jamais vi em toda a minha vida – porém, afinal é um grande diplomata e um homem inteligente. Tomei a liberdade de gravar todas as suas palavras.

Houve um longo murmúrio e Pirenne abriu desmesuradamente os olhos, horrorizado.

– E depois? Compreendo muito bem que foi uma falta imperdoável e uma coisa que nenhum cavalheiro faria. Também se Sua Serenidade tivesse percebido, teríamos passado momentos bem desagradáveis. Contudo não aconteceu nada disso, portanto acabou-se. Peguei no disco, copiei-o e remeti-o também a Holk para análise.

– Onde está a análise? – perguntou Lundin Crast.

– Essa é a parte mais interessante como já lhe disse. Das três análises esta foi a mais difícil. Quando Holk, após dois dias de trabalho ininterrupto, conseguiu eliminar afirmações sem significado, palavras imprecisas, qualificações inúteis – enfim todo o lixo – descobriu que não havia mais nada.

Eliminara tudo.[255]

Era necessária uma citação longa para se começar a ver todo o alcance do problema... Se as cautelas interpretativas já referidas vão no sentido do bom senso interpretativo, no fundo sempre escoradas no princípio da boa-fé, e apelando para um sentido comum (*sentido literal* e não figurado, se diria classicamente) de palavras e frases que se deixam apreender com facilidade, sabe-se contudo que, como dizia Talleyrand, já considerado "príncipe dos diplomatas", "La parole a été donné à l'homme pour déguiser sa pensée". Evidentemente que em certos momentos negociais as palavras podem ser usadas como forma ambígua, com reserva mental, a pensar em ulteriores interpretações *pro domo*... E tal como ocorre nas Constituições compromissórias, também nos tratados podem ocorrer fenómenos de falsa concordância, leituras negociadas, acordo sobre palavras (escritas) mas divergência de sentidos (pensados) que se lhes dão etc.

---

[255] ASIMOV, Isaac. *Fundação*. Tradução Eduardo Nunes Fonseca.[S.l.]: Hemus, 1975. p. 50-51. Disponível em: <http://www.planonacionaldeleitura.gov.pt/clubedeleituras/upload/e_livros/clle000080.pdf>. Acesso em: 20 fev. 2016.

Isto tudo, ainda para além do próprio drama (ou tragédia) da radical ou essencial dificuldade [há quem diga improbabilidade][256] de comunicação humana, e da refrangência comunicacional, verdadeira flecha de Nemrod (ou Nimrod), personagem "bíblico" que, como se recordará, querendo ferir os céus, acaba por acertar numa ave que passa entretanto. Ler (não falamos evidentemente de um nível de leitura que pouco supere o soletrar verbal ou mesmo mental) não é uma operação simples:

> Há um conjunto de interferências que vão perturbar o acto de leitura. O sentido não é dado pela palavra que se isola com um único sentido no texto, porque é a partir dela que se constituem múltiplos sentidos através de um trabalho interpretativo, o qual integra várias leituras e, mesmo, vários textos. A literalidade – aquele sentido literal que, atrás, se opôs ao sentido figurado – vai ao encontro de uma literariedade em que se desenvolvam essas múltiplas leituras interpretativas.[257]

E o mesmo autor dá um claríssimo exemplo, citando uma perceção do poeta francês Rimbaud:

> Por isso, Rimbaud referir-se-á nestes termos à sua pretensão de escritor, a qual acabava por se conjugar com a própria actividade do leitor: "j'ai voulu dire ce que ça dit, littéralement et dans tous les sens".[258]

Atente-se, pois, na pretensão enorme do vate (que nos é útil, já vamos ver como): dizer o que a coisa, isso, aquilo diz, quer na sua literalidade (o sentido literal, aparente...), quer em todos os demais sentidos. É o máximo do desejo polissémico, da plurissignificação. Ora, em Direito, apesar de a polissemia por vezes ser um bem (veja-se a utilidade para a própria evolução da juridicidade favorecida pela técnica das cláusulas gerais e dos conceitos indeterminados), em geral muitos gostariam que ele fosse formulado numa linguagem tão rigorosa que seria unívoca, meramente denotativa: isto quer dizer isto. Mas tal coisa certamente nem na matemática existe. Há

---

[256] LUHMANN, Niklas. *A improbabilidade da comunicação*. Tradução João Pissarra. Lisboa: Vega, 1992.

[257] GUIMARÃES, Fernando. *Leitura*: entre a necessidade e a possibilidade – a obra de arte e o seu mundo. Famalicão: Quasi, 2007. p. 30.

[258] *Idem, ibidem*, p. 31.

sempre desvios, ramificações, mal-entendidos... Se na Poesia é enriquecedora essa imensidão de sentidos (na nossa opinião se não acabar por dissolver o significado: se se mantiver um fio de sentidos entre si associados, ainda que vários, e em que uns dão brilho e cor e iluminam os demais), já em Direito, e em especial em Direito dos Tratados tal pode colocar problemas. A menos que essa ambiguidade seja realmente uma manifestação da própria arte diplomática. Se um tratado ambíguo ou até, como o imaginado por Asimov, realmente sem sentido algum, afinal de contas, poupar uma guerra, certamente que é uma técnica de paz muito bem sucedida.

Voltemos ao nosso breve ponto teorizador.

No fundo, não se poderá talvez afirmar que exista um princípio claro de *máxima efetividade* dos textos dos tratados, como existe para as Constituições, mas, ao menos, existirá certamente um princípio de *aplicação razoável* e inteligente, que não deixará de fora inferências ou corolários evidentes do texto.

Contudo, por interpretação na verdade está-se (particularmente neste caso) a pensar em várias coisas diferentes. Consideram-se em resumo uma perspetiva literalista ou textual, uma perspetiva historicista (e eventualmente psicologista) e uma perspetiva teleológica (referida aos objetivos do tratado em análise).

A distinção a fazer primeiramente é muito semelhante àquela que, no Direito em geral, opõe os intérpretes que procuram a *mens legis* e aos que demandam a *mens legislatoris*. Os primeiros (literalistas ou textuais) indagam pela vontade dos tratados, no nosso caso, o que objetivamente o texto dos tratados quer dizer. Evidentemente que é um objetivo ingénuo e sem base científica, porque não existe, realmente, um sentido unívoco, claro, denotativo apenas.

Os segundos (historicistas e eventualmente psicologistas), estão preocupados com aquilo que as partes pretenderam dizer. Evidentemente que nesta preocupação entram em linha de conta questões históricas (contexto internacional e nacionais dos países intervenientes ao tempo do processo negocial, história das negociações, versões preliminares, depoimentos dos intervenientes...) mas também psicológicas (estudo das motivações, quer individuais quer coletivas: de psicologia social...).

Um terceiro grupo (teleológico), para além da vontade de expressão das partes (como o segundo grupo de intérpretes) está interessado em pôr em prática os objetivos (a vontade real) das partes, independentemente (ou com alguma liberdade face ao) do que disseram objetivamente e mesmo do que pretenderam dizer. Porque, desde logo, podem ter-se exprimido mal ou insuficientemente, e mesmo podem ter querido encobrir os seus reais objetivos com palavras enganadoras, ou que apenas dariam pistas...

A vontade presumida de um tratado, nesta perspetiva teleológica, não será a vontade real, concreta, dos negociadores ou dos próprios entes internacionais (sujeitos de Direito Internacional) que representaram, à época, nem se preocupa enormemente com um significado essencialista encerrado no texto (que em si mesmo não pode dizer-se que tenha "vontade"). Na verdade, trata-se de presumir um tanto mais, quase como num texto legal de preenchimento de lacunas,[259] que fala em aplicar, no caso de ausência de caso análogo, uma lei afinal inventada, que "o próprio intérprete criaria se houvesse de legislar no espírito do sistema". Estar-se-á, assim, entre a possibilidade de pensar um sentido que fosse admitido pelas partes (por exemplo, numa situação nova e não prevista nem eventualmente previsível por eles, mas admissível segundo o espírito evidenciado pelo tratado e eventuais outros documentos e até atitudes dos mesmos atores jurídicos – e históricos), o que é uma base mais historicista, e um sentido também cabível no próprio texto literalista do tratado, mas sempre atualizado, virado para uma aplicação mais útil (sentido realmente útil, no caso) não ferindo nem a letra do tratado nem as presumíveis intenções dos autores (pelo contrário consagrando-as, ampliando o seu âmbito).

Há quem critique sobretudo o exagero de teleologia, mas na verdade o que parece realmente criticar-se é o desvio e a extensão (exacerbada) do que se presume com essa forma de interpretar.[260] Parece-nos não haver dúvida de que o princípio do efeito útil e análogos obrigam a que o implícito não seja calado ou manietado por uma interpretação literalista e sem qualquer rasgo. Mas parece importante, também, pensar na objeção segundo a qual poderiam as próprias partes considerar certas interpretações e aplicações como desfiguradoras do seu tratado: ao ponto de ele ficar irreconhecível.[261]

---

[259] Código Civil Português, art. 10.º, n.º 3.
[260] KLABBERS, Jan. *International Law*, p. 53.
[261] Cfr. *Idem, ibidem*.

Contudo, uma nova precisão parece necessária: uma coisa seria as partes considerarem irreconhecível um tratado que estipula para navios passar a regular foguetões ou naves intergalácticas. Aí trata-se apenas de um efeito de estranhamento por *décalage* tecnológica. Mas o procedimento de extensão interpretativa (interpretação extensiva ou até analógica), em tese, não parece de proscrever... Coisa diversa seria uma aplicação por forma ou em casos em que se não possa vislumbrar nenhuma conexão, e mesmo que contrariasse a presumível vontade das partes. Aí seria realmente algo que feriria as normas de razoabilidade e constituiria uma espécie de ativismo jurídico sempre discutível, ainda que eventualmente justificável, em casos excecionais. Tudo depende de que casos...

Tal como em várias situações as leis nacionais,[262] também o Direito Internacional acabaria por ter de tomar posição sobre estas teorizações, e do mesmo modo que em geral nos Estados, também o fez de forma a não colocar totalmente de lado várias das clássicas teorizações, embora optando. E hierarquizando o uso dos vários tópicos de metodologia interpretativa. Assim, como vimos supra, o art. 31. da Convenção de Viena determina que:

> 1. Um tratado deve ser interpretado de boa-fé segundo o sentido comum atribuível aos termos do tratado em seu contexto e à luz de seu objetivo e finalidade.

Ao afirmar o princípio de boa-fé, implicitamente integrará esta disposição as regras de *pacta sunt servanda* e do bom senso e inteligente aplicação dos tratados. E sobre essa base, privilegia-se (pelo menos numa primeira leitura) uma forma literal básica (não poderia ser de outra forma... os juristas lidam com pessoas médias... mesmo no Direito Internacional, dir-se-ia, *cum grano salis*...), mas

---

[262] Por exemplo, Código Civil português, art. 9.º: "1. A interpretação não deve cingir-se à letra da lei (portanto: literalismo), mas reconstituir a partir dos textos o pensamento legislativo (ambíguo: pode ser *mens legis* ou *mens legislatoris*, embora creiamos que, no contexto, é a segunda), tendo sobretudo em conta a unidade do sistema jurídico (ele-mento sistemático), as circunstâncias em que a lei foi elaborada (elemento histórico) e as condições específicas do tempo em que é aplicada (perspetiva atualista). 2. Não pode, porém, ser considerado pelo intérprete o pensamento legislativo que não tenha na letra da lei um mínimo de correspondência verbal, ainda que imperfeitamente expresso." – o que é a consideração do elemento textual como o parâmetro básico, mínimo.

não um literalismo isolado do mundo: porque se faz intervir na interpretação por assim dizer simples, por um lado o contexto (e a história também faz parte do contexto, embora normalmente este seja mais referido ao momento contemporâneo) e por outro lado o objetivo e finalidade, que é a consagração também de algum peso para a perspetiva teleológica.

No fundo, do que se trata, novamente, é de não permitir interpretações fantasiosas, ou contrárias claramente a uma vontade que estará entre a dos contraentes e talvez a de uma ficcionada vontade autónoma decorrente do plasmado no texto... Seja como for, de novo se acreditará, certamente, que o bom senso será capaz de fazer dialogar todas estas dimensões.

Estas são alguns dos flexíveis e tentativos critérios jurídicos. Felizmente, no nosso entender, não seremos certamente o único a pensar que um sistema de regras de interpretação, sobretudo se muito rígido e mais ainda se impostas pela normatividade "armada" do Direito positivo não só não resolveria o problema de uma relativa imprecisão e vaguidade do problema, como seria até contraproducente. Como diz Klabbers, com a maior agudeza:

> A interpretação é em alguma medida mais uma arte que uma ciência, e é seguramente um empreendimento político; tipicamente, senão invariavelmente, a interpretação serve para reforçar uma conclusão alcançada com base na intuição ou numa preferência política, mais que como aplicação mecânica de um conjunto de regras a um conjunto de factos num vácuo político.[263]

Um exemplo: evidentemente, haveria justificações políticas profundas (e na verdade bem evidentes, parece) para, por volta de 20 de fevereiro de 2016, se ter cedido às exigências do Reino Unido (que ameaçava a saída da União Europeia, a qual viria a decidir-se, por referendo, em 23 de junho de 2016) e, recordando (mas cremos que não transcrevendo *ipsis verbis*, por impossibilidade de encontrar de novo a fonte) uma formulação de Eduardo Paz Ferreira, ter permitido a violação dos tratados na União Europeia, sem os ter revogado, ou seja, mantendo-os em vigor.

---

[263] KLABBERS, *op. cit.*, p. 54.

Esta engenharia hermenêutica obviamente tudo tem a ver com a prevalência da dimensão política, mas poderá certamente chocar alguns juristas (e não juristas), porque ainda se acredita que ao menos alguns princípios e algumas regras (e fórmulas) seriam inultrapassáveis. Contudo, em períodos de crise e de menores freios e contrapesos nos decisores, há muitas coisas que ficam mais flexíveis. O que não quer dizer que a Grécia ou Portugal não tenham sido, num outro contexto e com outro poder, naturalmente, tratadas com rigor, muito rigor.[264]

Não se conclua, porém, que o Direito Internacional em si mesmo fica prejudicado por pontuais desvios, ou divergências interpretativas. É próprio da juridicidade ter interpretações diferentes, e também é evidente que de vez em quando, na ordem jurídica internacional como nas nacionais, há desvios, erros, e mesmo violações ao Direito. Mas também saber quais, quando, onde, é matéria igualmente de interpretação.

Não costuma ser tratada em sede especificamente hermenêutica, mas não deixando de o ser (desde logo, uma vez superada a antinomia tradicional entre interpretação e aplicação, e integrando-se holisticamente todos os elementos pertinentes para a vivência das normas dos tratados e do seu sentido geral – letra e espírito), está a questão da hierarquia entre fontes. Que está implicada na escolha diferencial por esta ou por aquela no momento de decidir. E mais especificamente avulta a questão da relação entre o tratado e a lei, o tratado e a constituição etc. Não poucos são os autores que colocam até a Constituição em situação de dependência face ao Direito Internacional e especificamente aos tratados (embora obviamente sempre haja quem defenda a prevalência nacional, e portanto da Constituição). Mas, como se verá na lição final, a tendência hodierna é para a superação dos soberanismos, e para o controle da convencionalidade das normas internas, e até das Constituições. Pode chocar alguns, mas a verdade é que raramente uma antinomia deste tipo corresponde a uma razão atendível do Direito Interno. As mais das vezes, na verdade, há até uma grande confluência de

---

[264] Cf., por todos, RTP notícias, Disponível em: <http://www. rtp.pt/noticias/mundo/a-boa-vontade-com-o-reino-unido-nao-se-viu-com-a-grecia-e-portugal_v897211>. Acesso em: 22 fev. 2016.

valores e princípios entre os direitos internos e o mais vasto, seja ao nível regional, seja mesmo ao nível global... São redutos locais de idiossincrasias muitas vezes contrárias a ventos de progresso que ressaltam em disputas deste género.[265]

Provavelmente, se os ventos de integração e internacionalização e globalização continuarem a soprar, talvez novas alterações às constituições formais nacionais se venham a fazer. Em particular para clarificar questões de "receção" *lato sensu* do Direito Internacional, como já tem ocorrido nomeadamente para abertura a uma mais aprofundada integração Europeia ou à criação do Tribunal Penal Internacional.

VI   Exercícios sobre tratados

1. Se um Estado propende a concordar com um tratado, que contudo tem alguns aspetos que lhe desagradam, poderá, em certas condições, e dentro de dados limites, avançar com:
a) Uma Reticência.
b) Uma Suspensão.
c) Uma Delação.
d) Uma Reserva.
e) Uma Opção.
Solução: alínea *d*)

2. O tratado pode descrever-se de uma forma mais cabal como sendo:
a) Um contrato internacional.
b) Uma lei internacional.
c) Um acordo entre certos sujeitos de Direito Internacional por ele regido.
d) Qualquer acordo entre partes dotadas de poder.
e) Uma norma regida pelo Direito Internacional.
Solução *c*) – A a solução mais abrangente, mais atual e menos polémica.

---

[265] Cf., por todos, TIBURCIO, Carmen; BARROSO, Luís Roberto. *Direito Constitucional Internacional.* p. 166 *et seq.*

3. Os tratados necessitam sempre de:
a) Algum elemento de solenidade.
b) Ser celebrados entre Estados.
c) A assinatura do Presidente da República.
d) A aprovação do Ministro das Relações Exteriores.
e) A proclamação solene no Senado.
Solução *a*) – As demais são todas muito menos universais.

4. *Executive agreement* refere-se mais proximamente a:
a) Uma cláusula de execução dos tratados.
b) Uma cláusula modal.
c) Um acordo de vontades entre gestores ou administradores.
d) Um tratado de procedimento simplificado.
e) Um acordo de cavalheiros.
Solução: *d*)

PARTE V

VELHOS E NOVOS DESAFIOS

LIÇÃO XII

CONFLITOS INTERNACIONAIS: GUERRA E PAZ

I Meios de resolução e de não resolução de conflitos internacionais

1 Meios inaptos: a guerra

Pressionados pelo furor mediático, somos levados a pensar que os principais meios para a solução de conflitos internacionais seriam a guerra e, nas décadas mais próximas de nós, o terrorismo. Tal vai de par com a ideia de que o Direito Internacional Público teria fraca efetividade... Não é assim. Em muitos Estados, as guerras civis e as revoltas são mais mortíferas que as guerras internacionais.[266]

Mas mesmo a guerra tem um Direito.[267] Nos nossos dias, poucas serão as situações em que legalmente um Estado possa recorrer à força, salvo legítima defesa e colaboração em ações de segurança coletiva, sob a égide das Nações Unidas ou mediante sua autorização. Longe estão, portanto, as próprias teorias da

---

[266] AKEHURST, Michael. *Introdução ao Direito Internacional Público*. Coimbra: Almedina, 1985. p. 2.

[267] Cf., por todos, KELSEN, Hans. *Principio de derecho internacional público*. Tradução Hugo Caminos e Ernesto C. Hermida. Granada: Comares, 2013. p. 18 *et seq.*; ACCIOLY, Hildebrando; NASCIMENTO E SILVA, G. E.; CASELLA, Paulo Borba. *Manual de Direito Internacional Público*. p. 824 *et seq.*

"guerra justa" que fizeram correr rios de tinta e em que subtis juristas e teólogos se exercitaram.

Sempre no caso de conflito vai ter que haver atenção à necessidade de respeitar civis, prisioneiros, partes terceiras etc., e de acautelar os princípios da necessidade e da proporcionalidade. Do mesmo modo, há armas que levariam ao holocausto global, que se limitam e vão (limitadamente) proibindo... Cresce o direito humanitário e as preocupações com crimes de guerra ou perpetrados em contexto ou sob pretexto de guerra.

E cada vez mais vamos vendo que exterminar povos e fazer reinar a barbárie sob o pretexto da guerra não é sempre crime que compensa. Vários tribunais especiais para situações concretas, e o Tribunal Penal Internacional vão demonstrando o contrário.

Se os julgamentos de Nuremberga e Tóquio foram por alguns criticados como sendo a lei do mero vencedor a impor-se ao vencido (*vae victis!*), a verdade é que, de uma forma ou de outra, contra a *banalidade do mal* em ambiente totalitário e de guerra, tão bem explicitada por Hannah Arendt,[268] despertaram a ideia de valores e princípios acima da simples ordem do poder, da vontade do soberano, resgataram a questão da Justiça no Direito, e colocaram todos perante as suas responsabilidades, não apenas éticas como também jurídicas. A acusação de Antígona já não se limita a questões meramente privadas, e de direitos despertados pelo sangue familiar. Recordemos que, mesmo no seu mito, é uma guerra que está em causa, sendo a decisão de Creonte de não dar sepultura a um dos irmãos inimigos (na peça Jean Anouilh já nem se sabe, em concreto, quem é quem, de entre os cadáveres esfacelados: se este é Etéocles se Polinices) determinada em grande medida por se considerar que o atacante da Cidade-Estado de Tebas é um traidor à Pátria.

---

[268] ARENDT, Hannah. *Eichmann em Jerusalém*: um relato sobre a banalidade do mal. Tradução José Rubens Siqueira. São Paulo: Companhia das Letras, 1999. Recentemente, cf. o número especial de "Philosophie magazine", *Hannah Arendt, La Passion de Comprendre*, Paris. Fevereiro-abril de 2016. Especialmente, sobre o mal, p. 44-68. V. Ainda LAFER, Celso. Reflexões sobre a atualidade da análise de Hannah Arendt sobre o Processo Eichmann. In: LAFER, Celso. *Direitos humanos*: um percurso no Direito no século XXI 1. São Paulo: Atlas, 2015. p. 205 *et seq.*

2   Meios eventualmente adequados: a paz

As questões internacionais são muitas vezes complexas, tendem a eternizar-se e a ramificar-se e não raro um conflito gera, ainda que à distância, novos conflitos. Quando se fala que uma guerra é ou foi a "mãe de todas as guerras" está-se a exprimir esta situação eloquentemente. Mas há meios de ir resolvendo as situações. Como veremos já.

A paz é, em geral, a melhor solução. As guerras sabe-se quando começam e não quando e como acabam, muitas vezes terminam só com perdedores, de ambos os lados, se quiséssemos ser rigorosos. E as guerras não são, como diziam alguns vitalistas sem coração "a higiene do mundo". Nem certamente regressaram a Paris com o mesmo entusiasmo aqueles voluntários que se alistaram na I Guerra Mundial e partiram cantando e de flor na botoeira para a Frente, de táxi. *Drôle de guerre*, se dizia então. Não há guerras "drôles", divertidas, legais... E a canção de Georges Brassens é corrosiva: A preferida do recruta era a de 14-18... Por que razão? Por ser a tal "drôle"?

Não se pode contudo esquecer que a melhor forma de preparar a paz não será a de ter um comportamento internacional irrepreensível. Sempre poderá haver um vizinho que o não tenha e que nos cobice o quintal, ou que queira resolver uma crise interna com uma exacerbação de patriotismo numa guerra para distrair o seu povo... Os romanos já sabiam como se previne uma guerra, como se conserva a paz: preparando, prevenindo, estando preparado para a guerra, e dessa força dar conta, para dissuadir os potenciais agressores. *Si vis pacem para bellum*. A expressão é atribuída a Publius Flavius Vegetius Renatus, autor de escritos miliares no séc. IV d.C. (não necessariamente um militar de carreira) e aparentemente convertido ao cristianismo.

II   Formas pacíficas de lidar com os conflitos: métodos judiciais

Quando se pensa em formas não bélicas de enfrentar os conflitos internacionais imediatamente se pensa nas formas judiciais, no recurso a tribunais, permanentes ou *ad hoc*.

A regra tem sido a de que tais jurisdições têm de ser aceites pelas partes, ou pela adesão a um mecanismo geral ou institucional, ou pela concreta aceitação daquela jurisdição, no caso, conforme as circunstâncias e as instâncias.

Porém, existem ainda meios extrajudiciais. E a verdade é que a maioria dos conflitos se resolvem não por guerra, nem por terrorismo, nem mesmo em tribunais, mas pela negociação.[269]

III Formas pacíficas: "negociação" em conflitos internacionais

1 Formas diplomáticas

1.1 Negociação

Algumas vezes não se dará conta que antes da intervenção de terceiros, a qualquer título, na composição de diferendos entre estados, a primeira fórmula de que estes sempre dispõem para resolver as suas questões ou divergências é o sentarem-se a uma mesa e negociarem. É a via diplomática mais simples, e aquela que, reconhecidamente, deixa de forma mais evidente nas mãos das partes em conflito a iniciativa e a capacidade de ação. Além disso, é evidente que se trata de um direito (não se pode recorrer a outros meios senão por vontade própria, e uma vez afastada a previsão de bom resultado de uma negociação direta) dos Estados, de cada Estado, além de ser também um dever (alternativamente se podendo recorrer a outras vias).

1.2 Bons ofícios

É um outro caminho de tentativa de aproximação entre estados em conflito, já mais mediatizado. Um terceiro estado oferece

---

[269] Cf. AKEHURST, Michael. *Introdução ao Direito Internacional Público*. Coimbra: Almedina, 1985. p. 249.

os seus bons ofícios e exerce os seus bons ofícios, tentando que se sentem à mesa das negociações as partes em conflito. Quadri fala da *superficialidade* da intervenção de terceiro...

Por vezes a tarefa é muito árdua (quase desesperante para os bem intencionados terceiros, que não entendem como possa haver tanta dificuldade de entendimento entre as partes do conflito: mas é assim mesmo que muitas vezes ocorre), outras vezes esta tarefa encontra-se facilitada. Por exemplo: Diz-se que no processo de negociações entre o Estado português e a FRELIMO para a independência de Moçambique, o Estado que acolheu as negociações, a Zâmbia, tinha previsto um rígido protocolo. Mas as partes estavam já predispostas a conversar. Assim conta o então Ministro dos Negócios Estrangeiros (mais tarde por dois mandatos Presidente da República de Portugal), Doutor Mário Soares:

> O Kenneth Kaunda [ex-Presidente da Zâmbia] disse-me: "Meu caro senhor, isto vai-se passar assim: há uma grande mesa onde está, de um lado, todo o ministério, eu próprio e os embaixadores e, do outro, estão os jornalistas de todos os países do mundo. O senhor entra por um lado e o Samora entra pelo outro. Fazem uma vénia e ficam cada um no seu lugar. E eu faço um discurso." Eu pensei com os meus botões: "Este Kaunda julga que eu sou inglês, mas eu não sou inglês." Ele fazia tudo à inglesa. "Eu não sou inglês, sou português. É uma coisa muito diferente." Portugal já existia antes de existir a Inglaterra propriamente dita. E eu disse-lhe: "Está bem, sim senhor, vamos ver." E assim foi. Entrámos os dois. E o Samora, que eu não conhecia, fez um sorriso amplo. Eu fiz um sorriso mais amplo e, sem fazermos o que queria o Kaunda, fomos ao encontro um do outro e demos um grande abraço. Foi o chamado abraço de Lusaca. Invertemos todo o protocolo e, a partir do abraço, toda a gente começou a bater palmas, jornalistas incluídos. O Kaunda nem chegou a falar.[270]

A função de Kaunda cessou quando juntou Mário Soares e Samora Machel. É o que ocorre quando se prestam muito bem sucedidos bons ofícios. Já o caso é diferente na Mediação, por exemplo.

---

[270] Disponível:<http://www.dw.com/pt/tenho-muita-honra-em-ter-participado-na-descoloniza%C3%A7%C3%A3o-diz-m%C3%A1rio-soares/a-17260598>. Acesso em: 08 dez. 2015.

1.3 Mediação

Nesta modalidade, a confiança das partes no mediador deve ser ainda maior, porque ele não se retira quando as partes se sentam à mesa. Ele mesmo propõe resoluções e participa com as partes nas negociações. Não um mero anfitrião, "facilitador", muito menos um simples "mestre de cerimónias"...[271]

1.4 Inquérito

A experiência histórica dos diferendos demonstra que em vários casos as questões surgidas entre Estados decorrem de diversas apreciações dos próprios factos em presença. Esclarecidos os factos, de forma evidente, não controvertida, e apurados por entidades independentes, isentas, não é então (se for esse o caso) difícil que os Estados concordem sobre a base material a partir da qual possam vir a resolver o seu diferendo. Uma consensualidade factual é sempre um grande passo para a solução. Assim, as Comissões Internacionais de Inquérito são um importante vetor adjuvante deste meio diplomático.

1.5 Conciliação

A base da conciliação é ainda o inquérito. Mas se no caso do inquérito as comissões respetivas se limitam a carrear factos, os quais depois serão trabalhados e apreciados pelas partes, sem ulterior intervenção dos comissários averiguadores dos

---

[271] Sobre mediação em geral, desde logo WARAT, Luis Alberto. *Surfando na pororoca*: o ofício do mediador. Florianópolis: Fundação Boiteux, 2004. E ainda obras como: FIORELLI, Jose Osmir; FIORELLI, Maria Rosa; MALHADAS JUNIOR, Marco Julio Olive. *Mediação e solução de conflitos*: teoria e prática. São Paulo: Atlas, 2008. SALES, Lília Maia de Morais. *Mediação de conflitos*: família, escola e comunidade. Florianópolis: Conceito Editorial, 2007. SIX, Jean-François. *Dinâmica da mediação*. Tradução Águida Arruda Barbosa, Eliana Riberti Nazareth e Giselle Groeninga. Belo Horizonte: Del Rey, 2001.

factos, no caso da conciliação estes vão mais longe. Uma vez estabelecidos os factos, essas comissões, terceiras em relação às partes em litígio, emitem recomendações, propostas de solução do problema.

Evidentemente que a decisão cabe sempre, nestes casos, às partes em conflito, sendo o parecer das comissões de caráter facultativo para elas, dada a sua natureza consultiva.

2 Formas arbitrais

A via arbitral poderá considerar-se, *grosso modo*, a meio caminho entre as fórmulas político-diplomáticas, mais informais, e as fórmulas propriamente judiciais. É uma outra via, perfeitamente legal, à disposição dos Estados para solucionarem os seus diferendos. Há precedentes anteriores (tratado Jay de 1794, os *Alabama Claims*, de 1872 etc.), mas um momento importante é da Convenção de Haia de 1899 (criando-se então também a Corte Permanente de Arbitragem, a qual não é, pela sua própria natureza, um verdadeiro tribunal...), que no seu articulado precisamente tem, neste domínio, uma formulação intermédia, reconhecendo aos Estados o direito de nomearem juízes da sua confiança para, regidos pelo Direito, arbitrarem os conflitos em que se encontrem envolvidos. O compromisso arbitral determina o direito aplicável (sabemos que a escolha das fontes, sobretudo em ramos de pluralismo normativo, é deveras importante), sendo que na arbitragem podem intervir formas mais flexíveis de juridicidade, desde logo na própria determinação do objeto da lide, e na aplicação da equidade.

As comissões arbitrais são normalmente paritárias (o mesmo número de árbitros por cada estado, e geralmente um árbitro nomeado por consenso dos demais), e têm a duração limitada à duração do procedimento para a solução do litígio.

As decisões são em geral vinculativas e definitivas, apesar de por vezes as partes (iludindo afinal a natureza do instituto e recuando face ao pactuado) tentem recorrer para a Corte Internacional de Justiça. Contudo, é importante saber mesmo se se está perante uma situação de real arbitragem, ou se o nome não corresponde ao *quid*, o que por vezes ocorre neste âmbito.[272]

---

[272] Sobre vários aspetos da questão, TIBURCIO, Carmen; BARROSO, Luís Roberto. *Direito Constitucional Internacional*, p. 559 *et seq.* V. ainda, *v.g.*, LEMOS, Eduardo Manoel. *Arbitragem & conciliação*: reflexões jurídicas para juristas e não-juristas. Brasília: Consulex, 2001.

LIÇÃO XIV

DIREITOS INTERNACIONAIS DO MAR E DO AMBIENTE

I   Direito do Mar: uma lição histórica

O mar parece ser uma outra forma de território, além de ser uma via e um manancial de recursos de vária ordem. Por isso não é de estranhar que desde sempre tenha havido conflitos com dimensão política e jurídica sobre o seu uso, e até a sua titularidade. Veja-se, desde logo, a expressão romana clássica, que parece dever-se a Tito Lívio, *Mare Nostrum*. O nosso mar.[273]

O Direito do Mar, sobretudo numa sua primeira dimensão, a da Liberdade dos Mares, foi um dos objetos clássicos de disputas internacionais, e também de elaboração e conflito doutrinal. A questão opôs, no séc. XVII, o conhecido jurista holandês Hugo Van Groot (Grotius) e o professor português Padre Serafim de Freitas [embora na polémica geral outros tenham participado, como, desde logo, o inglês John Seldon].[274] O primeiro defendendo a liberdade dos mares e o segundo contrariando-a. Evidentemente, é uma polémica que hoje nos pode parecer algo abstrusa e absurda, mas é mais um motivo para compreendermos como as representações mudam.[275]

---

[273] Para uma síntese histórica, cf., desde logo, MARQUES GUEDES, Armando M. *Direito do Mar*. 2. ed. Coimbra: Coimbra Editora, 1998. p. 15 *et seq.*

[274] SELDON, John. *Mare clausum sev de dominio maris libri duo*. Londres: Johan-Nem & Teodorum, 1636.

[275] Cf., sobre a polémica entre o passado e o futuro, entre nós, FERREIRA DA CUNHA, Ary. (*Pre)tensões sobre o mar*: rumo a uma global governance dos oceanos, p. 69 *et seq.*

Talvez não tenhamos hoje a ideia precisa da importância da Geografia,[276] estudo de que algumas gerações se viram de uma forma ou de outra privadas (ou em *déficit*), e demasiadamente influenciados quiçá que estamos pela visão do justamente prestigiado Ives Lacoste, o qual nos ensinou, como sabemos, servir ela essencialmente para fazer a guerra. E todavia a Geografia e a imagem do mundo físico no plano macro-espacial que comporta é o correlato, em grande, da perspetiva, organização do espaço e da hierarquia das coisas no espelho do universo do desenho ou da pintura. Ambas nos dizem do lugar e do tamanho de pessoas e objetos, enfim, do nosso lugar no tablado do mundo.

A dimensão e o posicionamento espacial globais dão a cada homem e a cada povo sinais de identidade e de alteridades, dizem-lhe, afinal, que embora sempre se pense o *omphallus*, o umbigo do mundo, o centro do universo, tal centralidade tem de ser articulada com a existência do outro, de outros.

Evidentemente que sempre a magnetização pelo centro, a atração da centralidade, levou a etnocentrismos exclusores das periferias, e a identificar as muralhas da cidade com a Constituição (como já se pode ver em Heródoto e mais recentemente foi retomado em título livro de Miguel Ayuso Torres), a proteger as muralhas da Cidade ou de uma comunidade cultural e civilizacional com mil e um artefactos: do deus Janus das portas à lei da canhoneira, do *limes* à exclusão linguística dos bárbaros.

Imaginemos, pois (não podemos imaginar), o que haja sido encontrarmo-nos não perante o abismo dos Adamastores, mas na situação de ter vencido o Mostrengo, ainda que tenhamos tremido três vezes, como no poema de Fernando Pessoa. Que problemas de autognose essa mudança de espaço no mundo não terá operado. Mudança de espaço e mudança de visão sobre o Homem. Pois o universo mental se povoou de novas terras e novas gentes, inevitavelmente implicando uma redefinição do lugar no mundo, do nosso valor nele, dos nossos direitos a ele, e, mais importante ainda, do estatuto do Homem na Terra, e da conceção da Natureza Humana.

Com os Descobrimentos, Portugal, de país pobre e geograficamente pequeno, deficitário em trigo, e pequeno vizinho de uma

---

[276] Cf., por exemplo, CLOSIER, René. *História da Geografia*. Mem Martins: Europa-América, [S.d.].

Castela centrífuga, alarga os seus horizontes, e deixa de ser a periferia sempre mais ou menos ameaçada, para se tornar centro – e, o que é mais importante no plano que nos importa, para se ver a si próprio numa posição central. Exercendo doravante um autónomo "protagonismo", de que foi pioneiro. É certo que algum voluntarismo necessariamente o animava, aliás *conditio sine qua non* para que se tenha lançado nessa aventura. Mas decerto os êxitos se foram alimentando dos êxitos (não falemos da *História Trágico-Marítima*), e a aventura deve ter-se revelado bem mais espantosa que o previsto.

Iam à Índia, alegadamente, buscar Cristãos e Pimenta. Mas dessa demanda trouxeram mais que uma coisa e outra, que as duas se contrariavam, e muito quedou pelo caminho ou perdido nas encruzilhadas da História. Dessa demanda dizíamos, voltaram a casa com as mil e uma estórias da *Peregrinação. Os lusíadas, O soldado prático* e esse livro do nosso Marco Polo que foi Mendes Pinto, em claves diversas contam esse *feed back* autognótico, em que nos vimos no espelho que é a face e o olhar dos outros.

Não era a primeira vez que contactavam com o outro, evidentemente, mas a *Respublica Christiana* e a proximidade castelhana bem como a pertença Hispânica impunham certamente um grau mínimo de captação da diferença, assim como o contraste na reconquista com os mouros (nem sempre tão nítido como depois uma história épica procuraria fazer crer) funcionava com uma simples dimensão mítica assimilável ao "inimigo". Os "judeus" também eram uma presença tão habitual já que (tal como aliás os mouros que se conservaram em território nacional) acabariam por ser, ao menos segundo as Ordenações Afonsinas, uma minoria que talvez se segregasse para se proteger e proteger os demais do seu contágio... ou ágio (segundo os preconceitos da época, tão patentes ainda mesmo em espíritos superiores, como o próprio Shakespeare do *Mercador de Veneza*)...

Em suma, o outro radicalmente outro é o outro de longes terra. E a terra que vai radicalmente mudar a imagem do mundo não é a terra firme sequer, é o mar.

Potência em geral sem domínio efectivo de terra durante muito tempo (salvo de entrepostos e fortalezas costeiras), Portugal ganha certamente cedo a noção de que o mar deve unir e não separar (de novo fala Pessoa), que é o elemento líquido que contém afinal o sólido, e nesse abraço compreende que o dinâmico dos mares sobreleva o estático dos continentes.

Além disso, o messianismo nacional terá também encontrado nesses lugares a "Nova Terra" do texto bíblico, e pelo menos a América (no caso português essa terra prometida será o Brasil) poderá ter funcionado como uma Utopia com lugar, afinal um novo Paraíso...[277]

O profético (e esotérico) Fernando Pessoa, na sua *Mensagem*, várias vezes volta ao tema. E há nele não poucas pistas míticas a explorar sobre essa a relação de Portugal com o Mar.

Os Portugueses, que (embora a historiografia dominante, mesmo portuguesa por vezes, o ignore as mais das vezes, como aliás ocorre para com todos os "perdedores" da História) quase sempre na História se encontraram à frente, que tiveram, como os demais hispânicos, formas de proteção da pessoa muito antes dos demais povos do mundo, que impuseram à sua monarquia uma fórmula contratual e de poderes equilibrados quando os demais europeus, ainda gemiam sob o jugo do despotismo, como assinala o arguto Teixeira de Pascoaes,[278] que nas cortes velhas já tinham o germe dos parlamentos, como assinala, talvez com exagero, mas não sem alguma verdade, um José Liberato Freire de Carvalho nas suas *Memórias*,[279] que aboliram a escravatura primeiro, que aboliram a pena de morte primeiro, que ainda há algum tempo se orgulhavam de considerar injustas penas de prisão mais longas que um período razoável, os Portugueses neste caso, e em poucos mais casos que este, parecem ser os reacionários da História. Porque será? Provavelmente (mas apenas conjeturamos) porque a sua mentalidade era diversa da que hoje temos, e certamente a tal mentalidade fora induzida pela sua experiência de dificuldade para conquistar os mares ("Por te cruzarmos quantas mães choraram, quantos filhos em vão rezaram, quantas noivas ficaram por casar", diria o poema de Fernando Pessoa) e do caráter vital dessa expansão para a sobrevivência nacional.

---

[277] Cf. BUARQUE DE HOLANDA, Sérgio. *Visão do paraíso*: os motivos edênicos no descobrimento e colonização do Brasil. São Paulo: Companhia das Letras, 2010.

[278] PASCOAES, *op. cit.*

[279] CARVALHO, José Liberato Freire de. *Memórias da vida de....* 2. ed. Lisboa: Assírio & Alvim, 1982.

É óbvio que qualquer tentativa de "branquear" como se diria hoje, a História é intento tão fútil quão votado ao fracasso e até ao ridículo. A História de nenhum Povo precisa de tal socorro, nem seríamos advogado competente. Todavia, afigura-se-nos que nesta matéria talvez a questão não tenha sido totalmente bem posta. E quiçá esta polémica possa servir para ilustrar ainda algumas coisas insuspeitadas, que transcendem o seu direto e imediato conteúdo.

A polémica entre Grotius e outros teóricos (mas também, tal como ele próprio, com grande sentido prático) da época, entre eles Serafim de Freitas, pode ilustrar muito bem o fundo das grandes questões do Direito do Mar, e mesmo do Direito Internacional em geral, nesse seu momento nascente. Evidentemente que aqui não poderemos senão limitar-nos a algumas ideias, e por isso escolhemos as teses do grande jurista dos Países Baixos.

Recordemos que o *statu quo*, nessa época, era favorável em geral aos Países Ibéricos, e que o *challenger* era Grotius e os novos candidatos ao clube colonial. Por isso, Serafim de Freitas tenta tirar partido, até retórico, do peso persuasivo e da força da inércia do que se encontra instituído, tendo como axioma de base que "As leis de Portugal são plenas de sentido".[280] E imediatamente dá como podíticas verdades (entre outras menos "chocantes" à nossa sensibilidade atual) que: a navegação pertenceria ao estado da natureza corrupta;[281] sendo assim o navegar contra a natureza;[282] donde, além do mais, o Príncipe poderia proibir o comércio aos estrangeiros em suas terras, e aos seus vassalos nas estrangeiras.[283] Retira também, de algum modo assim a questão do âmbito do Direito Internacional, pois afirma que a liberdade de navegação não pertenceria ao primeiro estado de natureza íntegra, mas também não (que é o que nos interessa agora) ao direito imutável das gentes.[284] E tem uma perspetiva muito própria do Direito Internacional,

---

[280] FREITAS, Serafim de. *Do justo império asiático dos portugueses* (*de iusto imperio lusitanorum asiatico*). Tradução Miguel Pinto de Meneses. Lisboa: Instituto Nacional de Investigação Científica, 1983.

[281] *Idem, ibidem*, p. 107.

[282] *Idem, ibidem*, pp. 109-110.

[283] *Ibidem*, p. 111.

[284] *Ibidem*, p. 111 ss..

que claramente faz depender do Direito Interno, implicitamente: pois considera que, pelo direito das gentes, negociar e viajar são lícitos até serem proibidos.[285]

Grotius, por seu turno, não se funda no direito positivo nacional antes de mais. Isso não seria um bom ponto de partida. Pelo contrário, apoia toda a sua defesa da liberdade dos mares na lei moral e no direito natural.[286] Daí, com grande erudição, conclui que várias coisas são importantes para fundamentar a nossa disciplina. Além de que não se limita à liberdade dos mares, mas também à jurisdição sobre terras, nomeadamente na Índia.

Pelo direito das gentes, seria, segundo ele, a todos permitida a navegação para qualquer parte do mundo. Pela própria natureza das coisas (*natura rerum*), e vontade divina, que estabeleceu a raridade e a abundância de bens por toda a parte, a fim de que os homens se entreajudassem, comerciando entre si. Até por isso, os Portugueses não teriam meramente invocando o título aquisitivo do descobrimento, nenhum direito de domínio sobre as Índias com quem os holandeses também haviam entrado em contacto. E além disso as Índias não eram selvagens, existindo aí civilização e organização política. Também não valeria o argumento lusitano do título de doação pontifícia. A intervenção pontifícia é considerada sobretudo um dirimir do conflito hispano-luso e os demais nada têm com isso, nem poderiam ser prejudicados por uma arbitragem ou mediação ou afim entre apenas dois Estados soberanos (*res inter alios*). Ainda por título de guerra não haveriam as Índias de ser governadas ou sujeitas a Lisboa. Ao fazer a guerra, fariam os Portugueses guerra injusta.

E o mar, mais proprimante? O mar ou o direito de navegação não é propriedade portuguesa por título de ocupação. Porquanto os barcos não deixam edificação com o sulcarem os mares, além de que há coisas que, por natureza (pela própria natureza), não admitem propriedade. Acresce que o mar não pode ter sido doado pelo Papa. Como é sabido, a doação de coisas fora do comércio

---

[285] *Ibidem*, p. 119.

[286] GROCIO, Hugo. *De la libertad de los mares*. Tradução V. Blanco Garcia e L. Garcia Arias. Madrid: Centro de Estudios Constitucionales, 1979. máx. p. 53-54.

não tem qualquer valor (princípio que recorda). E nem por título de prescrição ou costume seria o mar português. Sentencia, assim, Grotius que pelo direito das gentes (o nosso Direito Internacional) o comércio é livre entre todos os povos, e o das Índias orientais não é próprio dos Portugueses por título de ocupação, nem por título de doação papal, nem por título de prescrição ou costume. Concluindo que a proibição do comércio pelos Portugueses se não funda em qualquer forma equidade (muito pelo contrário, aliás). Donde (e esse era o seu objetivo primeiro, embora se concluam coisas universais mesmo quando o fito inicial e imediato é *pro domo*), os holandeses devem manter o seu comércio com a Índia em paz, em trégua e em guerra.

A História viria a dar razão a Grotius. Mas talvez não seja atrevimento dizer que ele sempre a teria, mesmo que tivesse ocorrido o contrário.

II Princípios elementares e fontes de Direito do Mar

1 Grandes princípios

Desde meados do séc. XX (mas como vimos vindo o primeiro já de antes), foram-se consolidando princípios de Direito do Mar, especialmente:
1. Liberdade dos mares internacionais;
2. soberania do Estado sobre o mar adjacente à sua costa e sobre a plataforma continental.

2 Fontes de Direito Internacional do Mar

2.1 Conferências de Genebra

Conferência de Genebra (1958): convenções sobre:
a) Mar territorial e zona contígua e de vigilância;
b) alto mar;

c) pesca e conservação de recursos biológicos do alto mar;
d) plataforma continental.

Nova Conferência em Genebra (1960): convocada para colmatar lacunas da de dois anos antes, nomeadamente sobre a extensão do mar territorial...

2.2 Conferência de Montego Bay (UNCLOS – 1982)

Em 1982 firmou-se uma Convenção de mais de 300 artigos, e 9 anexos. Como dissemos *supra*, a propósito do território dos Estados, é um verdadeiro código de Direito Internacional do Mar. Os países mais ricos retardaram a ratificação (o processo arrastava-se desde 1973... Quase 10 anos para concluir o acordo).

Em 29 de julho de 1994 em, Nova Iorque, assinou-se um novo acordo, que corrigiu algumas normas da Convenção anterior. Este novo Acordo tem como parte a própria União Europeia.

O Direito do Mar é uma das áreas em ebulição criativa nos tempos atuais,[287] e uma especialidade a reclamar mais pesquisadores. Felizmente os vai havendo de língua portuguesa, e já com méritos internacionais reconhecidos.

III Princípios elementares e fontes do Direito Internacional do Ambiente

1 Do ambiente à sustentabilidade

O Direito Internacional do Ambiente é um dos novos desafios e novas ciências do nosso arquipélago epistémico, a reclamar muito estudo de áreas que normalmente não são do conhecimento mesmo enciclopédico dos internacionalistas e dos juristas em geral, uma particular sensibilidade, e não pouca inventiva jurídica. Longe

---

[287] DIXON, Martin et al., *Cases & Materials on International Law*, p. 346 et seq.; BRICHAMBAUT, Marc Perrin de *et al. Leçons de droit international public.* p. 561 *et seq.*

de ser uma matéria de "perfumaria", adventícia e decorativa, do ambiente e da sustentabilidade dependem nada menos que a sobrevivência do Planeta e da espécie humana. Tão simples e tão grave como isto.[288]

Princípios fundamentais: Nenhum Estado pode usar o seu território ou permitir no seu território para danos ambientais a outro Estado.

Obrigações e princípios derivados (cf. Declaração de Estocolmo, n. 21 e Declaração do Rio, n. 2):

1. Obrigação da Devida Diligência;
2. Obrigação de Prevenção (Sentença CIJ, 25.9.1997, projeto Gabcikovo-Nagymaros);
3. Princípio de Precaução;
4. Princípio do Poluidor Pagador (n. 16 da Declaração do Rio);
5. Obrigação de Cooperação entre os Estados;
6. **Desenvolvimento sustentável**

E desde logo avultam aqui os "Objetivos do Desenvolvimento Sustentável" enunciados pelo PNUMA (Programa da ONU para o Meio Ambiente).[289]

---

[288] Para mais desenvolvimentos, desde logo, BRICHAMBAUT, Marc Perrin de *et al. Leçons de droit international public.* p. 593 *et seq.*; DIXON, Martin *et al. Cases and Materials on International Law*, p. 441 *et seq.*

[289] "Uma iniciativa da ONU, chamada de Rede de Soluções para o Desenvolvimento Sustentável da ONU (SDSN) acaba de produzir um importante documento para subsidiar a negociação entre os países membros e o debate internacional. Na sua última versão, os ODS são os seguintes:
1. Fim da pobreza extrema. Acabar com a extrema pobreza em todas as suas formas, inclusive a fome e a desnutrição infantil e apoiar países altamente vulneráveis;
2. Alcançar o desenvolvimento dentro dos limites planetários. Todos os países têm o direito a um desenvolvimento que respeite limites planetários e que ajude a estabilizar a população global;
3. Garantir a aprendizagem eficaz para todas as crianças e jovens para a vida e subsistência. Participação de todas as crianças em programas adequados de desenvolvimento da primeira infância e a garantia que elas recebam educação primária e secundária para prepará-las para os desafios da vida moderna;
4. Promover a igualdade de gênero, inclusão social e Direitos Humanos. Garantir o estado de direito e o acesso universal aos serviços públicos. Reduzir a desigualdade e promover o fim da violência, especialmente contra mulheres e crianças;
5. Alcançar saúde e bem-estar em todas as idades. Garantir a cobertura universal de saúde em todas as fases da vida, incluindo a saúde reprodutiva;
6. Melhorar os sistemas de agricultura e aumentar prosperidade rural. Melhorar as práticas agrícolas e a infraestrutura rural a fim de aumentar a produtividade, reduzir os impactos ambientais e garantir a resiliência às mudanças climáticas;
7. Capacitação inclusiva e cidades produtivas. Fazer com que todas as cidades sejam socialmente inclusivas, ambientalmente sustentáveis e resilientes às mudanças climáticas e outros riscos. Desenvolver o governo participativo, responsável e eficaz das cidades;

Embora o conceito seja muito fluido e já submetido aos mais diversos aproveitamentos, alguns muito fora da área ambiental, continua a ter interesse, se se "retificar a linguagem" e os conceitos (como já apontava o Mestre Kung – Confúcio, como já recordámos antes).

Este último princípio coenvolve a ideia de Responsabilidade Intergeracional. Vamos escavar um pouco na sua arqueologia (inclusivamente "de sentido") na Lição seguinte.

2 Fontes de Direito Internacional do Ambiente

1. *Conferência da ONU de Estocolmo* (1972) considerou o ambiente património comum da humanidade. Criação de um Programa da ONU para o ambiente, com sede em Nairobi (Quénia). A partir daí multiplicaram-se os tratados na matéria;
2. *Convenção de Genebra* (1979) sobre poluição atmosférica a longa distância;
3. *Convenção de Viena* (1985) para proteção da camada de ozono, com seu Protocolo adicional de Montreal (1987);
4. *Convenção Quadro da ONU sobre mudanças climáticas* (Nova Iorque, 1992). No mesmo ano,
5. Conferência da ONU do Rio: considera "desenvolvimento sustentável" uma industrialização com menor risco ambiental;
6. *Convenção de Nova Iorque* (1997, mas ainda não vigora) sobre o direito de utilização dos cursos de água internacionais;
7. Convenção da ONU sobre o Direito do Mar (*Montego Bay*, 1982);

---

8. Frear a mudança climática induzida pelo homem. Reduzir as emissões de gases do efeito estufa em todos os setores para reduzir os perigos das alterações climáticas;

9. Assegurar a manutenção dos serviços ambientais, biodiversidade e boa gestão dos recursos naturais. Ecossistemas marinhos e terrestres robustos são essenciais para a manutenção da vida no planeta;

10. Governança transformadora para o desenvolvimento sustentável. É essencial assegurar a transparência, a boa gestão e um governo sem corrupção". *apud* VIANA, Virgílio. *Objetivos do desenvolvimento sustentável*. Disponível em: <http://www.crianca.mppr.mp.br/modules/conteudo/conteudo.php?conteudo=1404>. Acesso em: 12 jun. 2016.

8. *Protocolo de Kyoto*, de 1997 – responsabilidade diferente dos países em vias de desenvolvimento, em transição para economia de mercado, e avançados. Estes teriam que reduzir 5% as emissões de gases entre 2008 e 2012;

9. *Acordos de Marraqueche* (2001) – ajuda aos países em desenvolvimento em questões climáticas; garantia dos acordos etc.;

10. *Cimeira de Joanesburgo* (2002) – desenvolvimento sustentável, combate à pobreza, proteção e gestão ambientais, biodiversidade;

11. *Conferências sobre o Clima*: em Poznan, 2008; Copenhaga, 2009; Cancun, 2010; Durban, 2011 – sem resultados de relevo. Insistem sobre as temáticas anteriores ou novos desafios tecnológicos e crises ambientais;

12. *Cimeira do Clima de Paris* (COP 21 – de 30 de novembro a 12 dezembro de 2015): *Acordo de Paris*.[290] Em 22 de abril de 2016, este Acordo seria assinado em Nova Iorque.

Muito se irá ainda dizer sobre a Conferência de Paris e o seu Acordo, e ainda é muito cedo para antecipar as suas possíveis consequências. O Presidente da Comissão Europeia, Jean-Claude Juncker, afirmou, a propósito, numa linha claramente otimista: "O mundo está unido na luta contra as alterações climáticas (...) Este acordo vai levar o mundo para uma transição global de energia limpa."[291]

Na mesma revista, contudo, é possível ver algumas críticas a esse otimismo, que poderíamos sintetizar assim: os países, segundo este Acordo, têm que estabelecer metas de redução de emissões de gases de estufa, mas os objetivos a colocar no horizonte são voluntários, e o seu incumprimento não acarreta sanções. O limite de 1,5 graus centígrados seria irrealista, e as medidas preconizadas pela cimeira levariam, pelo contrário, a uma temperatura de quase o dobro dessa meta (3 graus). Acresce ainda ao rol das críticas que, embora signifiquem 8% das emissões de gases em causa, a aviação e os transportes marítimos ficaram excluídos do âmbito das decisões do Acordo de Paris.

---

[290] V. a respetiva documentação. Disponível em: <http://unfccc.int/resource/docs/2015/cop21/spa/ l09r01s.pdf>. Acesso em: 06 fev. 2016.

[291] JUNCKER, Jean-Claude *apud Visão*, Lisboa, 17 dez. 2015.

Teme-se, portanto, que este passo, que foi aclamado por muitos como de gigante, posso vir a revelar-se mais tímido, na prática, tanto mais que algumas sombras, como as críticas referidas, sobre ele já se projetam.

LIÇÃO XIV

DESENVOLVIMENTO SUSTENTÁVEL

I Sustentabilidades

1 Tópicos na Linguagem Internacional

A linguagem de ideias-força internacionais vai mudando com os tempos.

Decerto refletindo novas agendas, ou adaptando ideais a elas.

Depois da conferência de Helsínquia (entre 1973 e 1975), que desejou contribuir para o apaziguamento da chamada "Guerra Fria" entre os então blocos occidental e soviético com a dita *détente*, uma bateria de expressões esperançosas que então se repetiam, muito frequentemente, eram os objetivos da "paz, cooperação e progresso social". Qualquer dos elementos era ambíguo, mas sobretudo o último, em que alguns procuravam ver um guarda-chuva para reivindicações mais ousadas ao nível da "engenharia social" (outro eufemismo). Os tempos mudaram, e hoje um dos tópicos em que mais se insiste é a "sustentabilidade" ou o "desenvolvimento sustentável". Em certo sentido, as páginas seguintes são preliminares ao estudo mais aprofundado do Direito da Sustentabilidade ou Direito do Desenvolvimento, não sem alguns aspetos sociológicos, de sociologia da cultura, da política etc.[292] Cremos que o jurista informado e advertido

---

[292] Na procura destas novas paragens teóricas, vejam-se as obras de Ignacy Sachs e José Eli da Veiga, desde logo. São inclusivamente necessárias reflexões preliminares filosóficas, metodológicas, epistemológicas etc. Como já há uns anos bem observou PERROUX,

não pode simplesmente aderir aos *slogans* ambíguos do momento. Precisa de os desconstruir. "Esse sistema não está mal porque não anda bem. Está mal porqueproduz miséria, desigualdade, causa ruptura em modos que vida que aí, sim, poderiam ser sustentáveis."[293]

Tais foram palavras do escritor moçambicano Mia Couto, crítico do conceito (alguns lhe chamam "utopia": mas não compliquemos o que já é complicado com outro conceito polissémico e polémico) de *desenvolvimento sustentável*, considerando que a natureza não pode ser "controlada", "administrada". Proferiu-as em 16 de abril, em Brasília, na II Bienal do Livro e da Leitura.

Sustentabilidade é uma expressão relativamente moderna e com génese no âmbito internacional. Há quem referencie os seus primeiros passos conceituais numa Conferência das Nações Unidas dedicada ao Meio Ambiente Humano (*United Nations Conference on the Human Environment* – UN-CHE), que teve lugar em 1972, em Estocolmo. Há, evidentemente, quem a faça recuar a este ou aquele episódio, mas sempre poderão os teóricos e os países digladiar-se sobre quem fez o que sustentabilidade, ou pensou o quê primeiro...

Sabemos, entretanto que, como muitas palavras que entraram no léxico mediático, perde tanto mais rigor quanto vai ganhando em difusão. E em trivialização. A maioria esmagadora dos falantes que ouvem e mesmo usam (claro que menos gente) a palavra não tem uma ideia precisa do que seja, mas utiliza a expressão com conotação positiva e vaga aura económico-ambiental. Faz parte já da *langue de bois* mediática, e muitos políticos não deixam de a usar, com entoações que, se bem colocadas, parecem dar a entender que se trata de uma expressão profunda, quiçá com virtualidades mágicas de *abracadabra*. Tudo assim indica que faz parte da falsa unanimidade do politicamente correto, que se baseia, nesta clave, em consensos de palavras que podem desaguar, se bem esclarecidas, em ideias até conflituantes. São acordos fictícios bem estudados desde Roland Barthes e John Fiske, como se sabe.[294]

François. *Ensaio sobre a filosofia do novo desenvolvimento*. Tradução Manuel Luís Macaísta Malheiros. Lisboa: Fundação Calouste Gulbenkian, 1987.

[293] "Ideia de desenvolvimento nega identidade dos povos, afirma Mia Couto. Disponível em: <http://www.ecodesenvolvimento.org/posts/2014/a-ideia-de-desenvolvimento-nega--a-identidade-dos?utm_source=dlvr.it&utm_medium=facebook#ixzz2zR1mOjpTO>.

[294] BARTHES, Roland. *Mitologias*.Tradução José Augusto Seabra. Lisboa: Edições 70, 1978; FISKE, John. *Introduction to Communication Studies*. Tradução Maria Gabriel Rocha Alves. *Teoria da comunicação*. 5. ed. Porto: Asa, 1999.

2 Em demanda do conceito

Que a expressão é recente pode ver-se pela sua ausência em alguns livros em que seria crível (em tese, no abstrato, pela lógica das coisas) que se encontrasse. Vejamos só um par de casos, tirados à sorte na larga bibliografia económico-social:

Por exemplo, no índice onomástico de FURTADO, Celso. *Teoria e política do desenvolvimento económico*, 8. ed. São Paulo: Nacional, 1983, debalde procuraremos o vocábulo.

Confessamos que não conseguimos reler todo o *Small is beautiful*, mas temos a firme convicção de que não usa o vocábulo, embora diga coisas importantíssimas para uma boa interpretação do que seja desenvolvimento, um desenvolvimento não "desenvolvimentista". Esta passagem desse clássico de E. F. Shumacher é reveladora:

> O desenvolvimento não se inicia com bens materiais; começa com pessoas e sua educação, organização e disciplina. Sem estes três elementos, todos os recursos permanecem latentes, inexplorados, potenciais. Há sociedades prósperas cuja base de riquezas naturais é ínfima; e não nos faltaram oportunidades para observar a primazia dos fatores invisíveis depois da guerra. Todos os países que possuíam um alto nível de educação, organização e disciplina, produziram um "milagre económico", por mais devastados que tivessem sido durante a guerra. Na verdade, só foram milagres para aquelas pessoas cuja atenção se concentrava na ponta do icebergue. A ponta fora despedaçada mas a base, que é a educação, a organização e a disciplina, essa ainda lá estava intacta.[295]

A relação que o autor estabelece, no Epílogo, com a ética (das virtudes – chega a citar Joseph Pieper) e a questão da Justiça – ambos tópicos, por assim dizer, a que o Direito não pode ser alheio, mereceria uma detida atenção. Fiquemo-nos porém por uma citação mais apenas, que parece revelar preocupações de sustentabilidade (relacionadas com moral, com prudência e justiça), sem contudo usar a expressão:

> A "lógica da produção" não é a lógica da vida nem da sociedade. É uma pequena parte subalterna de ambas. As forças destruidoras

---

[295] SCHUMACHER, E. F. *O negócio é ser pequeno*: um estudo de economia que leva em conta as pessoas. Tradução Octávio Alves Velho. Rio de Janeiro: Zahar, 1977. p. 149-150.

desencadeadas por ela não podem ser controladas (...) Nem pode a luta contra a poluição ser bem sucedida se os modelos de produção e consumo continuarem a existir numa escala, complexidade e grau de violência que, conforme está ficando cada vez mais evidente, não se enquadram nas leis do universo a que o homem está tão sujeito quanto o restante da criação [aqui, dizemos nós, não podemos deixar de recordar o Direito Natural dos Romanos, também comum a homens e animais]. Tampouco existirá a possibilidade de reduzir a taxa de esgotamento de recursos e de criar harmonia nas relações entre os que possuem e os que não possuem riqueza e poder enquanto não existir em parte alguma a ideia de que ter o bastante é bom e ter mais do que é bastante é mau.[296]

Uma perspetiva otimista (e algo panfletária) é, por exemplo, a de Lester R. Brown, cuja obra *Building a Susteinable Society* já transporta, como bem se vê, a sustentabilidade no título. Perto do fim, diz:

Mudanças em políticas públicas, em padrões de investimento e em estilos de vida já indicam que a transição começou. Os governos, os negócios e os indivíduos estão usando recursos de maneira mais eficiente e menos desperdiçada. Pelo mundo, ao menos alguns elementos de vida simples estão sendo adotados pelos afluentes. Cada novo gerador hidroelétrico, cada novo declínio na taxa nacional de natalidade, casa novo jardim comunitário traz a humanidade mais perto de uma sociedade perdurável. Coletivamente, milhões de pequenas iniciativas acabarão originando esse tipo de sociedade.[297]

3 Exemplo de um livro útil de Lucia Legan[298]

Confessamos (de forma politicamente incorreta) achar muito mais interessante, proveitosa e inspiradora que alguma rebarbativa literatura tecnocrática ou certas expressões meramente românticas

---

[296] *Ibidem*, p. 258-259.

[297] BROWN, Lester R.. *Por uma sociedade viável*. Tradução Mary Cardoso. Rio de Janeiro: Fundação Getulio Vargas, 1983.

[298] Outras leituras muito interessantes seriam, por exemplo, além de várias obras de Serge Latouche ou F. Capra, BOFF, Leonardo. *Sustentabilidade*: o que é: o que não é. Petrópolis: Vozes, 2012; BOSSELMANN, Klaus Bosselmann. *Princípio da sustentabilidade*: transformando direito e governança. Tradução Phillip Gil França. São Paulo: Revista dos Tribunais, 2015; KLEIN, Naomi. *This Changes Everything: Capitalism vs. the Climate*. New York: Simon & Schuster, 2014. E poderá colher-se mais bibliografia em: <https://rubiapiancastelli.wordpress.com/2010/06/20/uteis-listas-verdes/>. Acesso em: 12 jun. 2016.

(os dois géneros em que pode degenerar o conceito), uma obra didática brasileira, de Lucia Legan: *A escola sustentável*: *ecoalfabetizando pelo ambiente*, mas que não se limita à questão ambiental.[299]

Logo numa espécie de prefácio (p. 5), com o título "Educando para o desenvolvimento sustentável", Hubert Alquéres, Diretor-Presidente da Imprensa Oficial do Estado de São Paulo, assim apresenta a obra e os problemas a que procura responder:

> Os últimos relatórios das Nações Unidas sobre o aquecimento global e seus efeitos ambientais e sociais imprimiram um sentido de urgência dramática a uma advertência que vinha sendo feita por especialistas e ambientalistas havia alguns anos: o modo de vida atual da humanidade é insustentável a longo prazo. Está exaurindo recursos não renováveis, degradando o solo, poluindo as águas, envenenando a atmosfera. Esse modo de vida tem que ser remodelado para que a humanidade posso satisfazer as suas necessidades sem comprometer a capacidade e a sobrevivência das futuras gerações.

A obra não apenas nos chama a atenção para (entre outros assuntos) a segurança alimentar (36 ss.), espécies e ecossistemas (90 ss.), a importância vital da água (116 ss.), energia e tecnologia (126 ss.), e os cinco RR: "recicle, reduza, repare, reúse, repense" (142 ss.) etc., sublinhando os padrões insustentáveis de consumo e o interesse em fazer "dias de troca" (142 ss.).

A obra contém um importantíssimo capítulo final em que as grandes questões contextuais são levantadas, evitando assim toda a crítica (cínica, muitas vezes) sobre uma alegada "alienação ecológica" ou "ambientalista" que viveria da monomania verde e perderia a noção do geral, e desde logo do político. De forma alguma; pois os tópicos tratados neste capítulo dizem tudo: inimigos globais, globalização, poder militar, dívida mortal, saúde e distribuição do alimento, alimentos geneticamente modificados, paz na terra e todo aquele jazz, resolução de conflitos, questionamento estratégico e revoluções ecológicas (154 ss.).

Para que se veja que de modo algum se pretende um ecologismo inofensivo, integrado, *soft*, e decorativo, cite-se apenas o início do ponto sobre a dívida, cujo título (*Dívida mortal*) já é bem esclarecedor:

---

[299] LEGAN, Lucia. *A escola sustentável*: ecoalfabetizando pelo ambiente. 2. ed. São Paulo, Pierenópolis: Imprensa Oficial do Estado de São Paulo, Ecocentro IPEC, 2007.

A dívida do Terceiro Mundo cresce anualmente, com pouca esperança de pagamento. Novas dívidas são contratadas para pagar os juros, resultando em um empobrecimento contínuo dos países mais pobres, em benefício dos governos ricos, corporações e instituições como o Banco Mundial e o FMI (p. 157).

Se há uns anos toda a gente tivesse aprendido isto nas escolas, não ficaria agora espantada de como, em alguns países, em seu nome os seus representantes aparentemente se terão endividado de forma inimaginável, e com muito pouca informação real sobre como funcionam os mecanismos financeiros internacionais, o que já Bertrand Russell tinha compreendido e para que tinha alertado, obviamente em obra muito esquecida.[300]

Num quadradinho colocado no final do desenvolvimento da temática, em que, (como em muitos outros pontos, se sugerem "ações positivas"), há um forte apelo ao envolvimento cidadão, a um ponto até que a proposta poderá ser discutível, certamente, face à tradicional "neutralidade" educativa:

Ação Positiva
• Procure bancos éticos. Espalhe a notícia. Diga à sua família, vizinhos e amigos para se envolverem na questão.
• Boicote empresas envolvidas na opressão.

O trabalho didático de Lucia Legan já será muito inspirador para que formemos uma ideia de sustentabilidade em conexão com o Direito (e com a democracia). Na prática, ele permite vermos essas ligações e implicações.

4 Uma obra coletiva importante

Mas prossigamos uma tentativa de compreensão, por assim dizer com percurso tópico. Sobretudo assinalando usos (e até ausências, como fizemos de início).

---

[300] RUSSELL, Bertrand. *O elogio do lazer*. Tradução Luiz Ribeiro de Sena. São Paulo: Companhia Editora Nacional, 1957, p. 69 *et seq.*

LIÇÃO XIV
DESENVOLVIMENTO SUSTENTÁVEL | 229

Não deixa de ser reconfortante observar obra coletiva onde as mais das vezes em que se usa a expressão apenas vinculada ao meio ambiente (sustentabilidade ambiental), haja um esboço de descrição geral do conceito. Falamos do livro *Renovar idéias: desenvolvimento, qualidade de vida e democracia no Brasil moderno*:

> Sustentabilidade é o que chamamos de desenvolvimento com base em um modelo regulacional da mudança, ou seja, um modelo que não é nem (apenas) transformacional, nem (apenas) variacional. Transformações e variações acontecem o tempo todo. (...) A nova ordem implicada na mudança só pode emergir porque a transformação e a variação passam a ser reguladas. (...) Sustentabilidade, isto é, desse ponto de vista, desenvolvimento, só pode existir quando existe ordem emergente, quer dizer, auto-regulada.[301]

Na medida em que só há sustentabilidade – sinónimo de desenvolvimento sustentável – numa situação de autorregulação social, a conexação entre sustentabilidade e democracia ressalta aos olhos:

> Assim como o desenvolvimento é o "aprender" de uma comunidade, a democracia é o "deixar aprender". Como pacto de convivência, a democracia é um modo de regulação de conflitos que preserva a existência dos conflituantes, que permite a continuidade de sua experiência de convivência social, que possibilita a expansão continuada dos graus de liberdade para que possa haver cada vez mais experimentação e mais aprendizagem e, por conseguinte, mais desenvolvimento.
>
> É por isso que não pode haver desenvolvimento (tomado em termos regulacionais, na visão proposta aqui, ou seja, desenvolvimento sustentável ou sustentabilidade) sem democracia. Ou melhor, é por isso que mais desenvolvimento (ou sustentabilidadade) implica mais democracia, avanço do processo de democratização, de democratização da democracia. Pode haver crescimento [da renda, da riqueza (...)] sem democracia, mas não pode haver, nesse sentido, desenvolvimento.[302]

---

[301] FRANCO, Augusto de. In: GRAZIANO, Xico; VIDAL, Diala; PACHECO, Ana Maria. *Renovar idéias*: desenvolvimento, qualidade de vida e democracia no Brasil moderno. São Paulo, Brasília: Barcarolla, Instituto Teotônio Vilela, 2005. p. 302.

[302] *Ibidem*, p. 305-306.

II   Desenvolvimento sustentável: alguns desafios

O desenvolvimento sustentável ou sustentabilidade pode funcionar como um novo paradigma à luz do qual se pode repensar muita coisa. Comportamentos, mundividências ou cosmovisões, políticas sociais, e naturalmente obriga a toda uma conceção da Economia.[303] Pode, naturalmente, ter tido a sua génese em ambiente ecológico, em Direito Ambiental (com dimensão internacional necessária), mas já foi apropriado por outros, por quase todos. E é muito complicado, mesmo em termos simplesmente académicos, vir a fazer um "resgate" purista de sentidos originários. Temos, de alguma maneira, que nos contentar com uma noção da complexidade e mesmo da traição com que se pode usar a expressão. E o que hoje parece desvio ou impureza linguística, amanhã poderá ser tornado norma pelo uso... É um processo complexo...

O Direito, na medida em que não fique enclausurado numa mera técnica ou em voz sob o simples comando do poder, na medida em que se dialetiza, dialogue em interdisciplinaridade tem com esta outra forma de análise económica (embora não seja só económica) muitas pontes, muitos pontos de contacto, muitas oportunidades e desafios: que o devem obrigar a ser ainda mais justo.

É antes de mais espantoso advertir como aqui ainda há não muitos anos para a maioria esmagadora dos juristas uma tal perspetiva seria impensável, se não mesmo impossível. Hoje, um direito flexível e interdisciplinarmente dialogante, pode e deve ganhar com estas discussões.

Uma das portas de entrada delas é, evidentemente, o domínio do ecológico, do ambiental. Sabemos que a sustentabilidade do capital natural é uma necessidade imprescindível. Nesse âmbito, avulta um interessante estudo de Vinod Thomas e outros, na obra coletiva *The Quality od Growth*.[304]

---

[303] MEIER, Gerald M. *Biography of a Subject*: an Evolution of Development Economics. New York: Oxford University Press, 2004.

[304] THOMAS, Vinod. Sustentar o capital natural. In: *The Quality od Growth*. World Bank, 2000 (mas não se trata de uma publicação oficial, segundo se diz na tradução portuguesa, pelo menos), tradução port. de Élcio Fernandes. A qualidade do crescimento. São Paulo: Editora UNesp, 2002. p. 87 *et seq.*

Outro domínio é o da planificação ou planejamento, que não pode assumir um dirigismo totalitário, mas, como a régua de Lesbos de que já falava Aristóteles, afeiçoar-se, acompanhar o seu modelo, o *quid* a que se destina. Recordamos a este propósito a tese de concurso de Livre-Docência de Eros Roberto Grau, *Planejamento econômico e regra jurídica*.[305]

Mas a verdade é que se trata de mais que matérias em diálogo direto com as suas mais óbvias homólogas. Trata-se de uma *forma mentis* diversa, que pode influenciar toda a visão do jurídico, como fizeram, de forma algo "totalitária", ou pelo menos totalizante, a análise económica do direito, os estudos jurídicos críticos, os estudos jurídicos feministas, mas nem tanto as correntes do direito e literatura ou de direito e arte.

Esta não é uma interdisciplinaridade real, a nosso ver. É, pelo contrário, o uso de uma transdisciplinaridade bilateral, em alguns casos submetendo o Direito a outra disciplina, a outra racionalidade (como nos parece ser o caso da análise económica do direito), ou mesmo, de certa forma, a um programa ideológico, por muito louvável que seja...

A pósdisciplinaridade que defendemos é a que olha o Direito e o faz dialogar com todas estas e ainda outras realidades e *epistemai* (desde a informática à biologia). Seja como for, fica a prevenção para que o diálogo do Direito com a sustentabilidade não venha a ser uma mera tradução pedestre, e a importação pelo Direito das problemáticas e nomenclaturas respetivas.

Há a possibilidade de um grande contributo, desde logo em sede filosófico-jurídica, da teorização da sustentabilidade em Direito, sobretudo na medida em que ela procura um modelo de sociedade justa, através de políticas alternativas ao materialismo e ao desenvolvimentismo, que são claramente injustos, potenciadores de injustiças. Essa aproximação, como se sabe, não precisou da palavra nem da bateria conceitual da sustentabilidade – já está, por exemplo, no *Small is beautiful*, com clareza.

Como em quase tudo, nos nossos tempos de novilíngua e de politicamente correto, podem fazer-se várias leituras da

---

[305] GRAU, Eros Roberto. *Planejamento econômico e regra jurídica*. São Paulo: Revista dos Tribunais, 1978.

mensagem globalmente positiva e consensual da sustentabilidade. E precisamente com relação ao Direito e ao Estado, e ao Direito do Estado muito em especial, assim como às políticas públicas.

Se um Amartya Sen, por exemplo – e é um exemplo importantíssimo porque é de um Prémio Nobel (mesmo se a Economia realmente não tem verdadeiros Prémios Nobel: como aliás o Direito nem isso tem...) – nos coloca na senda da coincidência entre liberdade, democracia e desenvolvimento, nem todos poderão ser lidos com a mesma clareza.

Para Sen, a relação é evidente, e cremos que tem toda a razão. No Prefácio ao seu *Desenvolvimento como liberdade*, afirma, nomeadamente:

> A expansão da liberdade é vista, por essa abordagem, como o principal fim e o principal meio de desenvolvimento. O desenvolvimento consiste na eliminação de privações de liberdade que limitam as escolhas e as oportunidades das pessoas de exercer ponderadamente sua condição de agente. A eliminação de privações de liberdade substanciais, argumenta-se aqui, é *constitutiva* do desenvolvimento.[306]

Numa interpretação extensiva deste passo, diríamos que a mais consequente forma política de liberdade, que se conheça, é a democracia.

Mas nem tudo é claro, e há matizes...

O estudo referido editado pelo Banco Mundial (mas que não emite, como foi dito, uma sua posição oficial), de forma mais ou menos subtil aparenta identificar, no plano da ação do Estado, e portanto do Direito do Estado, sustentabilidade e diminuição da sua atividade social.

Assim, no capítulo dessa obra a que já referimos, no ponto "Repensar o papel do Estado", começa-se por um período que talvez aparente alguma ambiguidade sem a ter:

---

[306] SEN, Amartya. *Desenvolvimento como liberdade*. Tradução Laura Teixeira Motta. São Paulo: Companhia das Letras, 2000. p. 10. O mesmo autor tem insistido noutras relações que nos parecem fundamentais. Desde logo, na necessidade de ética na Economia: *Idem. On Ethics & Economics*. Tradução Laura Teixeira Motta. São Paulo: Companhia das Letras, 1999. Coroando a sua obra (pelo menos até agora, e para principal proveito dos juristas) o estudo sobre a Justiça: *Idem. A ideia de justiça*. Tradução Denise Bottmann e Ricardo Doninelli Mendes. São Paulo: Companhia das Letras, 2011.

Atribuir a degradação ambiental às políticas distorcidas, subsídios danosos, carência de mercados, externalidades e conhecimento público e completo coloca o Estado na posição de um catalizador para a proteção e o gerenciamento ambiental.[307]

O mal em matéria ambiental está em políticas distorcidas do Estado, subsídios que fazem mal, falta de mercado etc.?

Tudo parece esclarecer-se se se ler em continuação.

O autor ou os autores parece não serem, em geral, muito favoráveis a subsídios (embora possa haver exceções):

Em princípio, os subsídios sustentam as rendas dos pobres; na prática, frequentemente aumentam as desigualdades, drenam o orçamento público, aceleram o esgotamento dos recursos naturais e degradam o meio ambiente.[308]

– começam por afirmar nesse ponto.

Perante os resultados aparentemente modestíssimos (é o mínimo que parece poder dizer-se, porque há quem emita juízos claramente muito negativos) das Parecerias Público Privadas, por exemplo em Portugal, Parecerias essas que proliferaram como cogumelos, ser-nos-á difícil acreditar na panaceia seguinte: "Sair do Controle Central para parecerias. No passado, os governos baseavam-se muito no controle central, o que requeria monitoração extensiva (...)."[309]

Sabemos o que deu, e continua a dar a falta de regulação, a falta de atenção dos governos e outras instâncias de controlo aos agentes económico-financeiros.

Outras políticas não terão um timbre desregulador e neoliberal tão claro, mas ainda assim é óbvio que a expressão "esclarecer os direitos de propriedade" não pode deixar de fazer sorrir ao de leve um jurista, que, mesmo com toda a incerteza jurídica da propriedade em alguns casos, sabe que *as coisas clamam por dono*, que existe o usucapião, e muito mais realidades... até os baldios.

---

[307] THOMAS, Vinod *et al*. Sustentar o capital natural, p. 106.

[308] *Ibidem*, p. 107.

[309] *Ibidem*, p. 108.

A ideia da necessidade obsessiva do registo da propriedade não terá como pano de fundo o anglo-saxónico individualismo possessivo?[310] E naturalmente a mudança de entendimento da propriedade de questão positiva [em São Tomás de Aquino claríssima][311] para alegado Direito natural?

Finalmente todos estaremos de acordo com a ideia, em si, de melhorar o governo e reduzir (bom seria erradicar) a corrupção.[312] O problema está em saber que conceção se tenha de bom governo. E não se pode confundir corrupção com muita coisa que por vezes se lhe associa... Raymond Aron lembra, num estudo em que também aborda agudamente o fenómeno nas sociedades democráticas, um dito jocoso, que pode ser desconstrutor de alguns fundamentalismos que podem até levar água ao moinho contrário. Porque sempre há uma tendência oligárquica, assim traduziríamos o dito francês: "como era boa a República nos tempos do Império!".[313]

Há estudos sobre como a retórica da sustentabilidade num sentido desregulador não corresponde a nenhuma sustentabilidade no sentido de equilíbrio, garantia de futuro e equidade, muito pelo contrário.

Para o Brasil, e sem entrar no detalhe da pesquisa, por exemplo Marcio Pochmann, da UNICAMP, e que exerceu o cargo de Secretário do Trabalho do Município de São Paulo, já em 2001 afirmava:

> Em dez anos de aplicação de políticas neoliberais foi possível consolidar o mito de que o esvaziamento do papel do Estado no Brasil levaria tanto ao crescimento econômico sustentado quanto à expansão do nível de emprego. (...) Ao mesmo tempo, o novo modelo econômico acabou por não recolocar a economia nacional no curso do desenvolvimento sustentado, tendo, por isso mesmo, levado o país a registrar a pior década quanto à variação do Produto Interno Bruto de todo o século XX.[314]

---

[310] MACPHERSON, C. B. *The Political Theory of Possessive Individualism*. Clarendon Press: Oxford University Press, 1962.

[311] TOMÁS DE AQUINO. *Summa Theologiæ*, máx. IIa IIæ, q. 66, art. 1 e 2; VALLANÇON, François. Domaine et Propriété (Glose sur Saint Thomas D'Aquin, Somme.

[312] THOMAS *et al.*, *op. cit.*, p. 111 ss.

[313] ARON, Raymond. *Démocratie et totalitarisme*. Paris: Gallimard, 1965. p. 169 *et seq.* O dito em francês é *"Que la République était belle sous l'Empire"*...

[314] POCHMANN, Marcio *et al.* *A década dos mitos*: o novo modelo econômico e a crise do trabalho no Brasil. São Paulo: Contexto, 2001. Cf. ainda MIRANDA COUTINHO, Jacinto

Não está em causa concordar-se ou discordar-se em concreto com os diagnósticos, o que em grande medida também é uma posição ideologicamente situada. O que importa de momento salientar é que sustentabilidade se comporta, assim, como um tópico político, arremetido por Gregos e por Troianos para defenderem uns e outros as suas teses, ainda que baseadas em enormes, pesados, e muito documentados estudos empíricos, quantitativos e afins. Os quais, afinal, são elementos adjuvantes de um geral discurso legitimador.

Para um jurista é um pouco derrotante ver como não pode servir-se fiavelmentemente de dogmas (é óbvio que os bons juristas não os procuram, e sabem que tudo é dialético, e que têm de usar todos esses dados como argumentos). Mas os tempos e ventos que sopram iam no sentido de o jurista aceitar dados indiscutíveis de ciências "duras" em que solidamente se poderia fiar. E contudo, também aqui, cada vez mais se verifica que há muito mais interpretações que factos, e se transformam em factos o que realmente tem uma componente polémica intrínseca considerável. Conclusão: o jurista nunca está eximido de pensar por si. E não apenas tem de saber Direito, como ainda não terá a vida fácil nem o raciocínio sem preconceitos se não procurar ir entendendo por si mesmo saberes de outras bandas epistémicas. Não se lhe pede que saiba tudo. Mas que, pelo menos, não seja facilmente enganado, por exemplo, pela magia de números, estatísticas, gráficos etc.

III   Para além da sustentabilidade tecnocrática e retórica

E eis que chegamos ao um ponto crucial: para além de ser importante haver preocupações tecnocráticas sobre questões pontuais de sustentabilidade, gerando legislação ou normatividade nacional e internacional, serão, no limite, o Direito e a Democracia

---

Nelson de; BARRETO LIMA; Martonio Mont'Alverne (Orgs.). *Diálogos constitucionais*: direito, neoliberalismo e desenvolvimento em países periféricos. Rio de Janeiro: Renovar, 2006.

sustentáveis?[315] Depende, como se vê, de como se manipulem os conceitos, evidentemente.

Cremos ser ele mais fecundo na perspetiva, já evocada por Augusto de Franco, que o torna umbilicalmente ligado ao progresso, ao debate, à discussão, ao aperfeiçoamento, à autorregulação social, que são apanágios essenciais da democracia. Atentemos nesta passagem:

> (...) não pode haver desenvolvimento (...) sem democracia. Ou melhor, é por isso que mais desenvolvimento (ou sustentabilidadade) implica mais democracia, avanço do processo de democratização, de democratização da democracia. Pode haver crescimento (da renda, da riqueza (...)) sem democracia, mas não pode haver, nesse sentido, desenvolvimento.[316]

Uma crítica contundente ao *statu quo* é a de Luís de Gonzaga Belluzzo, outra forma de olhar para a necessidade de uma sustentabilidade que não se confunda com critérios meramente proclamatórios em conferências internacionais, eventualmente fundados em dados técnicos, alguns controvertíveis, e sempre manipuláveis:

> A democracia moderna – a dos direitos sociais e econômicos – nasce e se desenvolve ao abrigo do Estado de Direito contra os processos impessoais e antinaturais de acumulação da riqueza na economia capitalista. O século XX foi o cenário de lutas sociais e políticas marcadas pelo desejo dos mais fracos de restingir os efeitos da acumulação sem limites da riqueza sob a forma monetária. Terminou sob a ameaça de desestruturação do Estado do Bem-Estar, do achincalhamento dos direitos civis e da regressão à barbárie nas relações interestaduais.[317]

Portanto, ao contrário do que alguns Velhos do Restelo dizem, a democracia não é uma festa de desperdício e um bródio de

---

[315] Para mais detida fundamentação da questão, cf., *v.g.*, PRADO, Mariana. What is Law and Development. *Revista Argentina de Teoria Jurídica*, v. 11, out. 2010; TRUBEK, David; GALANTER, Mark. Scholars in Self-Estrangement: Some Reflections on the Crisis in Law and Development Studies in the United States. *Wisconsin Law Review*, v. 4, p. 1062-1103, 1974; TRUBEK, David; SANTOS, Álvaro Santos (Eds.). *The New Law and Economic Development*: a Critical Appraisal. Cambridge: Cambridge University Press, 2006.

[316] FRANCO, Augusto de. In: GRAZIANO, Xico; VIDAL, Diala; PACHECO, Ana Maria. *Renovar idéias*: desenvolvimento, qualidade de vida e democracia no Brasil moderno. São Paulo, Brasília: Instituto Teotônio Vilela, Barcarolla, 2005. p. 305-306.

[317] BELLUZZO, Luiz Gonzaga. Prefácio In: GRAU, Eros Roberto. *Ensaio e discurso sobre a interpretação aplicação do Direito*, *op. cit.*, p. 3.

LIÇÃO XIV.
DESENVOLVIMENTO SUSTENTÁVEL | 237

insanável discórdia de falabaratos e corruptos, em suma, uma breve interrupção no curso de uma História normalmente antidemocrática. As democracias podem ter as contas em ordem, podem ser virtuosas, podem ter parlamento ordeiros e discussões profícuas. Mas é evidente que as mentalidades autoritárias não suportam que se discuta, e as mentalidades avaras não aguentam que haja subsídios a quem deles precisa. São problemas mais psicológicos (ou psiquiátricos, quiçá) que jurídicos ou mesmo políticos.

Portanto, a democracia sã tem de ser sustentável, e a sustentabilidade só pode ser democrática. Evidentemente que uma democracia morbosa ou crepuscular está sempre num equilíbrio muito instável. Precisamente porque não se defende. E uma democracia defende-se, antes de mais, pela cidadania, e a cidadania cria-se e fortalece-se pelo exemplo e, mais vastamente, pela cultura e pela educação. Ora infelizmente (e ventos perigosos que sopram já na Europa o estão tristemente a provar) as democracias ocidentais, na euforia do fim da II Guerra Mundial, e no caso do Sul da Europa, na do fim das ditaduras, não se armaram suficientemente de cidadania, cresceram enormemente em Educação estatística, mas nem por isso em formação de cidadãos responsáveis e não alienados, ainda que mais titulados e um pouco mais instruídos, sobretudo em coisas técnicas...

Finalmente, a relação entre sustentabilidade e Direito. Há otimistas e há céticos quanto às relações entre desenvolvimento e Direito, como é óbvio, e Davis e Trebilcock assinalam.[318]

Políticas como as propugnadas pela obra coletiva que citámos, no sentido, afinal, de um Estado mais exíguo, mais privados, mais mercado, obviamente condicionariam o tipo de Direito a ter.[319] Elas são também uma das formas de diálogo com o Direito do género minimalista, mas

---

[318] DAVIS, Kevin Davis; TREBILCOCK, Michael Trebilcock. The Relationship between Law and Development: Optimists vs. Skeptics. *American Journal of Comparative Law*, v. 56, p. 895 *et seq.*, 2008.

[319] Evidentemente que se a mudança se fizesse do lado da iniciativa privada, por uma transformação ecológica e humanizadora (também no plano social, e democrático) das empresas, a reivindicação privatista mudaria de figura. Mas o que nos últimos tempos temos visto é, a par de algumas interessantes formas empresariais micro-, uma voracidade do macro- que a esse mesmo micro- engole e anula. Sobre as preocupações micro-, nesta senda, sobretudo ecológica, cf., *v.g.*, LAVILLE, Elisabeth. *A empresa verde*. Tradução Denise Macedo. São Paulo: Ôte, 2009. máx. p. 21 *et seq.*, 155 *et seq.*

que se arrisca a tomar o freio nos dentes do maximalismo. Toda a negação (ou exdenominação, como diria Barthes) implica, ao menos a este nível ideológico, uma tremenda afirmação.

Abordaríamos a questão por outro ângulo: que lições pode dar a sustentabilidade ao Direito?

Não apenas lições para os Direitos Económico e Ambiental. Ou mesmo para a intervenção jurídica em geral, extensão da zona livre de Direito... Espécie de reserva ecológica da privacidade à sombra da intervenção reguladora.

Além destas óbvias interações, a primeira conclusão é que o Direito também tem de ser dialogado, evolutivo e autorregulado. Tem que ser Direito conversável,[320] parafraseando, *mutatis mutandis*, Agostinho da Silva, e tem de ser Direito democrático. Sabemos que hoje isso já tem um híbrido conhecido: a chamada democracia deliberativa...

Mas não ficaríamos por aqui: o Direito não pode ter desperdícios, tem de ser eficaz sem eficientismo, parcimonioso sem ser economicista, e dessa economia de rosto Humano tem a aprender também: nada de materialismo, de argentarismo, de ganância.

Precisa assim o Direito de repensar-se. Obviamente que a inspiração da sustentabilidade não será, não poderá ser, evidentemente, a única. Mas um feixe de inspirações contribuirão para que o Direito se renove.

Séculos tivemos o direito objetivo da *plena in re potestas*. Séculos tivemos, e temos ainda, em grande medida, o Direito subjetivo que permitiu o capitalismo mais dúctil. Mas agora que os Direitos Humanos se tornaram a grande religião comum da civilização global, e que o desenvolvimento sustentável nos faz entender que a ganância do ter tem de dar lugar – até por razões de simples sobrevivência no Planeta – a uma lógica de Ser, e de ser bem (fala-se já num constitucionalismo dito "andino" do *Buen Vivir*),[321] agora é tempo de lançar um novo paradigma, sustentável, humanista e fraterno. Seria bom casar os esforços dos juristas que estudam sustentabilidade de forma séria, e generosa sem

---

[320] Cf. SILVA, Agostinho da. *Vida conversável*. Lisboa. Assírio & Alvim, 1994.

[321] Cf., desde logo, ACOSTA. Alberto. *O buen vivir*: uma oportunidade de imaginar outro mundo. Disponível em: <https://br.boell.org/sites/default/files/downloads/alberto_acos-ta.pdf>. Acesso em: 12 jun. 2016.

romantismos descabidos, com os daqueles que propugnam essa mudança de paradigma.[322]

Voltemos a Mia Couto, sem qualquer dúvida um dos maiores cultores vivos da Língua Portuguesa. Cremos que aquilo para ele está sobretudo a chamar a atenção é para a instalada, contente, satisfeita tecnocracia, que continua a perpetrar catástrofes ambientais e sociais (as imposições tecnocráticas dos Mercados e dos credores têm criado terramotos sociais no Sul da Europa, como já o fizeram noutros lugares), contudo à sombra de um conceito de boas intenções.

Vamos ver que palavras ganham a disputa. Preferimos, como já Blaise Pascal recomendava, não disputar sobre palavras mas sobre ideias. Será certamente uma mudança civilizacional muito profunda e já fora do nosso alcance regressar ao bucólico cenário africano pré-colonial, em que mais equilíbrio com a *Mãe Natura* havia, não sabendo nós se se estava, politicamente, num estado de natureza de *bellum omnium contra omnes* ou no comunismo primitivo de Rousseau, Morgan, Engels e tantos outros...

Perante o que plausivelmente ainda se poderá fazer para salvar o Planeta e o Homem que nele habita, tanto se pode, a nosso ver, encontrar um bom uso da sustentabilidade, como abandonar o conceito e criar outro ou outros. É mais ou menos o mesmo que ocorre com tantos conceitos pós-modernos, como globalização. Eles são profundamente ambíguos, mas têm sido sempre usados *pro domo* do neoliberalismo autoritário.

De qualquer modo, a sustentabilidade – mais tradicional ou mais modernizada – só será realmente harmónica, equilibrada, e não um logro tecnocrático mais ou menos bem intencionado (dizemos bem: mais ou menos) com dois fatores essenciais, eles também ambíguos, mas apesar de tudo mais sedimentados historicamente e filosoficamente: a Democracia e a Justiça.

---

[322] Cf., *v.g.*, no Brasil, BOFF, Salete Oro; FORTES, Vinicius Borges; MORAIS, Fausto Santos. *Sustentabilidade e direitos fundamentais*. Passo Fundo. IMED, 2013; BOFF, Salete Oro; FORTES, Vinicius Borges; PIMENTEL, Luiz Otávio. *Direito e desenvolvimento sustentável*. Passo Fundo: IMED, 2013; TEIXEIRA, Adam Hasselmann; BOFF, Salete Oro. *Energias renováveis*: políticas públicas de fomento às inovações tecnológicas. Curitiba: Multideia, 2014; BORTOLANZA, Guilherme; BOFF, Salete Oro. *A propriedade intelectual na sociedade infobiotecnológica e a instrumentalização do ser humano*. Curitiba: Multideia, 2014.

Nesse sentido se poderá dizer que a Democracia e a Justiça (um Direito Justo) serão a pedra de toque do desenvolvimento sustentável. E quando falamos em Justiça falamos em Justiça social também, e quando falamos em Democracia é de democracia plena que falamos: política, naturalmente, mas também social, económica e cultural. A Democracia e a Justiça do Estado Constitucional dos nossos dias.

O que tem consequências práticas, e de vulto. Por exemplo, não se pode dizer que o Serviço Nacional de Saúde, precisamente um pilar da sustentabilidade da Saúde em Portugal, é insustentável, ou atenta contra a sustentabilidade, invocando uma perspetiva economicista. Pois se trata realmente do contrário: a própria sustentabilidade do País perigará se se persistir em desmantelá-lo, descapitalizá-lo, substituí-lo por ruinosas parcerias, que a prazo terão certamente que terminar, fazendo com que a Saúde passe a ser um luxo de poucos. E tornando letra morta o direito fundamental à saúde.[323]

Precisamente é para onde parecem apontar as reflexões de António Arnaut: "O problema da sustentabilidade do SNS não é a falta de fontes de financiamento, é a falta de vontade política e a cumplicidade com o setor privado".[324]

E voltando mais adiante na sua obra ao problema da sustentabilidade, por alguns tecnocratas e economicistas (mas também por certos ideólogos apenas anti-sociais, sem base económica para o seu raciocínio), afirma:

> A sustentabilidade do SNS é uma questão de vontade política e não se prende com as dificuldades orçamentais, que se reconhecem. Na hierarquização das prioridades públicas, a garantia do direito à saúde deve vir em primeiro lugar. Houve dinheiro para salvar um Banco [na verdade parece que mais que um, já – acrescentaríamos] que mãos criminosas delapidaram, suficiente para financiar o SNS durante um ano. Já dinheiro para pagar rendas excessivas e imorais à EDP e às PPP. Há dinheiro para comprar e sustentar submarinos, que daria para construir cinco grandes hospitais, ou para os manter durante dez anos.[325]

---

[323] Cf. o nosso livro *Direitos fundamentais*: fundamentos e direitos sociais. Lisboa: Quid Juris, 2014. p. 207 *et seq.*

[324] ARNAUT, António. *O étimo perdido*: o SNS, o Estado Social e outras intervenções. Coimbra: Coimbra Editora, 2012, p. 41.

[325] *Idem, ibidem*, p. 57.

Tudo nos remete, evidentemente, para formas e qualidade da Democracia (que não pode ser também simplesmente técnica) e para a realização efetiva da Justiça, que obriga o um Direito Justo e políticas públicas no mesmo sentido. Aí – mas não nos antecipemos – se fala já em mudança de paradigma na juridicidade: passando do direito objetivo das coisas e do direito subjetivo dos contratos para o direito fraterno das pessoas.

Um Direito do Desenvolvimento e da Sustentabilidade ao nível internacional pode, assim, ser uma proclamação bem intencionada, mas frustre, uma cortina de fumo de intenções desreguladoras, ou, pelo contrário, uma forma pensada e racional de encarar, de forma conjugada, saberes e atividades de vária índole, para salvar não só o planeta enquanto globo azul no espaço (numa perspetiva simplesmente territorial, ou, no máximo, ecológica básica), mas salvar e tornar feliz o mundo como Sistema de Natureza e Humanidade. Porque há pessoas no mundo.

LIÇÃO XV

PROTEÇÃO INTERNACIONAL DA PESSOA

I Direito, proteção da pessoa, mentalidades e novos tempos

A(s) mentalidade(s)[326] têm um peso enorme sobre as questões de Direito, Justiça e afins. Na mesma época, coexistem pessoas do seu tempo, pessoas de visão de futuro (espera-se que mais positiva, melhor, não retrocessos civilizacionais) e pessoas agarradas a tempos passados (e muitas vezes a imagens muito particulares do que teria sido o passado: um passado povoado por deuses e demónios familiares, quantas vezes acanhados, e mesquinhos, fruto de experiências de vida limitadas – basta que a pessoa não tenha suficientemente lido, meditado, viajado, conversado). O padre Teilhard de Chardin, que foi também um grande cientista, dizia que havia seus contemporâneos que ainda não eram modernos. Hoje ocorre evidentemente o mesmo. No mesmo tempo, no nosso tempo presente, há quem, na Europa (mas não só) sob o impacto das vagas de refugiados que fogem da guerra e da miséria, para literalmente salvar a pele, pense de forma muito diversa sobre o terrível fenómeno.[327]

---

[326] Cf. BOUTHOUL, Gaston. *Les mentalités*. 2. ed. Paris: PUF, 1958.

[327] Cf., mais classicamente ainda, MARTIN, David A. *Refugees and Migration*. In: JOYNER, Christopher. *The United Nations and International Law*. Cambridge: ASIL, Cambridge University Press, 1999. Mais recentemente, v. SEBASTIANI, Luca. Mirando a trevés la burbuja: representaciones de la migración no comunitária en los discursos de actores

Há quem lhes queira denegar até o direito de propriedade ao que consigo trazem (leis "das jóias" na Dinamarca, por exemplo unanimente condenadas pelo Parlamento português), invocando alguns que os direitos seriam tradicionalmente apenas de "nacionais" dos Estados (no limite, extensivos a estrangeiros com longa permanência, ofício certo etc.). Recordam alguns, porém, que a relação dos Estados com as pessoas, muitas vezes era feita, na linha clássica de ver as coisas, pela proteção dada por um Estado (suficientemente forte e influente, na prática) a um seu cidadão frente a arbitrariedades de outro Estado.

Contudo, ainda simultaneamente há hoje quem vá mais longe, muito mais longe: há quem reconheça a todo o ser humano uma humanidade capaz de ser título jurídico bastante para funcionar como uma espécie de salvo-conduto universal, sobretudo em caso de calamidade... Em síntese, e levando as coisas ao extremo, se uns acham que mesmo ao nível interno os direitos são só para os aí nados e criados (ou ao menos os nacionais e pouco mais), outros vêm o Direito Internacional com uma vertente humanitária e humanista, em que as pessoas, e mesmo cada pessoa (não só grupos, "minorias" etc.) deixam de ser meros objetos, ou sujeitos vagos, mas verdadeiros sujeitos desse ramo do Direito, cada vez mais atuante e fugindo dos estereótipos um tanto imobilistas e decorativos que foram os seus durante muito tempo.

Está assim a chegar um tempo, vai chegando, de levar a sério o Direito, os Direitos e os Direitos Humanos em especial no Direito Internacional, e em que não mais se adequa a divisão, cómoda e didática, entre Direitos Fundamentais ao nível interno de cada Estado, Direitos Humanos para proteção internacional (então muitas vezes platónica), e Direito Natural como aspiração ou reflexão meramente filosófica (mais platónicos ainda). Evidentemente, o pluralismo, fragmentaridade e conflitos de interesses na ordem internacional moldam em grande medida a feição do novo perfil nascente de um Direito Internacional de rosto humano. Que obviamente, sem deles prescindir, se sobrepõe ao interesse da simples *raison d'État*, à sombra da qual tantas iniquidades ficaram na penumbra ou sem resposta do Direito.

---

políticos y sociales de la Union Europea. *Revista Crítica de Ciências Sociais*, Coimbra, n. 108, p. 31-54, dez. 2015.

Aqui como noutras áreas, a luta é também interna, no seio do próprio Direito, em que conflituam atavismos imobilistas com voluntarismos desabridos, sendo complicado encontrar equilíbrios que superem cristalizações e não se aventurem por exageros suicidas.

II   Fundamentação da Proteção da Pessoa

Uma questão para que não temos espaço é a escavação profunda sobre a Fundamentação da Proteção da Pessoa, o que vale em muitos casos por dizer: o ponto de Arquimedes dos Direitos Humanos. Alguns se contentam com as prescrições de documentos internacionais, numa perspetiva simplesmente positivista. Mas diremos apenas que esses documentos surgem por um impulso que é a capacidade e vontade de Justiça das Pessoas, que já no Digesto de Justiniano era classificada, pela fórmula de Ulpiano, como uma "constante e perpétua vontade". Há um almejar perpétuo e constante de Justiça que justifica esses imensos documentos, e que permaneceria como legitimação dos direitos ainda que fossem todos queimados pelo advento de um qualquer "Império intergaláctico" futuro que a ficção científica e a distopia permitem imaginar, e, espera-se, dar inspiração para prevenir.

III   Proteção internacional da pessoa

1   Geral

Além do ponto de honra de um Estado não deixar os seus cidadãos à mercê de um estado tirânico, de uma guerra, de uma catástrofe natural etc., e da preocupação humanitária que se foi desenhando com a escravatura (com sucessivas proibições, mesmo no século XX, que não a erradicou por completo),[328] era muito tímida a princípio a preocupação do Direito Internacional

---

[328] Para uma panorâmica, histórica e atual da escravatura, cf. o nosso livro *Avessos do direito*: ensaios de crítica da razão jurídica. Curitiba: Juruá, 2011. p. 41 *et seq.*

com as pessoas, sobretudo individualmente. E é duvidoso até que ponto alguns dos esforços internacionais se enquadrem mesmo, em rigor, neste ramo do Direito.

Mesmo ao nível académico, só de alguns anos a esta parte a situação mudaria em certas latitudes: ainda em 1984 era publicada uma obra, da autoria do catedrático e conselheiro do Tribunal Constitucional português Jorge Campinos, em que se criticava a ausência em Portugal (ao contrário de outros países) de "uma cadeira autónoma ou curso especializado, parcial ou exclusivamente dedicados à proteção internacional dos Direitos do Homem".[329]

O mesmo autor lembrava então, e julgamos que com acerto, a afirmação de René Cassin (a quem tanto deve a Declaração Universal dos Direitos do Homem), num colóquio em Nice, já em março de 1971, de que os Direitos Humanos seriam "uma ciência", "ramo particular das ciências sociais" (e não especificamente ou apenas do Direito, note-se) e como tal com autonomia a exigir (presumimos nós) alguma separação até no seu estudo, desde logo para se aprofundar e espraiar...[330] Assim, a localização científica e pedagógica da "proteção internacional dos direitos do homem" parece a alguns até mais natural ou adequada não no domínio do clássico Direito Internacional Público (a que se poderia, num certo sentido, chamar também Direito Internacional Geral), mas no Direito Constitucional e nos Direitos Fundamentais.[331] Certamente se estará na zona de fronteira ou de interseção que é o Direito Constitucional Internacional e o Direito Internacional Constitucional.

Em rigor, hoje se estabelecem mais distinções num setor em expansão e credibilização crescente junto da opinião pública culta.

---

[329] CAMPINOS, Jorge. *Direito Internacional dos direitos do homem*: textos Básicos. Coimbra: Coimbra Editora, 1984. p. 7.

[330] *Apud Idem, ibidem*, p. 3, n. 2. Tem que se citar no orginal: "La science des droits de l'homme se définit comme une branche particulière des sciences sociales qui a pour objet d'étudier les rapports entre les hommes en fonction de la dignité humaine, en déterminant des droits et des facultes dont l'ensemble est necessaire à l'épanouissement de la personalité de chaque citoyen". É fundamental a tónica nessa dimensão fundante e transcendente ao mesmo tempo (apesar da sua imanência): a dignidade humana. Sobre esta importantíssima e incompreendida categoria, cf. o nosso *Direito Constitucional Geral*. 2. ed. Lisboa: Quid Juris, 2013. p. 91 *et seq.*, p. 303.

[331] Sobre o assunto, cf. as observações de QUEIROZ, Cristina. *Direito Internacional e Relações Internacionais*, p. 15.

Já não estamos, neste domínio da proteção das pessoas, apenas em situações de pura proteção dos Direitos Humanos, mas distinguem-se três setores: o Direito Internacional dos Direitos Humanos, o Direito Internacional humanitário e o Direito Internacional dos refugiados.

Qualquer deles é um continente em expansão, senão mesmo uma galáxia em expansão. Importa, assim, recordar apenas, nesta sede, independentemente da classificação teórica, doutrinal, e de instâncias especializadas que se vão criando, a base da rede internacional de proteção, que não foi criada de cima para baixo, mas foi sendo fruto de várias iniciativas, germinando em terrenos diferentes, e com diálogos assimétricos entre si.

Não terá sido arbitrariamente que a Carta das Nações Unidas considera logo no seu no seu (não numerado) segundo considerando preambular

> (...) reafirmar a nossa fé nos direitos fundamentais do homem, na dignidade e no valor da pessoa humana, na igualdade de direitos dos homens e das mulheres, assim como das nações, grandes e pequenas;

E no seu art. 3.º tem como objetivo da organização:

> Realizar a cooperação internacional, resolvendo os problemas internacionais de carácter económico, social, cultural ou humanitário, promovendo e *estimulando o respeito pelos direitos do homem e pelas liberdades fundamentais para todos*, sem distinção de raça, sexo, língua ou religião. (grifámos)

2 Proteção das pessoas e diversidade cultural

Evidentemente, a forma de interpretar estes direitos varia, mas a Declaração Universal dos Direitos do Homem acabará por ser um compromisso internacional muito relevante, embora, evidentemente, haja uns mais amigos dos direitos políticos, outros mais afeiçoados aos sociais (ou ao que uns e outros procurar ver ou fazer crer ao proclamarem tal afeição), e os que gostam quase por igual de ambas as famílias ou dimensões de direitos (para não falar em gerações, que não se excluem mutuamente, mas coexistem e completam). No fundo, os amigos da liberdade, os da igualdade, e os que compreendem que a fraternidade pode ser o cimento a unir uma e outra.[332] E, segundo o jurista italiano Eligio Resta, tem sido a falta desta última a responsável pela incompletude da Revolução Francesa, que tanto mudou o rosto do mundo...[333]

Não é de admirar que, com perspetivas diferentes sobre a interpretação dos direitos em diversas latitudes a proteção se esteja a fazer segundo grandes áreas (que alguns diriam civilizacionais). Discute-se ainda em alguns círculos o problema da própria universalidade ou não dos Direitos Humanos, e do próprio Direito.[334] Quando nos chegou às mãos, vindo de Macau, o nosso livro (em colaboração) bilingue, com versão portuguesa e chinesa, não pudemos deixar de verificar que, no meio de tantos carateres para nós enigmáticos e fascinantes, conseguíamos ainda reconhecer as letras latinas e a palavra portuguesa Direito, que o tradutor não se atrevera a verter para Chinês. Perante uma versão provisória da Declaração Universal dos Direitos do Homem, que circulou em 1947, a Associação Americana de Antropologia manifestou as suas reticências, considerando que a diversidade cultural no mundo desaconselharia a consideração de direitos como sendo "universais". Felizmente, esta sociedade científica reconsiderou a sua posição em 1999.[335]

Há, evidentemente sensibilidades culturais a ter em consideração, embora, crendo-se na universal dignidade e condição humanas, não se possa deixar de considerar que há um mínimo de princípios e regras básicos comuns, que não podem ser afastados ou violados sob pretexto cultural local. Alguns considerarão que esta posição será etnocêntrica, quiçá imperialista etc. Poder-se-á retorquir que a posição contrária é a do dogmatismo relativista (que fortemente afirma a convicção de que tudo e relativo menos próprio dogma da relatividade), o qual, no nosso modesto entender,

---

[332] Cf., *v.g.*, KÜNG, Hans. *O Cristianismo*: essência e história. Lisboa: Temas e Debates, 2012. p. 673 *et seq.*; CLEMENTE, Manuel. *Liberdade, igualdade, fraternidade (tópicos de reflexão)*. Sé do Porto: [S. n.], 11 mar. 2010. Catequese Quaresmal. In: *Porquê e para quê? Pensar com Esperança o Portugal de hoje*. Lisboa: Assírio & Alvim, nov. 2010. E o nosso livro *Para uma ética republicana*. Lisboa: Coisas de Ler, 2010.

[333] RESTA, Eligio. *Il diritto fraterno*. Roma/Bari: Laterza, 2002. V. ainda DEBRAY, Régis. *Le moment fraternité*. Paris: Gallimard, 2009.

[334] Um estudo já clássico é o de SINHA, Surya Prakash. *Why has not Beeen Possible to Define Law*. *Archiv fuer Rechts- und Sozialphilosophie*, LXXV, Heft 1, 1, 1989. Quartal. Stuttgart: Steiner, p. 1 *et seq*. V. o nosso capítulo "Direitos Fundamentais: Universalidade, Globalização e Radição", no nosso livro *Res Publica. ensaios constitucionais*. Coimbra: Almedina, 1998. p. 51-68.

[335] Cf. KLABBERS, Jan. *International Law*, p. 109.

é meio caminho andado para que se abram as portas a qualquer fundamentalismo ou totalitarismo (versões religiosa ou civil da mesma mentalidade maximalista e fanática), por desguarnecimento das energias democráticas, republicanas, civis e de defesa de um património relativamente universal de razoabilidade, baseado na ideia de dignidade humana e nos decorrentes valores do Estado Constitucional. As civilizações terminam, como se sabe, quando se não defendem, quando não acreditam na superioridade da sua forma de vida, nos seus valores.[336] Vistas de longe, de Sirius, ou por um observador totalmente desenraizado para não ter paixões (o Mr. Spock da *Jornada nas estrelas*?), pode ser que todas as civilizações, todos os modos de vida, os que respeitam os direitos e os que os desrespeitam, se equivalham, numa ética *para além do bem e do mal* (?). Quando pensamos na escravatura, na tortura, na condição da mulher em certos países, na ausência de liberdades básicas, nas execuções sumárias e por vezes desumanas e degradantes, sem garantias de defesa, na fome e na doença das gentes, enquanto os governantes nadam em contentamentos materiais etc. etc., não podemos deixar de pensar que menor mal é alguns considerarem que somos preconceituosos e cheios do nosso ego civilizacional coletivo... Na verdade, consideramos que o Estado de Direito democrático, social, cultural, ecológico...é melhor que outras formas de vida coletiva. Na nossa perspetiva, pensamos que outros podem pensar de forma diversa. Já muitos dos outros não nos outorgam a mesma liberdade.

3   Sistemas de proteção

É tempo de enunciar, porém, os sistemas atualmente existentes.

À medida que vão sendo criados tribunais internacionais de âmbito mais generalizado, como, mais recentemente, o Tribunal

---

[336] Apesar de todas as reticências ideológicas que alguns lhe colocam, continua a ser muito interessante meditar sobre estudos como SPENGLER, Oswald. *La Decadencia de occidente*: bosquejo de una morfología de la historia universal. Tradução Manuel García Morente. 14. ed. Madrid: Espasa-Calpe, 1989; BARZUN, Jacques. *Da alvorada à decadência*: 500 anos de vida cultural do ocidente – de 1500 à actualidade. Tradução António Pires Cabral, Rui Pires Cabral. Lisboa: Gradiva, 2003; FREYRE, Gilberto. *Uma cultura ameaçada e outros ensaios*. Recife: Realizações, 2010, QUENTAL, Antero de. *Causas da decadência dos povos peninsulares*. 6. ed. Lisboa: Ulmeiro, 1994.

PAULO FERREIRA DA CUNHA
DIREITO INTERNACIONAL: RAÍZES & ASAS

Penal Internacional, e desejavelmente no futuro se espera venha a ser criado um Tribunal Constitucional Internacional, passará a existir um pano de fundo de proteção geral dos direitos dos cidadãos do mundo...

Contudo, uma das regras que se vai esboçando nesta acumulação de jurisdições, e que parece no mínimo razoável em situações digamos "normais" é a da necessidade de esgotamento prévio das instâncias anteriores de uma causa, como requisito liminar para que possa ser aceite na instância superior, ou mais vasta ou alargada.

Nesse sentido, as cortes regionais não colidem com as nacionais, nem as internacionais gerais com as regionais. Mais complexo é quando haja a possibilidade (e tem de permitir-se, ao menos para alguns casos) de acesso direto a uma corte internacional, sem passar pela regional, ou pela nacional. Contudo, estes casos parece ocorrerem sobretudo por uma questão de jurisdição, de alçada especial sobre estas ou outras matérias que podem nem ser aceitas por certos tribunais.

Os Direitos encontram-se ao nível da ONU sob a monitorização ou supervisão de dois corpos distintos, conforme a especialidade e as convenções que "tutelam": o Comité de Direitos Humanos para os Direitos "civis e políticos" e o Comité dos Direitos Económicos, Sociais e Culturais para estes últimos. Mas, embora possam receber queixas individuais, não são órgãos jurisdicionais, e assim não emitem decisões, sentenças. Mas evidentemente que algumas matérias do tipo que estamos a analisar podem eventualmente colocar-se perante a Corte Internacional de Justiça.

As principais fontes, neste domínio, ao nível da ONU, são: A Declaração Universal dos Direitos do Homem, de 10 de dezembro de 1948, que constitui uma espécie de mínimo denominador comum mundial na matéria, apesar de, em rigor, se tratar de uma resolução "não vinculante"; o Pacto sobre os Direitos Civis e Políticos, de 16 de dezembro de 1966, e que avança com um Comité dos Direitos do Homem e declara uma longa lista de direitos, sendo da mesma data o Pacto sobre Direitos Económicos, Sociais e Culturais; Convenções contra o genocídio (1948) e quanto aos refugiados (1951, com protocolo de 1967).

Organicamente, são de referir: o Conselho dos Direitos Humanos, com sede em Genebra, e instituído em 19 de junho de

2006, com competências *ex officio* para análise da situação quanto aos Direitos Humanos nos Estados e respeito pelos Tratados atinentes a essas matérias; o Comissariado das Nações Unidas para os Direitos Humanos, para coordenação das ações da ONU nessa matéria (criado em 1993); e, naturalmente, a Corte Internacional de Justiça.

Há também sistemas regionais, de grande importância:

Na América, a Corte Interamericana de Direitos do Homem, criada pela Organização dos Estados Americanos através da Convenção de São José da Costa Rica, em 22 de novembro de 1969, tem competência para se debruçar quer sobre questões interestaduais quer (se os estados aceitaram o direito de petição individual) mesmo atos processuais propulsivos de caráter individual. Ao mesmo tempo que é uma Corte com um procedimento muito seletivo nos casos que julga, tem-se revelado de alto valor pedagógico, irradiando as suas decisões para os juízes nacionais, que as vão acatando, gerando-se também um mecanismo mimético interessante. No fundo, é a criação com sucesso de uma corrente processual de repercussão e consistência regional.

Por seu turno, em 26 de junho de 1981, em Nairóbi, no Quénia, a Organização de Unidade Africana (desde 2002 União Africana), emitiu igualmente uma Carta de Direitos (Carta Africana dos Direitos do Homem e dos Povos), mas que só entraria em vigor em 21 de outubro de 1986. Inicialmente, foi criada uma Comissão (dos Direitos do Homem e dos Povos), com poderes para analisar questões interestaduais, mas não diretamente queixas individuais. Mais tarde, em 1998, mas entrando em vigor em 2004 e com tomada de posse dos primeiros juízes em janeiro de 2006, foi criado, em protocolo adicional à Carta Africana dos Direitos do Homem e dos Povos, o Tribunal Africano dos Direitos do Homem e dos Povos. Acumulando competências consultivas e contenciosas.

Na Europa, há várias dimensões institucionais protetivas, mesmo com caráter juridicional. Por um lado, há a dimensão do Conselho da Europa e por outro a da União Europeia.

No primeiro âmbito, saliente-se a aprovação, em 4 de novembro de 1950, da Convenção Europeia dos Direitos do Homem, e em 18 de outubro de 1961 da Carta Social Europeia (espelhando também a dicotomia tradicional entre direitos políticos e direitos sociais). A primeira das convenções criaria a Comisão Europeia dos Direitos do Homem (para inquérito e conciliação, desde logo) e o Tribunal Europeu dos Direitos do Homem, cujas decisões são jurisdicionais e finais. Já no âmbito da União Europeia a dimensão jurisdicional dos direitos das pessoas compete especificamente ao Tribunal de Justiça.

Em 7 de dezembro de 2000, o Parlamento Europeu, o Conselho da União Europeia e a Comissão Europeia (de algum modo simbolizando os poderes – menos o judicial – da União Europeia) proclamaram solenemente um catálogo de direitos fundamentais ou humanos (que contudo se retraem ou contraem – ou passam para a penumbra –, se acaso algum país, num caso concreto for mais generoso que eles). A proposta de uma Constituição para a Europa também incluía esta Carta, e o mesmo ocorre com o Tratado de Lisboa, que acaba por ser a "Constituição europeia". Essa nova apresentação da Carta dos Direitos ocorreu em Estrasburgo, em 12 de dezembro de 2007. Dos países da União Europeia, apenas a Polónia e o Reino Unido estão eximidos ao cumprimento desta Carta.

Entretanto, a jurisprudência das Cortes europeias que têm tratado de Direitos Humanos tem-se revelado muito interessante e inovadora, esperando-se dela ainda muito em criatividade de aplicação judicial, e mesmo criação jurídica jurisprudencial.

Não são pequenos nem simples os desafios que as crises em cadeia e dominó dos últimos anos, que começaram na Finança, mas a tudo estão a contaminar, colocam aos direitos das pessoas: dos direitos sociais, naturalmente, aos simples direitos fundamentais de índole estritamente civil, cívica e política. Há uma capilaridade do pôr os direitos em causa e não os levar a sério... E mesmo com o terrorismo crescente, a opção é mesmo entre preservar o legado dos Direitos, ou entrar num retrocesso civilizacional, ainda que pelo medo... Porém, não se nega que medidas de defesa se devem desenvolver, e é necessária muita imaginação para, hoje, conciliar liberdade, justiça social e segurança.[337]

---

[337] Cf., antes de mais, LAFER, Celso. Human Rights Challenges in the Contemporary World: Reflections on a Personal Journey of Thought and Action. In: Proceedings of the 26th World Congress of the International Association for Philosophy of Law and Social Philosophy in Belo Horizonte, 2013. *Archiv fuer Rechts-und Sozialphilosophie*, n. 146, p. 33-67, 2015. Cf. o nosso *Direitos fundamentais & crise*, **no prelo**.

LIÇÃO XVI

JUSTIÇA CONSTITUCIONAL GLOBAL

I   Interconstitucionalidades

Este momento final das nossas Lições começa por tratar do que hoje se pode chamar *Interconstitucionalidades*. Embora, evidentemente, num seu aspeto muito concreto e definido.

A expressão Interconstitucionalidade, no singular, evoca já várias ideias de hibridação.[338] Uma delas é a Constituição em rede (na horizontal), e o constitucionalismo multinível[339] (esse na vertical). Mas pretendemos fazer apelo à prática de uma ainda maior polissemia, e isso justifica o plural: entre o Internacional (*Inter*) e o Constitucional (*Constitucionalidades*),[340] num diálogo e sinergia entre esses dois

---

[338] Há múltiplas linhas de abordagem que a expressão "Interconstitucionalidades" (que evoca também "intertextualidades" – e muito também disso se trata) procura denotar e conotar. De entre elas, por exemplo, BRYDE, Brun-Otto. Konstitutionalisierung des Völkerrechts und Internationalisierung des Verfassungsrechts. *Der Staat*, n. 42, p. 61 *et seq.*, 2003; BUSTOS GISBERT, Rafael. *La Constitución red*: un estudio sobre supraestatalidad y constitución. Oñati: Instituto Vasco de Administración Publica, 2005; BOGDANDY, Armin. Constitutionalism in International Law: Comment on a Proposal from Germany. *Havard International Law Journal*, v. 47, n. 1, p. 223 *et seq.*, 2006; KLABERS, J. *et al.* (Eds.). *The Constitutionalization of International Law*. Oxford: Oxford University Press, 2009; CANOTILHO, José Joaquim Gomes. *"Brancosos" e interconstitucionalidade*: itinerários dos discursos sobre a historicidade constitucional. 2. ed. Coimbra: Almedina, 2008. Coerentemente com a perspetiva polissémica e pluralista de "Interconstitucionalidades", não cremos que ela, *hoc sensu*, se oponha a outros conceitos afins explicativos destes fenómenos. Cf., *v.g.*, NEVES, Marcelo. *Transconstitucionalismo*. São Paulo: Martins Fontes, 2009.

[339] Cf., *v.g.*, PERNICE, Ingolf. *The Global Dimension of Multilevel Constitutionalism*: a Legal Response to the Challenges of Globalisation. In: *Völkerrecht als Wertordnung /Common Values in International Law: Festschrift für Christian Tomuschat*, 2006. p. 973-1006.

[340] Em língua portuguesa apenas, e em muito diferentes claves (e também tempos diversos), cf. MELLO, Celso D. Albuquerque de. *Direito Constitucional Internacional*. Rio de Janeiro:

clássicos ramos do Direito, quiçá a caminho de um *novum* epistémico. Porém, mais que prospeções teóricas, interessa-nos no presente momento: primeiro (II), enunciar e superar as teses nacionalistas e soberanistas anti-internacionais, que nos parecem antes de mais pouco jurídicas e refutadas pela integração jurídica internacional já em curso; e depois (III) avançar o projeto de um Tribunal Constitucional Internacional (TCI), não apenas expondo o essencial do seu projeto, o interesse e utilidade de uma tal instituição, assim como as questões em aberto, que poderão interessar mais pesquisadores, diplomatas e sujeitos ou atores políticos internacionais.

II   O obstáculo dos soberanismos[341]

1   Do preconceito anti-internacional

Gostaríamos de poder concordar com Alain Boureau quando afirma, cremos que otimista, apesar de tudo, depois de ter proclamado

---

Renovar, 1994; QUEIROZ, Cristina. *Direito Constitucional Internacional*. Coimbra: Coimbra Editora, 2011. Para as palavras, poderíamos recuar a CALOYANNI, Mégalos A. *L'organisation* de la cour permanente de justice et son avenir. *Recueil des Cours de l'Académie de Droit International de la Haye*, v. IV, t. 58, p. 734, 1931 e a MIRKINE-GUETZÉVICH, B. *Droit international et droit constitutionnel*. In: *Ibidem*, p. 449 *et seq.*, o qual também escreveria um livro com o título *Droit Constitutionnel International*, editado em Paris em 1933. Mas o que hoje está em diálogo é bem mais profundo, correspondendo a um novo paradigma, no contexto de uma "mudança de idade" do Direito em geral, a que aludiremos *infra*.

[341] Utilizamos a expressão em termos latos, não como ela nasceu no Canadá, mas com as conotações que depois foi ganhando na Europa, e sobretudo em França. Há, evidentemente, um soberanismo militante, antifederal e antiglobalizador, e um soberanismo *souple*, inconsciente, mais conservador que reacionário. Daí usarmos o plural. Em qualquer dos casos, como tem sido sublinhado, os soberanismos podem ser até jacobinos. Parece que os soberanismos serão a ideologia moderna e mais específica dos velhos nacionalismos (não confundir com patriotismos: o general De Gaulle terá dito que a diferença é que o patriota ama a sua pátria acima de tudo, enquanto o nacionalista acima de tudo odeia as outras; e acrescentaríamos: o que não quer dizer que este último realmente ame a sua pátria, ou a ame bem). Cf., em geral, COÛTEAUX, Paul-Marie. *La puissance et la honte*: trois lettres françaises. Paris: Michalon, 1999; JOLY, Marc. *Le souverainisme*: pour comprendre l'impasse européenne. Paris: François-Xavier de Guibert, 2001; COÛTEAUX, Paul-Marie; ABITBOL, William Abitbol, *Souverainis-me j'écris ton nom*. Le Monde, Paris, 23 mar. 2000. Evidentemente que, na base de tudo, haveria que estudar os nacionalismos e o sentimento nacionalista e o seu aproveitamento, nomeadamente populista e demagógico. V., por todos, HERMET, Guy. *História das Nações e do Nacionalismo na Europa*. Tradução Ana Moura. Lisboa: Estampa, 1996. Do lado mais jurídico, e moderno (ou pós-moderno), cf. GRIMM, Dieter. The Constitution in the Process of Denationalization. *Constellations*, p. 447, 2005; HABERMAS, Jürgen. *A constelação pós-nacional*: ensaios políticos. Tradução Márcio Seligmann-Silva. São Paulo: Littera Mundi, 2001; MacCORMICK, Neil. *Questioning Sovereignity*: Law, State and Nation in the European Commonwealth. Oxford: Oxford University Press, 1999.

o estertor do Estado: "O movimento das ideias acompanha esta derrota (*déroute*): o 'soberanismo' exprime mais uma nostalgia que uma escolha política".[342]

É necessário compreender psicologicamente as teorias e as reações às transformações do Estado e dos grandes espaços e poderes. Não podemos esquecer que ainda muitos reagem ao Estado como se ele fosse pessoa, ou monstro (*v.g.* em Nietzsche), ou, pelo menos, um corpo vivo: esta é, aliás, uma metáfora explícita recorrente, ou uma estrutura implícita (e quiçá por vezes inconsciente) do imaginário político.[343]

As novas ideias doutrinais, e mesmo as novas correntes jurisprudenciais esbarram por vezes com um peso morto, uma resistência passiva (que por vezes se volve em ativa) que não é, na sua essência e mais profunda determinação, sequer jurídica, mas releva da psicologia, e por vezes ganharia com uma psicologia das *profundezas*.[344] É uma força de resistência, de quietismo. Já a rainha portuguesa D. Maria I [contudo impulsionadora de uma grande mas frustrada revisão das Ordenações],[345] advertida quanto a tais resistências, tinha precavido os reformadores de fazerem leis que não pudessem vir a ser bem assimiladas pelos mais velhos juízes dos tribunais superiores... Não tem sido suficientemente sublinhada a importância do subconsciente, ou mesmo do inconsciente coletivo no que tange às posições jurídicas, mesmo assumidas doutrinalmente.[346] No fundo, aqui é o peso do hábito e do preconceito.[347]

---

[342] BOUREAU, Alain. *La religion de l'état*. p. 208.

[343] Cf., *v.g.*, sobre a metáfora em referência, BRIGUGLIA, Gianluca. *Il Corpo vivente dello Stato*: una metáfora política. Milano: Bruno Mondadori, 2006.

[344] Cf., uma abordagem psicológico-doutrinal em PHILIPPS, Lothar. Sobre os conceitos jurídicos nervosos e fleumáticos. *Revista Jurídica da Universidade Portucalense Infante D. Henrique*, Porto, v. 1, p. 73 *et seq.*, [S.d.]. Mais geral é SANTOS, Delfim. Psicologia e Direito. In: *Obras completas*: do homem, da cultura. Lisboa: Fundação Calouste Gulbenkian, 1977. v. III, p. 11 *et seq.*

[345] Revisão que contudo viria a não se concretizar na prática. Nomeadamente depois da chamada questão do Novo Código, que oporia sobretudo Melo Freire e Ribeiros dos Santos numa "formidável sabatina". Cf. o nosso livro *Constitution et Mythe*. Quebeque: Presses de l'Université Laval (PUL), 2014.

[346] O mesmo, porém, já não se pode dizer da política. JUNG, C. G. *A psicologia da ditadura*. In: McGUIRE, William; HULL, R.F.C. *C. G. Jung*: entrevistas e encontros. Tradução Álvaro Cabral. São Paulo: Cultrix, 1982; SAMUELS, Andrew. *A política no divã*: cidadania e vida interior. Tradução Filipe José Lindoso. São Paulo: Summus, 2002. E até VOVELLE, Michel. *A mentalidade revolucionária*: sociedade e mentalidades na revolução francesa. Tradução Regina Louro. Lisboa: Salamandra, 1987; ROMERO, Jose Luis. *Estudio de la Mentalidad burguesa*. Madrid: Alianza, 1987; VOVELLE, Michel. *Ideologies and Mentalities*. In: JONES, Gareth Stedman; SAMUEL, Raphale. *Culture, Ideology and Politics*. Londres: Routledge and Kegan Paul, 1982.

[347] Desenvolvemos a questão no nosso recente livro *Desvendar o direito*: iniciação ao saber jurídico. Lisboa: Quid Juris, 2014.

É possível que todas as grandes teses, teorias, correntes e movimentos tenham alguns monstros (mais ou menos sagrados) a combater, pelo menos no plano retórico.[348] Grande parte do percurso intelectual da humanidade, e artístico até, se tem feito na oposição, e por vezes na dupla oposição a dois polos que se contestam, como que numa reivindicação aristotélica do *mesotes*,[349] o meio termo, ante dois exageros que correspondem ao vício, e de que emerge, da chamada questão do Novo Código, que oporia sobretudo Melo Freire e Ribeiros dos Santos numa "formidável sabatina". Cf. o nosso livro *Constitution et Mythe*. Quebeque: Presses de l'Université Laval (PUL), 2014. No meio, a própria virtude. É esta, como se sabe, a grande lição das *Éticas a Nicómaco*,[350] obra que (sobretudo o seu livro V), segundo Mário Bigotte Chorão,[351] deveria ser de leitura obrigatória para todo o jurista.

No terreno do Direito Internacional (*latissimo sensu*) e das suas aberturas e conexões, apesar do quanto se tem evoluído nos últimos tempos, ultrapassando *tabus* que pareciam firmados (quem acreditaria que a Europa teria em boa parte do seu território uma moeda única, quem vislumbraria a existência e funcionamento de um Tribunal Penal Internacional, quem pensaria que Pinochet poderia ser incomodado na sua velhice por tribunal estrangeiro!) persistem ainda muitos obstáculos, que são essencialmente do terreno do não pensado, do não amadurecido, do não racionalizado, e portanto são barreiras muito sólidas contra as inovações, ou, pelo menos, certas inovações.

Um dos "bichos papões" que se agitam contra qualquer passo de internacionalização costuma ser o espectro de um governo mundial, de um *Big Brother* à escala planetária. As distopias largamente glosaram o tema e o pintaram com cores terríveis. E

---

[348] Num campo tão diverso deste nosso (ou talvez não...) como a História da Arte parece afirmá-lo o clássico GOMBRICH, E. H. T. *Histoire de L'Art*. Tradução J Combe e C. Lauriol. Paris: Gallimard, 1997. p. 9.

[349] ILIOPOULOS, Giorgios. Mesotes und Erfahrung in der Aristotelischen Ethik. Atenas. *Philosophia*, n. 33, p. 194 *et seq.*, 2003. E o clássico AQUINO, Tomás de. *Comentário a la ética a Nicómaco de Aristóteles*. Tradução Ana Mallea. Pamplona: EUNSA, 2000.

[350] Pessoalmente, costumamos usar a edição ARISTOTELES. *Ethique à Nicomaque*. Paris: Vrin, 1987.

[351] CHORÃO, Mário Bigotte. *Temas fundamentais de Direito*. Coimbra: Almedina, 1986; *Idem. Introdução ao Direito*: o conceito de Direito. Coimbra: Almedina, 1989.

a distopia passou para os mais novos e impregnou o imaginário de alguns. Apenas um exemplo: Em *Le piège diabolique*, Jacobs[352] apresenta um estado mundial futuro totalitário, capaz de ler as mentes, de comandar hipnoticamente as vontades, servido por uma sofisticadíssima tecnologia da matéria e do espírito. Perante este tipo de ficções, fica-se certamente vacinado quanto a essa forma de "nova ordem mundial",[353] mas pode-se também cair no pecado simétrico, o do isolacionismo internacional.[354] Pode instalar-se o preconceito pelo qual tudo o que caminhe no sentido de alguma integração, mesmo de alguma cooperação internacional é perverso e um passo para o triunfo desse estado universal totalitário, que não deixa espaço sequer para a dissidência, e face ao qual, já que cobrindo a Terra inteira, não haveria lugar para o exílio.

Além do espectro futuro e meramente utópico de um perigo de integração mundial plena, há ainda, evidentemente, um fantasma que se funda no passadismo, atido à primazia absoluta do Direito Interno e até a um certo divórcio entre Direito Internacional e direitos nacionais.[355]

---

[352] JACOBS, Edgar P. *Le piège diabolique*. Bruxelas: Lombard, 1962. Livro aliás então proibido de importação pela França "en raison des nombreuses violences qu'il comporte et de la hideur des images illustrant ce récit d'anticipation". Cf. *Idem. Un opéra de papier*. Paris: Gallimard, 1981. p. 100.

[353] Coisa bem diferente são os esforços de *bem comum mundial* por exemplo ao nível da ONU, entre outros. Cf., *v.g.*, PINTO, Maria do Céu. *O papel da ONU na criação de uma nova ordem mundial*. Lisboa: Prefácio, 2010.

[354] RAMIRES, Maurício. *Diálogo judicial internacional*: a influência recíproca das jurisprudências constitucionais como fator de consolidação do estado de direito e dos princípios democráticos. Tese (Doutorado) – Faculdade de Direito da Universidade de Lisboa, Lisboa, 30 set. 201. máx. p. 192 *et seq*. O autor alude sobretudo a uma "arrogância revolucionária", mas pode haver outras formas de isolacionismo (até a esta simétricas), além de que nem toda a afirmação nacional e regional o é, necessariamente.

[355] É o que se pode ver, entre muitos, em STRUPP, Karl. *Éléments du droit international public universel, européen et américain*. Paris: Arthur Rousseau, 1927, afirmando nomeadamente, p. 15: "La prétendue primauté du Droit international public (Kelsen) est une simple opinion. Le Droit international public ne s'adresse qu'aux sujets de ce droit (...), le droit national ne s'adresse qu'aux organes de l'État et aux citoyens. Ce sont des sphères distinctes (...) qui sont en contact intime mais qui ne se confondent jamais". Como se opiniões contrárias não fossem também... "opiniões". O mesmo autor também não acredita, por exemplo, em codificações universais do Direito Internacional Público, apenas admitindo codificações fragmentárias, dadas as pelos vistos insuperáveis diferenças entre grupos jurídicos (p. 21). Felizmente desde esse tempo muito se tem evoluído já, embora das declarações politicamente corretas à consequência nos atos vá uma grande distância. Cf., a propósito, BALDWIN, Peter. *The Narcissism of Minor Differences*: how America and Europe are Alike. New York: Oxford University Press, 2009; TUSHENET, Mark. *The Inevitable Globalisation of Constitutional Law*. In: MULLER, Sam; RICHARDS, Sidney. *Highest Courts and Globalization*. The Hague: Hague Academic Press, 2010.

2 Internacionalização constitucional sem *Big Brother*

Há, contudo, uma não muito difícil possibilidade de se traçar uma *via per mezzo* entre de um lado o provincianismo, paroquialismo e isolacionismo dos "orgulhosamente sós", e, do outro, o maximalismo internacionalista cosmopolita *à outrance* dos defensores da "República mundial", da "Federação Mundial", ou do "Império".

Em tempos mais cosmopolitas (de maior crença na bondade da integração política europeia, desde logo), pelo menos em alguns meios, escrevemos um projeto de Constituição, editado pela Ordem dos Advogados do Porto, mas com diálogos transatlânticos, em que havia artigo expresso criticando e excluindo a possibilidade de um Estado mundial.[356]

Mas uma coisa é um totalitarismo de um Estado único à face da terra, outra coisa a Constituição Global ou Universal,[357] ou outras expressões análogas (e conceitos próximos), fenómeno ao mesmo tempo constitucional e internacional. Não interessa sequer efabular a Carta das Nações Unidas como Constituição mundial:[358] isso seria, aliás, uma perspetiva ainda assente num positivismo legalista, que as ideias de Constituição material superaram já também. Sem prejuízo da importância essencial e magna da Carta na ordem jurídica mundial e na ordem constitucional mundial.

---

[356] *Constituição da República da Lísia*. Porto: Ordem dos Advogados, 2006. art. 5, n. 3, p. 30: "A Lísia não crê que a instauração de um Estado mundial seja uma utopia benévola, antes considera que a divisão do mundo em múltiplas sociedades políticas é um garante da pluralidade, e a cada uma constitui em lugar de asilo para os dissidentes legítimos das demais". Sem prejuízo, obviamente, de poder haver e de dever até haver esforços federativos. No caso, e porque se estava a ficcionar (sobretudo) a relação Portugal/Europa, falávamos da integração da Lísia (a velha Lusitânia) na União do Crepúsculo (sendo que *Abendland*, "Ocidente" em Alemão, é, afinal, literalmente, a terra do crepúsculo).

[357] O nosso livro *Traité de droit constitutionnel: constitution universelle et mondialisation des valeurs fondamentales*. Paris: Buenos Books International, 2010. V. ainda, *v.g.*, HURRELL, Andrew. *On Global Order: Power, Values, and the Constitution of International Society*. Oxford: Oxford University Press, 2009; e BONILLA MALDONADO, Daniel (Ed.). *Constitutionalism of the Global South*. New York: Cambridge University Press, 2013. V. Ainda SOMEK, Alexander. *The Cosmopolitan Constitution*. Oxford: Oxford University Press, 2014; e mais em geral WALKER, Neil. *Intimations of Global Law*. Cambridge: Cambridge University Press, 2015.

[358] FRANCK, Thomas M. *Is the U.N. Charter a Constitution? Verhandeln fur den Frieden: negotiating for peace: Liber Amicorum Tono Eitel*. Berlin: Springer, 2003.

Não se deveria, pois, identificar ou confundir Estado ou República mundiais com Constituição global, universal, ou internacional. Se quisermos ser mais rigorosos: uma coisa seria um gigante totalitário, certamente, de uma ordem mundial corporizada em instituição unitária, e que nem precisaria quiçá de ter uma Constituição como nós as conhecemos (bastando-lhe instrumentos mais ou menos "policiais") e coisa muito diferente é o reconhecimento de que já existem (a começar pelos Direitos Humanos e pela comunicação judicial internacional, desde logo pelo diálogo entre Cortes constitucionais e não só, pelo mundo afora) muitos elementos de um património constitucional comum. Afinal, em grande medida, uma normatividade constitucional material,[359] que é em boa parte objeto das cada vez mais ténues fronteiras entre Direito Constitucional e Direito Internacional.[360] Já o clássico Pelegrino Rossi tinha recordado logo no início do seu Curso, que este último seria Direito Público externo e aquele primeiro Direito Público interno...[361]

É esta normatividade constitucional material, ou constituição material internacional que permite a muitos acreditarem que, sem Constituição mundial, sem Estado mundial, e sem um poder constituinte internacional[362] voluntarista e histórico (como antes se dizia do Contrato Social: mas hoje se compreende que o Contrato social é uma metáfora),[363] é possível e é desejável – precisamente tanto para a democratização como para a defesa dos Direitos Humanos – a existência, com todo o apoio nacional, de um Tribunal Constitucional Internacional (TCI). Um artigo do Decano Ben Achour, vice-presidente do Comité dos Direitos do Homem da ONU, sintetiza admiravelmente estas preocupações: "Le projet

---

[359] Documents of the ICCo *Ad hoc* Comitee. *Project for the Establishment of an International Constitutional Court*. Tunis: 2014. p. 11 *et seq.*, p. 35 *et seq.*

[360] Poderá mesmo pensar-se que se está perante um paradigmático caso de pós-disciplinaridade. Atente-se na variedade de estudos numa obra como CICCO FILHO, Alceu José; VELLOSO, Ana Flávia Penna; TEIXEIRA ROCHA, Maria Elizabeth Guimarães (Orgs.). *Direito Internacional na Constituição*. São Paulo: Saraiva, 2014.

[361] PELEGRINO ROSSI. *Cours de droit constitutionnel*. Paris: Dalloz, 2012.

[362] V. ainda CONI, Luís Cláudio. *A internacionalização do poder constituinte*. Porto Alegre: Sérgio Fabris, 2006.

[363] Cf. o nosso livro *O contrato constitucional*. Lisboa: Quid Juris, 2014.

(...) cherche à compenser les défaillances du droit au sujet des obligations constitutionnelles de l'État, en rapport ou sans rapport avec la protection des droits de l'homme".[364]

Muito útil para a reflexão, num contexto mais geral, é ainda, por exemplo, a tese de Lucille Callejon-Sereni, com um título significativo: *Constitution internationale et droits de l'homme*. A qual significativamente termina com um princípio esperança[365] cosmopolita, que é o contrário de uma utopia fechada, distópica:

> La démarche cosmopolitique constitue un horizon, sans doute inatteignable. Mais l'intérêt réside sans doute moins dans l'achèvement du projet que dans sa poursuite perpétuelle.[366]

E contudo, se o projeto geral cosmopolita pode ser sempre o andar-se a procurá-lo, muitos querem mesmo, e não com adiamento, o TCI. Não para amanhã, certamente. Mas num horizonte de prazo possível.

São estes alguns recentes ecos do outro lado de uma posição recuada, defensiva, muito consabida, a que cremos poder chamar-se "soberanismo", um soberanismo muitas vezes não assumido nem pensado, mas instintivo. Têm alguns países perdido muita soberania. E há quem diga, por certo com rigor, que uma vez perdida um pouco dela, na verdade se perderá toda, pois seria um absoluto: não seria (segundo o lugar comum) essa a doutrina de Jean Bodin?[367] E contudo Kelsen, com impecável lógica, demonstrou que a soberania, a partir do momento em que é nacional e estadual, deixa de poder ser absoluta, porque assim teria que ser universal.[368] Ora ocorreu um

---

[364] BEN ACHOUR, Yadh. Au service du droit démocratique et du droit constitutionnel international. Une Cour constitucionnelle internationale. *Revue du Droit Public et de la Science Politique en France et à l'estranger*, Paris, n. 2, p. 419-443, 2014. (citámos da p. 439).

[365] BLOCH, Ernst. *Das prinzip hoffnung*. Frankfurt: Suhrkamp, 1959.

[366] CALLEJON-SERENI, Lucille. Constitution internationale et droits de l'homme. Montpellier: Université Montpellier 1, nov. 2013. p. 608.

[367] BODIN, Jean. *Los seis libros de la República*. Tradução Pedro Bravo Gala. Madrid: Tecnos, 1985. V. também o contributo e Hobbes. Cf. LESSAY, Franck. *Souveraineté et légitimité chez Hobbes*. Paris: PUF, 1988. O clássico manual que esta questão modernamente sintetiza em termos clássicos (passe o aparente paradoxo) é ainda para nós o de BRIERLY, J. L. *Direito Internacional*. Tradução M. R. Crucho de Almeida. 4. ed. Lisboa: Fundação Calouste Gulbenkian. 1979. p. 7 *et seq*.

[368] KELSEN, Hans; CAMPAGNOLO, Umberto. *Direito Internacional e Estado soberano*. Tradução Marcela Varejão. São Paulo: Martins Fontes, 2002. p. 121 *et seq*. Vale a pena meditar seriamente todas as observações do jurista de Viena, em polémica com Campagnolo.

processo ablativo para coisas que faziam falta (os países do Sul da União Europeia sabem-no bem), e não hão de ceder alguma soberania para que haja mais democracia e Direitos Humanos no mundo? Já se provou que não definharam nem pereceram os Estados com a criação do Tribunal Penal Internacional.[369] Mesmo tribunais regionais, alguns com poderes significativos, como na Europa,[370] parece não perturbarem muito os espíritos:[371] apenas o fantasma do totalmente internacional (espécie de *Ganz Andere*), que afinal já não o seria...

Portanto, "Constituição internacional", ou elementos constitucionais internacionais, ou normatividade constitucional internacional, podem ser, a nosso ver, totalmente afastados do chamado "ocaso" dos Estados nacionais.

Devemos tranquilizar os mais céticos quanto aos novos rumos do Direito Internacional, de mãos dadas com o Direito Constitucional, e na senda de uma afinal mais clara judicialização desse mesmo direito. Tornar o Direito Internacional menos voto piedoso e mais juridicidade era a questão. E a verdade é que não há incompatibilidade entre mais internacionalização e as prerrogativas do Estado, dos Estados nacionais.

---

[369] Pelo contrário, a esse propósito de fala do surgimento de um "novo paradigma", "no entrosamento da ordem jurídica internacional e das ordens jurídicas internas". Cf. MIRANDA, Jorge. *Curso de Direito Internacional Público*. 2. ed. Cascais: Principia, 2004. p. 327. Ou mesmo de "prelúdio de uma Nova Ordem Mundial". Cf. ESCARAMEIA, Paula. *Prelúdio de uma nova ordem mundial*: o tribunal penal internacional. Lisboa: Nação e Defesa, primavera de 2003. p. 11 et seq. Sobre "nova ordem" há muita literatura e alguma conspirativa, v., por todos, ALLOTT, Philip. *Eunomia*: a new order for a new world. Oxford: Oxford University Press, 1999; SANTOS, António de Almeida. *Que nova ordem mundial?* Lisboa: Campo da Comunicação, 2009 (este claramente a favor de uma globalização política, e não apenas económica, e mesmo de uma globalização política contra a desregulação da económica).

[370] Cf., *v.g.*, RASMUSSEN, H. J. *On Law and Politics in the European Court of Justice*. Holanda: Martinus Nijhoff, 1986; VOLCANSEK, Mary L. The European Court of Justice: Supranational Policy-Making. *West Politics*, v. 15, n. 3, jul. 1992; CLAES, Monica. *The National Court's Mandate in the European Constitution*. Oxford: Oxford University Press, 2006.

[371] Cf., *v.g.*, TRABUCO, Cláudia Maria S. *A importância de um tribunal supranacional no contexto de um processo de integração*: o dilema do Mercosul. Working Paper, Lisboa: Faculdade de Direito da Universidade Nova de Lisboa, n. 5, 1999; BASSO, Maristela (Org.). *Mercosul*: seus efeitos jurídicos, econômicos e políticos nos Estados-Membros, 2. ed. Porto Alegre: Livraria do Advogado, 1997; PAMPILLO BALIÑO, Juan Pablo; MUNIVE PÁEZ, Manuel Alexandro (Coords.). *Globalización, derecho supranacional e integración americana*. México: Porrúa, Escuela Libre de Derecho, 2013; PAMPILLO BALIÑO, Juan Pablo. *La integración americana. expresión de un nuevo derecho global*. México: Porrúa, Centro de Investigación e informática Jurídica, 2012. Cf. o número *O constitucionalismo latino-americano*. *Revista Brasileira de Estudos Constitucionais*, Belo Horizonte, ano 7, n. 26, maio/ago. 2013. A bibliografia sobre matéria europeia é inumerável. Permitimo-nos citar apenas o nosso livro, que remete para algumas dessas fontes, *Direito Constitucional Europeu*. Coimbra: Almedina, 2005.

O antigo presidente do Tribunal para a ex-Jugoslávia, Antonio Cassese, acerrimamente contrariaria a tese do "ocaso" do Estado, recordando que para tudo o que é prático, concreto, da ordem do fazer e do concretizar, os tribunais internacionais precisam dos Estados. Eles podem ter já lei e podem ser tribunais, contrariando o *motu* clássico (*ni loi, ni juge, ni gendarme*), mas não têm a policia.[372] E recorda a já clássica teoria de Vitor Emanuel Orlando, desiludido com o Tratado de Versalhes, que não acolheria as pretensões italianas como ele desejara: *jubeo ergo sum*. Na verdade, só se é se se mandar. Tal ocorre com os Estados, para além do mito da sua igualdade. De entre os Estados, também só alguns mandam. Não todos. Portanto, a soberania é, no limite, em grande medida, uma ilusão, e em muitos casos uma autoilusão, muito antes de outras fórmulas a terem vindo a erodir.[373] Estas conclusões são nossas, construídas sobre o drama de Orlando e as observações de Cassese. Embora haja cada vez mais quem desconfie do dogma da soberania. O que não quer dizer – as coisas são todas matizadas, nestes domínios – que os Estados não tenham de ser intransigentes em alguns aspetos dela, talvez num seu núcleo essencial, mas dinâmico. Parece é que alguns estados dão de barato por exemplo a importantíssima soberania orçamental,

---

[372] Muito judiciosamente afirmam, sobre o enorme poder de agir ou não agir da parte dos Estados relativamente a questões internacionais, DUPUY, Pierre-Marie; KERBRAT, Yann. *Droit international public*, p. 17 um "Caractère aléatoire des conséquences de la violation du droit", que não podemos transcrever aqui, *brevitatis causa*, mas vale a pena conferir.

[373] Na perspetiva mais tradicional, SCHMITT, Carl. *Politische theologie. Vier Kapitel zur Lehre der Souveränität*. Berlin: Duncker und Humblot, 1985; *Idem. Souveraineté de l'État et liberté des mers*, in *Quelques aspects du Droit Allemand*. Paris: Fernand Sorlot, 1943. p. 139 *et seq.*; BRITO, António José de. *Nota sobre o conceito de soberania*. Braga: [S.n.], 1959; na tradição liberal (veteroliberal), DE JOUVENEL, Bertrand. *De la Souveraineté*: à la recherche du bien politique. Paris: Jénin, Librairie des Médicis, 1955. Mais recentemente, MAIRET, Gérad. *Le principe de souveraineté*. Paris: Gallimard, 1997; KRITSCH, Raquel. *Soberania*: a construção de um conceito. São Paulo: USP, Imprensa Oficial do Estado, 2002; LAMAS, Félix Adolfo. Autarquía y soberanía en el pensamiento clássico. In: CASTELLANO, Danilo (Org.). *Quale Costituzione per Quale Europa*. Nápoles: Edizioni Schientifiche Italiane, 2004. E o eloquente título de BERGALI, Roberto; RESTA, Eligio (Org.). *Soberania*: un principio que se derrumba – aspectos metodológicos y jurídico-políticos. Barcelona: Paidós, 1996. Mais especificamente colocando problemas internacionais, por todos, VEDEL, Georges. *Souveraineté et supraconstitutionnalité*. Paris: Pouvoirs, 1993. n. 67, p. 79-97; FERRAJOLI, Luigi. *A soberania no mundo moderno*. São Paulo: Martins Fontes, 2002. Mais recentemente ainda, e com importante diálogo com a América Latina, HAEBERLE, Peter; KOTZUR, Markus. *De la soberanía al derecho constitucional común*: palavras clave para un diálogo europeo-latinoamericano. México: Universida Nacional Autónoma de México, 2011. Evidentemente, esta soberania clássica baseia-se no Estado, cuja realidade e compreensão estão também a mudar. Cf. o nosso livro *Nova Teoria do Estado. op cit.*

fiscal, militar, de modelo económico e social etc., e se preocupam com assuntos menos vitais. Ainda há muita territorialidade[374] no seu imaginário, esquecendo-se que hoje há outros territórios a defender, nomeadamente da invasão cultural e linguística,[375] além de que há matérias por natureza exclusoras da soberania, como o património comum da Humanidade.[376] Na Europa, por exemplo, perda de soberania orçamental leva a que se recorde um célebre dito atribuído a John Adams, segundo Presidente dos EUA: A soberania perde-se pela guerra ou pela dívida. Teria ele eventualmente dito: "There are two ways to enslave a nation. One is by the sword. The other is by debt." E cada vez mais sabemos como há dívidas artificiais, e sobretudo com exponencial crescimento artificial... O Vaticano não deixou de estar atento a essas questões.[377]

Por vezes há momentos que propiciam um *turning point* nas ideias de algumas pessoas, mesmo de pessoas que longa e maduramente defendiam certas posições. São iluminações, por vezes ocorridas em estradas de Damasco, que propiciam verdadeiras conversões. É o caso do *argumento do carvoeiro*, invocado pela

---

[374] MURPHY, A. B. The Sovereign State System as Political-Territorial Ideal: Historical and Contemporary Considerations. In: BIERSTEKER, Thomas J.; WEBER, Cynthia. *State Sovereignty as a Social Construct*. Cambridge: Cambridge University Press, 1996. p. 8 *et seq.*; TAYLOR, P. J. The State as Container: Territoriality in the Modern World System. *Progress in Human Geography*, n. 18, p. 151 *et seq.*, jun. 1994; DELPÉRÉE, Francis *et al. Droit constitutionnel & territoire*. Tunis: Recueil des cours de l'Académie Internationale de Droit Constitutionnel, 2009. v. XVIII.

[375] Cf., *v.g.*, o nosso artigo *Lusofonia, Direitos linguísticos e política universitária*: *contributos para um direito das identidades culturais*. Portimão: Jurismat, 2014. n. 4, p. 91-101.

[376] Cf., por todos, nomeadamente BLANC ALTEMIR, Antonio. *I patrimonio común de la humanidade*: hacia un régimen jurídico internacional para su gestión. Barcelona: Bosch, 1992. máx. p. 55 *et seq.* Pelo contrário, neste âmbito estamos no domínio de um paradigma de algum modo simétrico, o de um Direito Internacional de solidariedade, e não de exclusão e egotismo. Cf., *v.g.*, PUREZA, José Manuel. *El patrimonio común de la humanidad*. Madrid: Trotta, 2002.

[377] PONTIFÍCIO CONSELHO JUSTIÇA E PAZ. *Para uma reforma do sistema financeiro e monetário internacional na perspectiva de uma autoridade pública de competência universal*: Disponível em: <http://www.vatican.va/roman_curia/pontifical_ councils/justpeace/documents/ rc_pc_ justpeace_doc_20111024_nota_po.html>. Acesso em: 07 out. 2014). Mais recentemente, o nosso A *Evangelii Gaudium* no Contexto da Doutrina Social da Igreja. In: CUNHA, Paulo Ferreira da. *Direitos fundamentais. fundamentos & direitos sociais*. Lisboa: Quid Juris, 2014. p. 381 *et seq.* (inicialmente publicado como artigo na revista "Humanística e Teologia", da Universidade Católica) e o nosso artigo Da doutrina social do Papa Francisco na exortação apostólica *Evangelii Gaudium. International Studies on Law and Education*, n. 18, p. 25 *et seq.*, set./dez. 2014. Tudo parece levar a concluir que o Vaticano não teme a globalização, pelo menos uma globalização justa, evidentemente.

Alemanha nazi, ainda em 1933. Recordemo-lo sucintamente.[378] Tendo um judeu alemão alertado a Sociedade das Nações para os crimes nazis contra os seus, já nessa época, o caso surpreendemente seguiu os seus trâmites, e a própria Alemanha, mais espantosamente ainda, não se furtou a ser ouvida, tendo enviado uma delegação chefiada por Goebbels.

E aí se manifestou o quanto pode a soberania como poder total, absoluto, que não conhece limites internos nem externos, ser o contrário dos interesses legítimos e dos direitos, até dos mais elementares. Goebbels toma a palavra e é muito breve: "Saibam bem que faremos com os socialistas, os comunistas, os opositores e os judeus aquilo que quisermos e que o Reich quiser fazer. O carvoeiro é o dono da casa". Fizeram todos o seu *Heil Hitler* ritual, e saíram.

Perante isto, René Cassin, que viria a ser dos principais autores da Declaração Universal dos Direitos do Homem e prémio Nobel da Paz, concluiu que só haveria futuro para os Direitos Humanos, em última instância, nas garantias internacionais.

Foi o que o Dr. Moncef Mazourki concluiu também quando, exilado em França, em 1999, perante o fechamento total de vias democráticas na Tunísia, pela primeira vez sugeriu a criação de um Tribunal Constitucional Internacional, que desenvolveria mais tarde no seu livro *Le mal arabe*.[379]

Cremos portanto que há bastante "virtude" nos esforços e nas crenças de muitos constitucionalistas e internacionalistas que, sem quererem (pelo contrário, até) um *Big Brother* mundial, desejam que os "juízes do mundo" vejam ainda mais estruturado o seu diálogo, e mais eficaz a sua ação. Depois de esgotadas as vias internas de recurso.

Por estas e muitas outras razões – em que avulta, aliás, a simples aplicação internacional dos grandes princípios constitucionais gerais, que não são estadualistas e muito menos chauvinistas – não se nos afigura descabido, pelo contrário, aplicar o critério lassaleano do conceito histórico-universal de constituição[380] a entidades não meramente

---

[378] Cf., *v.g.*, BADINTER, Robert. *Reflexões gerais*. In: CASSESSE, Antonio; DELMAS-MARTY, Mireille (Orgs.). *Crimes internacionais e jurisdições nacionais*. Barueri: Manole, 2004. p. 57-58.

[379] MAZOURKI, Moncef. *Le mal árabe*: entre dictatures et intégrismes – la démocratie interdite. Paris: L'Harmattan, 2004.

[380] Desenvolvido, como se sabe, na conferência de LASSALLE, Ferdinand. *O que é uma constituição política*? Porto: Nova Crítica, 1976.

estaduais-nacionais, e portanto placidamente considerar que há uma dimensão constitucional em Cortes Constitucionais internacionais: por exemplo, no Tribunal Europeu dos Direitos Humanos. E evidentemente isto apesar de a Convenção Europeia não ser uma Constituição, mas ser contudo parte da Constituição material europeia...[381]

Outro conceito importante a convocar nesta sede é precisamente esse, de Constituição material. Não cremos, por isso, que seja ousada a tese de Alec Stone Sweet que vai no sentido dessa qualificação constitucional.[382]

A inevitabilidade da emergência de um Direito Internacional em si já Constitucional (e constituinte, capaz de constituir) vai sendo reconhecida, mesmo independentemente deste debate. Por exemplo, já se pode afirmar hoje que:

> É bom realmente notar que há muito soou o toque de finados por um direito das gentes voluntarista, de mera coordenação entre entidades soberanas, que de si próprias tinham a ideia de comunidades perfeitas e que gozavam de uma liberdade de actuação quase irrestrita. A hierarquização da normatividade internacional, propiciada pelas teorias do *jus cogens*, das obrigações *erga omnes* e dos factos ilícitos do Estado de excepcional gravidade, bem como, reflexo disso, a emergência do Direito Internacional penal e dos crimes internacionais, vieram, em não exígua medida, ferir de anacronismo a ideia de que as Constituições dos Estados se assumem como adjudicadoras exclusivas (ou principais) do lugar das várias categorias de Direito Internacional (*maxime* do Direito Internacional geral ou comum) no sistema de fontes do direito.[383]

---

[381] Cf., de entre vários, CRUZ VILLALÓN, Pedro. *La constitución inédita*: estudios ante la constitucionalización de Europa. Madrid: Trotta, 2004; BAST, Juergen; BOGDANDY, Armin von (Eds.). *Principles of European Constitutional Law*. 2. ed. Oxford: Hart, 2010. Significativo, pela sua data, anterior à aventura da malograda Convenção Europeia (ou "Convenção sobre o Futuro da Europa") presidida pelo antigo presidente francês Valéry Giscard d'Estaing, é o livro (que na verdade procura codificar a constituição material de então) de PEREIRA MENAUT, Antonio-Carlos *et al*. *La Constitución europea*: tratados constitutivos y jurisprudencia. Santiago de Compostela: Universidade de Santiago de Compostela, 2000. V., mais recentemente, HABERMAS, Juergen. *La Constitution de l'Europe*. Tradução Christian Bouchindhomme, Paris: Gallimard, 2012. E vale sempre a pena recordar, a propósito, MORTATI, Costantino. *La costituzione in senso materiale*. Milano: Giuffrè, 1940, reed. 1998, com um Prólogo de Gustavo Zagrebelsky; BARTOLE, Sergio. Costituzione materiale e ragionamento giuridico. *Dirito e Società*, p. 605 *et seq.*, 1982.

[382] SWEET, Alec Stone. Constitutional Dialogues in the European Community. In: SLAUGHTER, Anne-Marie; SWEET, Alec Stone; WEILER, Joseph H. H. *European Courts and National Courts*: Doctrine & Jurisprudence. Oxford: Hart, 1998.

[383] FERREIRA DE ALMEIDA, Francisco. Relações entre o Direito Internacional e o Direito Interno português. *Delegibus – Revista da Faculdade de Direito da Universidade Lusófona de*

III Um Tribunal Constitucional Internacional (TCI)

1 Positivação dos ideais: o *corpus* a aplicar

A equacionação do problema da Corte Constitucional Internacional (as razões para a sua criação, antes de mais) pode encontrar-se num breve texto da professora francesa Monique Chemillier-Gendreau, de que salientamos este passo:

> (...) on ne compte plus les États qui transgressent allègrement les principes juridiques qu'ils ont ratifiés dans des traités. Sans doute le temps est-il venu de faire appliquer ces règles, non pas avec des canonnières, mais en recourant à l'arme du droit.[384]

E poderíamos acrescentar: "Não sabiam que era impossível, e por isso o fizeram.". Esta citação de Mark Twain, que tem uma variante atribuída a Jean Cocteau, poderia resumir então toda a questão de base, o obstáculo primeiro do Tribunal Constitucional Internacional. Pelo menos, todo o seu projeto. Mas, na verdade, os obreiros desta jurisdição a criar estão ainda mais avisados: eles sabem que outros lhes dizem que é impossível, mas também sabem que muitas coisas que foram anteriormente ditas impossíveis já existem: as Nações Unidas, a União Europeia, a moeda única europeia, o Tribunal Penal Internacional, tantas realidades novas! Algumas, evidentemente, a precisar já de urgente reforma [como a União Europeia e o euro].[385] Mas todavia tudo provas de que o problema não é a radical impossibilidade de fazer, mas o desafio de como fazer. Como fazer bem. Precisa-se, assim, de recuperar a divisa *Talent de bien faire*.

Humanidades e Tecnologias, Lisboa, v. I, p. 229, 2013. Devemos esta referência ao Prof. Thiago Oliveira Moreira, da UFRN.

[384] CHEMILLIER-GENDREAU, Monique. Obliger les états à tenir parole. *Le Monde diplomatique*, set. 2013.

[385] Por todos, v. uma outra visão econômica da crise sobretudo europeia in ASKENAZI, Philippe *et al. Manifesto dos economistas aterrados*: crise e dívida na Europa – 10 falsas evidências – 22 medidas para sair do impasse. 2. ed. Lisboa: Actual, 2012. V. ainda, por exemplo, COHEN, Daniel. *La prospérité du vice*: une introduction (inquiète) à l'économie. Paris: Albin Michel, 2009; GÉNÉREUX, Jacques. *Nous, on peut! Manuel anticrise à l'usage du citoyen*, ed. rev. e atual. Paris: Ponts, 2012.

O Tribunal Constitucional Internacional parece ser de facto uma utopia viável e um projeto de eutopia, ou seja, um elemento de uma utopia positiva [não uma utopia integral, porque esta é o mito de uma completa cidade ideal],[386] benéfica [ao contrário da distopia, que é coisa de *Fabricantes de Infernos*, para retomar um título do escritor moçambicano Agostinho Caramelo].[387] Ao longo dos últimos anos, em vários países, e em muitas sessões de estudo e debate sobre o assunto, sempre tem emergido um grande realismo político a par de irrepreensível rigor jurídico das discussões. Além disso, elas sempre têm estado imbuídas de um clima simultaneamente teórico e prático.

Tem sido uma paciente e laboriosa construção de uma ideia que já se encontra a fazer o seu caminho, sempre com o cuidado de, frontalmente e com abertura a todos (desde logo aos céticos e aos seus adversários doutrinais), ponderar a integralidade dos obstáculos. Se o "sonho" quer ser realidade terá que ter em conta toda a realidade, desde logo a dos preconceitos e também o das armadilhas que um projeto generoso sempre em si mesmo comporta. É a refrangência inelutável das coisas humanas, o "síndrome de Nemrod", o haver escolhos nos empreendimentos.

Como o Dr. Moncef Mazourki (que chegaria a ser, em tempos democráticos já, Presidente da Tunísia, esse antigo opositor quase sem vias de protestar no seu país) apontou numa das reuniões de estudo sobre o projeto,[388] dezesseis milhões de registos quando se procura a expressão no "Google" é uma demonstração da importância que já ganhou essa ideia simples (as coisas importantes normalmente não são muito complexas: *Simplex sigillum veri*) mas contundente para fortalecer o pleno e sindicável estabelecimento da democracia em todo o mundo. Da democracia, e, evidentemente, dos Direitos Humanos.

---

[386] MUCCHIELLI, Roger. *Le Mythe de la cité idéale*. Brionne: Gérard Monfort, 1960. Paris: PUF, 1980.

[387] CARAMELO, Agostinho. *Fabricantes de infernos*. 2. ed. Lisboa: Edição do autor, 1972.

[388] Tratou-se da II Conferência Internacional sobre o projeto de criação do TCI, organizada pelo Comité *ad hoc* para o Tribunal Constitucional Internacional (que temos a honra de pertencer), a International IDEA e a Fundação Konrad Adenauer e que teve lugar no palácio presidencial de Cartago, em 12 de junho de 2014. Desde essa data, obviamente que o número de buscas deve ter aumentado muito já.

O Tribunal poderá tornar-se a breve trecho num baluarte da luta contra as ditaduras e mesmo contra os autoritarismos pontuais, que muitas vezes se insinuam nas dobras de democracias formais e no seu descuido, ou sono, como diria Montesquieu. Esta abordagem internacional exige, mais que uma Magna Carta formalmente elaborada por um poder constituinte mundial (o que seria muito complicado de conseguir, e não cremos sequer que muito útil, dadas as possíveis tentações totalitárias que se lhe poderiam colar), verdadeiros valores universais. Eles contudo já existem, ainda que os legisladores internacionais nem sempre sejam muito hábeis a discerni-los e a plasmá-los nos seus textos (como ocorreu com o projeto de Constituição Europeia, que tinha valores ou ditos valores diferentes nos seus dois preâmbulos).

Quem não se lembra da passagem de Pascal "Plaisante justice qu'une rivière borne! Vérité au deça des Pyrénées, erreur au delà"?[389] Curiosamente, essa tão repetida citação ao mesmo tempo nos lembra uma realidade de por vezes muito absurda mudança *da lei* com a mera mudança de fronteiras, mas também o absurdo de *a verdade* mudar com um acidente, geográfico ou alfandegário... Apesar destas imensas mutações locais, há valores universais.

O papel do reconhecimento ético pode caber à doutrina. Os valores constitucionais comuns já estão transformando o direito positivo através de várias constituições, declarações, cartas internacionais etc. Já estão impregnando esse mesmo Direito. Já dele fazem parte. Por isso também é que alguns dão como passada a certidão de óbito do Direito Natural: porquanto os seus "princípios" hoje são direito positivo. E não há dúvida que, tanto no Direito Interno como no internacional, a ideia de constituição material tem com o clássico paradigma muitas similitudes. Até com o poder constituinte se entretecem laços não descuráveis.[390]

---

[389] PASCAL, Blaise. *Pensées*, V, 294.

[390] Como afirma FERREIRA FILHO, Manoel Gonçalves. *Curso de Direito Constitucional*, 17. ed. São Paulo: Saraiva, 1989. p. 20. "Qual a natureza do Poder Constituinte? É ele um poder de facto, isto é, uma força que se impõe como tal, ou um poder de direito, ou seja, um poder que deriva de regra jurídica anterior ao Estado que funda? (...) Na realidade, parece preferível a segunda tese. O Direito não se resume ao Direito positivo. Há um Direito natural, anterior ao Direito do Estado e superior a este. Deste Direito natural decorre a liberdade do homem escolher as instituições por que há de ser governado. Destarte, o poder que organiza o Estado, estabelecendo a Constituição, um poder de direito".

E os Tribunais Constitucionais nacionais, como um dia o Internacional, com vantagem substituem qualquer tipo de "apelo para o céu", esse recuros de que falavam Locke e Hume.

O *corpus* de valores constitucionais positivados em princípios e até mesmo em regras parece com evidência ser já bem vasto – podendo até por-se problemas de necessidade de codificação para alguns – pois engloba desde costumes a normas de milhares de tratados. E a questão da convencionalidade das normas também não é de modo nenhum um tema a descartar, neste contexto.[391] A par da constitucionalidade, a convencionalidade: veja-se o enorme passo que já foi dado com a declaração da Comissão Africana dos Direitos do Homem condenando, por discriminatórios, os art. 35 e 65 da Constituição da Costa do Marfim.[392] Além disso, o *corpus* a aplicar pelo Tribunal não seria apenas internacional, mas ainda nacional: veja-se o caso de países que não cumpram a sua própria Constituição, ou as suas próprias leis, bloqueando o acesso à justiça aos seus cidadãos, e obrigando, assim, à intervenção do TCI.

Cremos que além das Constituições nacionais, que correm o risco de inaplicação interna, vários instrumentos internacionais constituem afinal a Constituição material internacional. Não numa dimensão orgânica, de "governo mundial", mas de Direitos, antes de mais, e também de procedimentos eleitorais, por exemplo, assim como de garantias processuais e relativas ao funcionamento independente do poder judicial. O *corpus* engloba assim a Declaração Universal dos Direitos do Homem, o Pacto Internacional relativo aos Direitos Civis e Políticos, a Carta da Organização dos Estados Americanos, a Ata Constitutiva da União Africana, e os Princípios de Harare (saídos da reunião dos países do *Commonwealth*, de 20 de outubro de 1991), os Tratados (constitucionais, na verdade) da União Europeia, e designadamente o Tratado de Lisboa, a Convenção Europeia dos Direitos do Homem, e outros do mesmo timbre.

---

[391] Cf., por exemplo, Suprema Corte De Justicia De La Nación. El control de convencionalidad y el poder judicial en Mexico, mecanismo de protección nacional y internacional de los derechos humanos. *Cuadernos de Jurisprudencia*, set. 2012; CANOSA USERA, Raúl. *El Control de Convencionalidad*. Navarra: Aranzadí, Civitas, Thomson Reuters, 2015.

[392] O texto foi aprovado por referendo em 23 de julho de 2000. Cf. caso 246/02: *Mouvement Ivoirien des droits humains (MIDH) vs. Côte d'Ivoire*.

Em tempos de muito subjetivismo jurídico, como os nossos, tendência que pode agravar-se, não nos repugnaria, porém, a partir de um dado momento, e com todas as cautelas, que se iniciasse um processo de consolidação ou mesmo codificação para que o juiz constitucional internacional, sem prejuízo de alguma liberdade, possuísse, contudo, alguns padrões e limites garantidores de mais certeza e segurança no Direito, sem prejuízo das decisões criativas que por vezes são a única hipótese de se fazer Direito. É uma questão a discutir...

2 Objetivos do Tribunal

A proposta de Tribunal Constitucional Internacional é ainda, em grande medida, uma proposta aberta, como a obra artística aberta[393] (e se o Estado era, para Burkhardt, uma obra de arte,[394] *a fortiori* este tipo de construções internacionais). Contudo, e como base de trabalho, tem-se partido de algumas propostas para a sua institucionalização e funcionamento.

Não faz sentido entrar no pormenor da sua atividade ou das estruturas que se estão propondo para o seu futuro funcionamento sem um apontamento brevíssimo sobre os seus fins. Trata-se apenas de sintetizar o já dito anteriormente, com uma ou outra precisão.

Os grandes objetivos do Tribunal são a garantia da Democracia e dos Direitos Humanos, pela positiva. Pela negativa, contribuir para erradicar a ditadura e o desrespeito pelos direitos e a dignidade das pessoas. Do mesmo modo que ao nível nacional se pode dizer que "The theory of the law of the state plays theorectical and practical orientations, methods, and themes in different keys, when faced (or not) with a constitutional court and court practice",[395] por maioria de razão tudo muda quando houver um TCI e não apenas diálogo entre

---

[393] ECO, Umberto. *Obra aberta*. 2. ed. São Paulo: Perspetiva, 1971. Retrospetivamente, *v.g.*, Idem. De L'Œuvre ouverte au Pendule de Foucault, propos recueillis par Jean-Jacques Brochier et Mario Fusco. *Magazine Littéraire*, Paris, n. 262, p. 18 *et seq.*, fev. 1989.

[394] BURCKARDT, Jacob. *A civilização do renascimento italiano*. 2. ed. Lisboa: Presença, 1983.

[395] JACOBSON, Arthur; SCHLINK, Bernhard. *Weimar*: a Jurisprudence of Crisis. University of California Press, 2002. p. 3.

juízes separados:[396] uma jurisprudência de um Tribunal por assim dizer dotado institucionalmente de centralidade e reconhecimento geral.

Os Direitos Humanos são um dos elementos (conjuntamente com a separação dos poderes) absolutamente estruturais do Constitucionalismo moderno. Como diz o art. 16 da Declaração dos Direitos do Homem e do Cidadão, a primeira: "Toute Société dans laquelle la garantie des Droits n'est pas assurée, ni la séparation des Pouvoirs déterminée, n'a point de Constitution". Embora o Constitucionalismo contemporâneo esteja já bastante para além do Constitucionalismo moderno nascente que cunhou essa Declaração, a verdade é que não renunciou (nem jamais poderá renunciar, para se não contradizer: se o vier a fazer metamorfosear-se-á) nunca aos princípios basilares da tríade fundadora: Separação dos poderes, sacralidade textual (primeiro implícita, hoje presente nas cláusulas pétreas e fórmulas afins), e Direitos. Na síntese muito direta de Pérez-Luño, "Lo constitucionalismo actual no sería lo que es sin los derechos fundamentales".[397]

A Democracia já não é uma mera questão simplesmente política (se tal existe). O tema é incomensurável e a bibliografia uma biblioteca de babel.[398] Mas há, em todas as novidades nesse terreno,

---

[396] É este o tema da tese do magistrado brasileiro RAMIRES, Maurício. *Diálogo judicial internacional, op. cit.*

[397] PÉREZ LUÑO, Antonio E. *Los derechos fundamentales.* 11. ed. Madrid: Tecnos, 2013. p. 15.

[398] SIMON, Yves. *Filosofia do governo democrático.* Tradução Edgard Godói de Mata-Machado. Rio de Janeiro: Agir, 1955; SALDANHA, Nelson. *Secularização e democracia:* sobre a relação entre formas de governo e contextos culturais. Rio de Janeiro, São Paulo: Renovar, 2003; FINLEY, Moses I. *Democracy Ancient and Modern,* Tradução Monique Alexandre. *Démocratie antique et démocratie moderne.* Paris: Payot, 1976; GARCÍA-PELAYO, Manuel. *El estado de partidos.* Madrid: Alianza Editorial, 1986; GUISÁN, Esperanza. *Mas allá de la democracia.* Madrid: Tecnos, 2000; LEIBHOLZ, Gerhard. *O pensamento democrático como princípio estruturador na vida dos povos europeus.* Coimbra: Atlântida, 1974; MELO, António Barbosa de. *Democracia e utopia (reflexões).* Porto: Almedina, 1980; MICHELS, Robert. *Los partidos políticos. um estudio sociológico de las tendencias oligárquicas de la democracia moderna.* Tradução Enrique Molina de Vedia. Buenos Aires: Amorrotu, 1996; MONTORO BALLESTEROS, Alberto. *Razones y limites de la legitimación democrática del derecho.* Múrcia: Universidad de Murcia, 1979; VILANI, Maria Cristina Seixas. *Origens medievais da democracia moderna.* Belo Horizonte: Inédita, 1999; SÉRGIO, António. *Democracia.* Lisboa: Sá da Costa, 1974; EISENBERG, José. *A democracia depois do liberalismo.* Rio de Janeiro: Relume do Mará, 2003; POPPER, Karl; CONDRY, John. *Televisão:* um perigo para a democracia. Lisboa: Gradiva, 1995; ELSTER, Jon; SLAGSTAD, Rune (Ed.). *Constitutionalism and Democracy.* Cambridge: Cambridge University Press, 1997; ZAGREBELSKY, Gustavo. *La crucifixión y la democracia.* Tradução Atílio Pentinalli Melacrino. Barcelona: Ariel, 1996. Mais recentemente, *v.g.,* WERLE, Denílson Luis; MELO, Rúrion Soares. *Democracia deliberativa.* Porto Alegre: Livraria do Advogado, 2007; BELLO, Enzo. Neoconstitucionalismo:

um aspeto para nós muito relevante: é que hoje em dia a Democracia é também Princípio Democrático,[399] e tal princípio encontra-se bastante difundido e consensual internacionalmente [apesar de todas as bolsas de antidemocracia pelo mundo, quer na malha macro- quer, mais ainda, na microanálise dos sistemas políticos].[400] Há, com efeito, uma positivação do princípio a nível global e regional. Desde logo, recordemos o art. 21 da Declaração Universal dos Direitos do Homem,[401] que por exemplo em Portugal é o critério hermenêutico explicitamente escolhido pela Constituição vigente para interpretar os direitos [*ex vi* art. 16.º, *maxime* n.º 2].[402] Assim, o art. 21 remete para um mínimo de direitos democráticos de participação na governação (1), de igualdade no acesso a funções públicas (2), estabelecendo também a vontade popular como esteio da autoridade (legítima), e indicando as eleições como o modo de manifestação dessa vontade (3).

3   A dupla função do Tribunal

O TCI tem, para usar a linguagem médica, uma dimensão profilática e uma dimensão terapêutica, ou, em termos jurídicos, uma dimensão de consulta e conselho, a que alguns textos preparatórios chamam de "avaliação", e uma dimensão contenciosa.

---

democracia deliberativa e a atuação do STF. In: VIEIRA, José Ribas (Coord.). *Perspectivas da teoria constitucional contemporânea*. Rio de Janeiro: Lumen Juris, 2007. p. 3 *et seq.*; VIOLA, Francesco. *La democracia deliberativa entre constitucionalismo y multiculturalismo*. Tradução Javier Saldaña. México: Unam, 2006.

[399] Cf., sobre o princípio democrático, uma síntese possível no nosso livro *Direitos fundamentais*: fundamentos & direitos sociais. Lisboa: Quid Juris, 2014. p. 121 *et seq.*

[400] Cf., por todos, FOUCAULT, Michel. *Microfísica do poder*. Tradução Roberto Machado. Rio de Janeiro: Graal, 1979.

[401] "1. Toda a pessoa tem o direito de tomar parte na direcção dos negócios públicos do seu país, quer directamente, quer por intermédio de representantes livremente escolhidos. 2. Toda a pessoa tem direito de acesso, em condições de igualdade, às funções públicos do seu país. 3. A vontade do povo é o fundamento da autoridade dos poderes públicos; e deve exprimir-se através de eleições honestas a realizar periodicamente por sufrágio universal e igual, com voto secreto ou segundo processo equivalente que salvaguarde a liberdade de voto."

[402] "Artigo 16.º (Âmbito e sentido dos direitos fundamentais). 1. Os direitos fundamentais consagrados na Constituição não excluem quaisquer outros constantes das leis e das regras aplicáveis de Direito Internacional. 2. Os preceitos constitucionais e legais relativos aos direitos fundamentais devem ser interpretados e integrados de harmonia com a Declaração Universal dos Direitos do Homem."

LIÇÃO XVI
JUSTIÇA CONSTITUCIONAL GLOBAL | 273

Por um lado, o TCI teria funções jurisdicionais que se poderia dizer "normais", uma vez esgotadas as vias de recurso em cada ordem jurídica. Podendo preliminarmente instituir-se, nalguns casos, uma fase de mediação, a aplicação das decisões do Tribunal dependeria ainda dos Estados. Agindo não *ex officio* mas a pedido de um conjunto vasto mas ainda assim delimitado de sujeitos com legitimidade processual ativa, daria voz a petições em certas condições de amplitude e legitimação, a ONGs reconhecidas pelos Estados para fins eleitorais, partidos, sindicatos e outras associações profissionais, e organizações internacionais aos diferentes níveis. Em casos absolutamente excecionais, e ao contrário do que ocorre por vezes regionalmente, seria possível (a nosso ver) instituir uma espécie de providência cautelar, que atuasse no sentido de garantir direitos ou impedir o seu presumível abuso ou violação, mesmo antes da conclusão das medidas de recurso. Naturalmente em casos muito tipificados. Porque por vezes ocorre que o Direito Interno ou regional acaba por chegar demasiado tarde. Porém, reconhece-se que esse mecanismo, a instituir-se, também pode ser perigoso. E teria de ponderar-se qual, afinal, o mal menor...

Desde logo se pode questionar é a modéstia do projeto: porque não alargar a legitimidade processual ativa? Porque obrigar à via-sacra de recursos improfícuos num regime autoritário antes de fazer subir uma questão ao TCI? Porque não impor sanções aos Estados incumpridores das suas decisões, ou mesmo encontrar meios de fazer aplicar o direito por si dito independentemente dos Estados? E esta questão leva a um problema radical e primeiro: como instituir o TCI? Por um tratado previamente ratificado por sucessivos Estados, que se arrisca a ter de fora muitos dos que terão reticências a tal fórmula, até por simples precaução e "vacina" de anteriores "perdas de soberania"? Ou, como foi aventado já, criar o TCI por um ato voluntarista de interpretação do poder constituinte universal?[403]

---

[403] Neste último caso, que seria de alguma "beligerância" (muito provavelmente suicida) face aos Estados, poderia mesmo alguém lembrar-se, *mutatis mutandis*, e admitindo que o TCI produziria Direito Internacional mesmo contra estados, de uma passagem significativa de um clássico manual: "Naturalmente, a aplicação efetiva do direito internacional pelos tribunais nacionais baseia-se directamente no reconhecimento pelos Estado respectivos, dos quais recebem os poderes. Se a Constituição do seu país não fornecer uma base jurídica escrita para actuar neste domínio, encontrá-la-ão na regra de origem anglo-saxónica:

Contudo, não é intenção dos promotores deste projeto, pelo contrário, que o TCI venha a substituir-se aos Estados, ou produzir Direito *ex novo*, antes propiciar uma mais perfeita aplicação de Direito já existente.

É certo que numa fórmula mais *souple*, já foi sugerido[404] que se utilizasse simplesmente o mecanismo previsto pela Convenção Europeia sobre o Reconhecimento da Personalidade Jurídica das Organizações Internacionais não Governamentais, aberta à assinatura em Estrasburgo, a 24 de abril de 1986 (405).[405] Mas um Tribunal pode ser uma ONG?[406] E a limitação europeia não será significativa? É certo que tal encurtaria o caminho. Mas a legitimidade do Tribunal não ficaria comprometida?

Mas para além das funções contenciosas, uma das grandes inovações do TCI consiste em ser uma instância de aconselhamento de governos, organizações internacionais e forças vivas da sociedade civil, nacionais e internacionais, que, em termos obviamente também limitados e com prazo razoável de resposta, poderiam colocar questões, pedir pareceres. Não tem sido inédito já que mesmo governos peçam impossíveis aclarações das suas decisões (407),[407] o que os tribunais constitucionais nacionais certamente nem sempre ou quiçá nunca poderão dar (dado não ser essa a sua função, por definição), mas que

---

'International law is a part of the law of the land", considerada já há muito como uma regra consuetudinária de valor constitucional, universalmente aceite como tal". É um tanto o contrário da posição de Karl Strupp, mas *Se non è vero, è ben trovato*. V. DIHN, Nguyen Quoc; DAILLIER, Patrick; PELLET, Alain. *Direito Internacional Público*. Tradução Vítor Marques Coelho. Lisboa: Fundação Calouste Gulbenkian, 1999. p. 81.

[404] Mas não pelos promotores da ideia: a verdade é que um projeto desta envergadora passa a ser adotado por todos quantos o desejarem, e portanto é normal que a pluralidade de posições cresça.

[405] Em Portugal, aprovada e ratificada por Resolução da Assembleia da República n.º 28/91.

[406] Veja-se o artigo 1.º da Convenção: "A presente Convenção é aplicável às associações, fundações e outras instituições privadas (a seguir designadas por ONG) que preencham as seguintes condições:

a) Tenham um fim não lucrativo de utilidade internacional; b) Tenham sido criadas por um acto relevante do Direito Interno de uma Parte; c) Exerçam uma actividade efectiva em, pelo menos, dois Estados; e d) Tenham a sua sede estatutária no território de uma Parte e a sua sede real no território dessa ou de qualquer outra Parte.". É claro que a imaginação jurídica pode ficcionar a compatibilização do munus judicial e o imaginário associado a uma ONG. Mas não certamente fácil, pelo menos no plano da *auctoritas*...

[407] Cf., por todos, MEIRELES, Luísa. Tribunal constitucional rejeita pedido de aclaração do governo. Lisboa: *Expresso*, 18 jun. 2014. Disponível em: <http://expresso.sapo.pt/tribunal -constitucional-rejeita-pedido-de-aclaracao-do-gover-no=f876421>. Acesso em: 07 out. 2014.

poderiam tranquilamente ser objeto de pedido interpretativo a um tribunal supranacional, independente e especializado, como o TCI. Evidentemente, aqui está um exemplo de uma outra questão complexa a acautelar: a necessária harmonia entre as Cortes constitucionais (e afins) nacionais, regionais e o TCI. Certamente, nem todos os pedidos de parecer para o TCI seriam benévolos, podendo haver questões ociosas e mesmo litigância de má-fé. Será necessário não só um Estatuto do Tribunal que previna à partida muitos desses casos, como depois o dicernimento pontual que os descarte.

4 Composição do Tribunal

Bem menos importante, e julgamos que mais em aberto (esperando-se contributos que efetivamente possam melhorar o que tem estado sobre a mesa) é a forma de constituição do Tribunal, em concreto, uma vez ultrapassado o momento genesíaco, originário, ou ontológico. Esse sim, colocando problemas, sobretudo de atravessamento do Rubicão, e até de algum corte epistemológico. Por isso é que sempre vimos neste projeto uma solidariedade de fundo com as ideias de um direito fraterno:[408] só com uma mudança de paradigma se conseguirá aceitar este tipo de jurisdição; mas, por outro lado, pondo em prática esta jurisdição, tal ajudará à expansão de um outro paradigma jurídico.

A ideia que surgiu, que pareceu generosa e com a vantagem de ser simples, foi a seguinte: o Tribunal seria composto por 21 juízes, eleitos pela Assembleia Geral da ONU, com base (resta saber em

---

[408] O livro fundador (quanto à expressão, desde logo) seria o de RESTA, Eligio. *Il diritto fraterno*. Roma, Bari: Laterza, 2002. Também significativos, são, por exemplo, CARDUCCI, Michele. *Por um direito constitucional altruísta*. Porto Alegre: Livraria do Advogado, 2003, AYRES BRITTO, Carlos. *O humanismo como categoria constitucional*. Belo Horizonte: Fórum, 2007; BAGGIO, Antonio Maria (Org.). *O princípio esquecido*: exigências, recursos e definições da fraternidade na política. Vargem Grande Paulista: Cidade Nova, 2009; LOPES, Paulo Munir (Org.). *A fraternidade em debate*: percurso de estudos na América Latina. Vargem Grande Paulista: Cidade Nova, 2012; VALE DA SILVA, Ildete Regina; BRANDÃO, Paulo de Tarso. *Constituição e fraternidade*: o valor normativo do preâmbulo da constituição. Curitiba: Juruá, 2015 etc. Cf., *v.g.*, para uma primeira síntese, o nosso livro *Geografia constitucional*: sistemas juspolíticos e globalização. Lisboa: Quid Juris, 2009. E já o nosso artigo Do direito natural ao direito fraterno. *Revista de Estudos Constitucionais, Hermenêutica e Teoria do Direito – RECHTD*, v. 1, n. 1, p. 78-86, jan./jun. 2009.

concreto quais as variantes possíveis) numa lista proposta por um colégio eleitoral, formado por uma espécie de "comité de sábios", neste caso de especialistas em Direito e também representantes político-internacionais ao mais alto nível. Esse colégio, muito vasto, integrando os juízes (do Tribunal Internacional de Justiça e do Tribunal Penal Internacional) e os membros da Comissão de Direito Internacional da ONU, teria previamente feito uma seleção de entre o dobro de canditados potenciais (42), tendo como critérios a integridade, a competência, a experiência e ainda uma representação equitativa dos diversos sistemas jurídicos.

Seria por exemplo possível também fazer intervir juízes das várias cortes regionais. Começam, na verdade, a surgir estudos sobre a necessária interface entre estas instâncias.[409]

5 Dois paradigmas latentes?

Precisamente a questão que acabamos de abordar, aparentemente das mais pacíficas, porque suscetível de alteração, pode conduzir-nos a uma reflexão algo mais profunda sobre duas conceções de base diversas na criação de um TCI. São duas conceções afinal estratégicas (embora possam ter momentos táticos), que não colocam em causa o projeto em si, mas muito o podem moldar, desta ou daquela forma.

Poderão alguns considerar que um TCI cujos membros saem de uma Assembleia como a da ONU, e propostos por juízes de outros tribunais que (numa primeira analogia, com a hierarquia nacional) seriam teoricamente de nível "inferior" na escala ou pirâmide jurídica abaixaria, apoucaria, ou tiraria o brilho ou a *auctoritas* à Corte. Na verdade, este é um aspeto em que se manifesta outra das questões essenciais, fulcrais, radicais do projeto.

Tal como ocorreu com a instituição da União Europeia,[410] também no TCI vislumbramos duas possibilidades, sempre.

---

[409] Desde logo, v. RAMOS TAVARES, André. The Role of a International Constitutional Court Vis-À-Vis the Inter-American Court of Human Rights and it's Democratic Principles. *International Studies on Law and Education*, São Paulo, n. 24, p. 77, 2016.

[410] Estabelecendo uma analogia audaciosa, mas reportando-nos a um caso bem conhecido dos internacionalistas e constitucionalistas, em que havia duas vias, uma mais voluntarista e

Parece claro que de um lado se perfila a latente "tentação" de uma perfeição constitucionalista, em que, na fidelidade a conceitos como constituição material, poder constituinte etc., se construiria rigorosamente a instituição de um Tribunal à imagem e semelhança dos Tribunais Constitucionais nacionais. Nessa perspetiva, que não apenas reclamaria impecabilidade tradicional e doutrinal no plano constitucional,[411] mas também do Direito Internacional, o TCI teria de sair de um Tratado, com sucessivas ratificações, e numa articulação em tudo respeitadora da "soberania", pelo menos à partida (e pressuposta) dos Estados. Mas ao mesmo tempo que o processo seria naturalmente muito moroso e complexo, esta via parece poder rasgar outros horizontes para a ação do Tribunal. Pois na medida em que tem legitimidade impecável, poderá arriscar-se mais, fazer mais... E provavelmente melhor.

As fórmulas que têm sido avançadas em alguns casos parece derivarem de algum compromisso. Por um lado, compromisso com os estados nacionais: esgotamento nacional de recursos com pré-requisito, dependência dos Estados para pôr em prática as decisões, e desde logo necessidade de ratificação de um tratado instituidor, que aliás garanta, nomeadamente pela limitação das reservas que se lhe possam opor, um conjunto de "condições de sucesso". Por outro lado, compromisso com a própria estrutura da Sociedade Internacional, designadamente na forma de eleição dos juízes.

Vimos já o que tem vindo a ser proposto quanto a esta questão. Mas, por exemplo, Monique Chemillier-Gendreau, no seu pequeno mais incisivo artigo sobre o assunto, admitia já que o número de juízes inicialmente proposto pudesse vir a aumentar conforme o "sucesso" (presume-se que volume de trabalho) do TCI.[412] Haverá,

---

constitucional-institucionalista, e outra mais paulatina, por pequenos passos, sobretudo, no início, de integração económica: na verdade, tudo começou com a CECA – carvão e aço, que haveria de mais infraestrutural na época?

[411] Para voltarmos à comparação feita, não houve tal irrepreensibilidade frente à teoria na União Europeia, quase sempre com um *déficit* democrático na sua institucionalização, e sérios problemas sempre que decidiu referendar-se. Cf. o nosso artigo A Revolução constitucional europeia: reflexões sobre a génese, sentido histórico e contexto jurídico de um novo paradigma juspolítico. In: *Colóquio Ibérico*: Constituição Europeia. Homenagem ao Doutor Francisco Lucas Pires. Coimbra: Coimbra Editora, Universidade de Coimbra, mar. 2005. p. 279-323.

[412] CHEMILLIER-GENDREAU, Monique. Obliger les états à tenir parole, *op. cit.*

como este, vários outros aspetos que podem discutir-se, aperfeiçoar-se, ou apenas evoluir.

Mais importantes são as condições de efetivo êxito do projeto.[413] E essas são, principalmente, que a Corte esteja suficientemente dotada de capacidade de ação (não nos podemos esquecer nunca do financiamento, dos recursos humanos para além dos 21 ou mais juízes, e das instalações físicas do tribunal), interoperatividade normativa (jogando com articulações do *multilevel constitutionalism*), e – muito importante – a Corte tem de ver garantida a sua autoridade formal e a sua competência exclusiva. Não é um novo *tribunal de Westminister* a fazer concorrência a tribunais mais antigos...[414]

Cremos que não é o tempo de nenhum fundamentalismo na matéria, e que do diálogo entre as várias perspetivas e contributos, em permanente dialética com os oponentes ao projeto, cujas críticas devem ser muito ponderadas, poderá sair uma instituição capaz de contribuir para que *haja mais Justiça neste mundo*, que é o que, realmente, os juristas devem buscar.[415]

---

[413] Para mais desenvolvimentos, cf. o nosso artigo/relatório La Cour Constitutionelle Internationale (ICCo): une idée qui fait son chemin. *Notandum*, v. 38, p. 21-26, maio/ago. 2015 ou La Corte Constitucional Internacional (ICCO). Una idea que construye su caminho. *Iuris Tantum*, ano XXIX, n. 25, terceira época 2014, Investigaciones y Estudios Superiores, S.C., Universidad Anáhuac, México, p. 405-411.

[414] Cf., *v.g.*, AGOSTINI, Eric. *Direito comparado*. Porto: Rés, [S. d].

[415] Assim finalmente respondeu uma estudante de Direito ao seu professor, que levava anos perguntar o que se está a fazer numa Faculdade de Direito. Cf. LOMBARDI-VALLAURI, Luigi. *Corso di filosofia del diritto*. Pádua: Cedam, 1978,1981: "Estamos aqui para fazer mais justiça no mundo". O projeto do Tribunal Constitucional internacional tem animado mais e mais pessoas, que o estão a discutir com grande nível e elevação. Assim, cf., por último, o n. 38 da *Revista Internacional d'Humanitats*, de 2016, de que tivemos a honra de ser Editor *ad hoc*, com contributos de Gonçalo S. de Melo Bandeira, Mário Frota, Frederico Batista de Oliveira, Ahmed Ouerfelli, Cristiane de Souza Reis, Maria Helena Carvalho dos Santos e François Vallançon, além de mais um artigo nosso. Disponível em: <http://hottopos.com/rih38/index.htm>. Acesso em: 14 maio 2016.

POSFÁCIO

DIREITO INTERNACIONAL PÚBLICO: DESAFIOS E ESPERANÇAS PARA O SÉCULO XXI

O meu primeiro orientador de Tese de Doutorado – Professor Doutor Moacyr Motta da Silva, o qual teve que se aposentar muito cedo devido à sua saúde, afirmava, logo no "Agradecimento" de seu livro, as seguintes palavras: "Uma das virtudes morais do ser humano consiste no empenho em dar ao trabalho de seu semelhante, toda a dedicação, a competência e o zelo, como se para si fosse. Aquele que reparte com seu semelhante parte do seu conhecimento, cresce no sentido espiritual".[416]

Essas palavras iniciais expressam minha profunda gratidão ao Professor Paulo Ferreira da Cunha por, de um lado, aprender sempre mais com a leitura de uma de suas obras e, por outro, pela responsabilidade de atender ao seu generoso e duplo convite: realizar a revisão desta obra a qual, tenho certeza, traz significativa utilidade social e acadêmica e, ainda, a possibilidade de escrever este posfácio.

Não tenho dúvidas sobre os impactos positivos e as necessárias provocações que o autor demonstra ao seu leitor ou leitora. Nessa obra, didaticamente exposta e metodologicamente alinhada, o Professor Paulo Ferreira da Cunha, além de dividir conosco o seu erudito saber, ressalta, de modo especial, algumas de suas *utopias carregadas de esperança*[417] as quais tem sido sua incansável alegria e

---

[416] SILVA, Moacyr Motta da. *Direito, justiça, virtude moral e razão*: reflexões. 2. ed. Curitiba: Juruá, 2008.

[417] Trata-se de princípio político profundamente humanista no qual não se observa passividade, mas a ação prudencial, persistente, capaz de animar a renovação da interação

PAULO FERREIRA DA CUNHA
DIREITO INTERNACIONAL: RAÍZES & ASAS

preocupação, como é o caso da elaboração e importância global do Tribunal Internacional Constitucional.

Percebe-se, nessa linha de pensamento, a riqueza de argumentos que não se centram exclusivamente num saber dogmático tradicional, fechado nas suas certezas habituais, e, sim, em saberes capazes de dialogar para se constituir a genuína Ciência Jurídica.[418] Esse é um desafio necessário para se compreender a produção (sentido epistemológico),[419] interpretação (sentido ideológico), articulação e aplicação (ambos sentidos operacionais) do Direito Internacional Público ao nosso século.

A leitura que será realizada pelo leitor ou leitora – seja estudante ou profissional jurídico – já sinaliza, ainda que seja pela identificação sumária dos tópicos apresentados, que não é possível criar, desenvolver e executar as estratégias nacionais adequadas para a preservação da Dignidade da Pessoa Humana sem que haja responsabilidade e proximidade entre os diferentes povos da Terra.

É a partir dessa cumplicidade, desse *sentir algo junto com o Outro*, principalmente pelas adversidades comuns, que o diálogo estabelece quais são os parâmetros a serem adotados pelos Estados-nação a fim de assegurar condições da vida digna a todos, tanto no cenário interno quanto externo.

No entanto, a evolução do Direito Internacional Público já salienta algumas preocupações as quais são, no mínimo, ambíguas[420]

---

humana e arquitetar a harmonia universal. É a projeção (improvável) de algo desejado por todos que se corporifica no momento presente. Na dimensão jurídica, essa manifestação ocorre por meio da Consciência Jurídica, seja a individual e/ou coletiva.

[418] "(...) atividade de pesquisa que tem como objeto o Direito, como Objetivo Principal a descrição e/ou prescrição sobre o Direito ou fração temática dele, acionada a Metodologia que se compatibilize com o Objeto e o Objetivo, sob o compromisso da contribuição para a consecução da Justiça". PASOLD, Cesar Luiz. *Metodologia da pesquisa jurídica*: teoria e prática. São Paulo: Conceito Editorial, 2011. p. 197.

[419] Ressalte-se, aqui, as próprias palavras do autor: "É preciso um certo distanciamento (distância para ver o conjunto e não a superfície das coisas, visão panorâmica – daí a palavra *teoria*, que vem do grego, significando precisamente visão) e, desde logo, algum olhar sobre o próprio saber que se está a constituir. Isso é ir além do conhecimento (*meta-scientia*) ou discurso ou saber sobre a própria disciplina (*epistemelogia*). Depois, vem o estudo dos métodos (que se estrutura numa metodologia2) de uma área, mas no nosso caso fá-lo-emos de forma embutida no próprio discurso mais substancial da matéria, sabendo que *el camino se hace caminhando*".

[420] "(...) O que é a ambiguidade? Ela se traduz pelo fato de que uma realidade, pessoa ou sociedade se apresenta sob o aspecto de duas verdades diferentes ou contrárias, ou então apresenta duas faces não se sabendo qual é a verdadeira". MORIN, Edgar; VIVERET,

POSFÁCIO
DIREITO INTERNACIONAL PÚBLICO: DESAFIOS E ESPERANÇAS PARA O SÉCULO XXI | 281

porque, de um lado, servem para inspirar, para se persistir, historicamente, naqueles desafios mais ásperos, inicialmente intangíveis, como alguns os percebem, como é o caso da Sociedade Internacional[421] e, de outro, deixam claro a dificuldade na execução de seus objetivos diante de tantos interesses num cenário multicultural.

A manutenção da Paz[422] – seja pelas convenções, tratados ou normativas da Organização das Nações Unidas – não ocorre somente pela vontade dos Estados, mas das pessoas[423] que ali habitam. Eis o complexo mosaico que traduz a fragilidade e a necessidade de um ambiente pacífico duradouro na maior medida de tempo possível.

Outro tópico que corrobora esse cenário ambíguo – e ambivalente[424] – são os conflitos internacionais e a função da

---

Patrick. *Como viver em tempos de crise?* Tradução Clóvis Marques. Rio de Janeiro: Bertrand Brasil, 2013. p. 9.

[421] Novamente, destaca o Professor Paulo Ferreira da Cunha: "A Sociedade Internacional (que não é uma *comunidade*) abrange tendencialmente todos. Sabe-se que em teoria todos os Estados são iguais (muito teoricamente), e qualquer Estado pode entrar na sociedade (mas há o problema do reconhecimento. E o "Estado islâmico" – e alguns parecem mesmo recusar-se a nomeá-lo desta forma –, por exemplo, está mesmo na sociedade? Há quem contudo assinale uma sua dimensão global...). Há quem associe a descentralização dos 3 poderes ao nível internacional. Mas eles começam as esboçar-se, de algum modo. Muito mais que nos velhos tempos. E a descentralização tem a ver com a inexistência, sim, de um poder central, analisado ou não em 3. O caráter originário significaria que a Sociedade Internacional não depende de outra ordem jurídica (no fundo, nacional), mas apenas no direito natural. Os soberanistas extremos discutirão a primeira questão, e os positivistas a segunda".

[422] "A Paz, enquanto manifestação da cultura humana, procura orientação naquilo que traga identificações de CONVIVÊNCIA, de vida, de reconhecimento do Outro pelo seu vínculo antropológico comum. (...) Percebe-se que a Paz é uma condição frágil perante o mundo em que se vive. As tecnologias crescem em progressão geométrica e impõe ao Ser humano sua inclusão obrigatória nessa (nova) dimensão sem, contudo, oferecer meios para seu aprendizado ou mesmo respeito às diferentes velocidades de absorção os quais cada pessoa tem para absorver, compreender e sintetizar as informações obtidas. (...) A Paz não é mera assistência material, práticas piedosas, com as quais se percebe nas ações entre Estados para se afirmar uma condição sustentável de vida na Terra. Os problemas que se apresentam precisam de *cooperação desinteressada* pelas pessoas, pois é por meio dessas condições compreensivas nas quais se pode avançar para o progresso". AQUINO, Sérgio Ricardo Fernandes de. *O direito em busca de sua humanidade*: diálogos errantes. Curitiba: CRV, 2014. p. 55-56.

[423] E esclarece o autor desta obra: "É difícil conceber-se um Estado vazio de pessoas (...). A total ausência delas, que podemos ficcionar por absurdo, levaria a que nem poder político (governo, em sentido lato, *Government*) existisse. Há uma utopia (sob a forma de 'ficção científica' ou afim, em *City* (...), na qual parece terem desaparecido os Homens da cena social, e em que são os cães os protagonistas. Mas certamente aí seriam eles considerados pessoas. E então sim, finalmente e por uma vez haveria razão no bordão de linguagem que hoje insiste em falar em 'pessoa humana', porque nesse outro caso estaríamos perante 'pessoas animais', 'pessoas caninas'. Acabaria então por ter razão a distinção".

[424] "A ambivalência, possibilidade de conferir a um objeto ou evento mais de uma categoria, uma desordem específica da linguagem, uma falha da função nomeadora (segregadora)

Cidadania. Observa-se, em qualquer noticiário, os efeitos perversos da guerra na região da Síria e a tragédia de seus habitantes por desejarem, intensamente, viverem em lugares mais pacíficos, estáveis, próprios para trabalharem e estabelecerem relações humanas. Por esse motivo, a guerra deve ser coibida, de todas as formas pelo Direito Internacional Público e suas vias de resolução, inclusive a arbitral.[425] Nesse momento, os Tribunais Internacionais realizam significativa tarefa em trazer respostas e esclarecimentos para assuntos muito complexos.

Se os conflitos armados, aos poucos, se ramificam, persistem em existir nas civilizações mais avançadas e democráticas, é porque os seres humanos – a minoria, pelo menos – enxerga alguma utilidade – seja política, social, jurídica, tecnológica ou econômica – na sua perpetuação. Esse já seria um afronto aos esforços demandados pelo Direito Internacional Público, pelos Direitos Humanos, pelas Constituições – escritas e/ou matriais – em todo o território terrestre para a propagação da Paz. No entanto, essa é apenas uma face desse problema mundial.

Sob outro ângulo da mesma adversidade, verifica-se a clausura estabelecida pela Cidadania nacional quando decide não reconhecer, nem acolher o *estranho, o estrangeiro*, nos seus domínios e contribui, internamente, para ampliar a segregação e o preconceito. A descrição de um projeto cidadão não se exaure nos domínios do Estado-nação,[426]

---

que a linguagem deve desempenhar. O principal sintoma de desordem é o agudo desconforto que sentimos quando somos incapazes de ler adequadamente a situação e optar entre ações alternativas". BAUMAN, Zygmunt. *Modernidade e ambivalência*. Tradução Marcus Penchel. Rio de Janeiro: Zahar, 1999. p. 9.

[425] Para o autor desta obra: "A via arbitral poderá considerar-se, *grosso modo*, a meio caminho entre as fórmulas político-diplomáticas, mais informais, e as fórmulas propriamente judiciais. É uma outra via, perfeitamente legal, à disposição dos Estados para solucionarem os seus diferendos. Há precedentes anteriores (tratado Jay de 1794, os *Alabama Claims*, de 1872 etc.), mas um momento importante é da Convenção de Haia de 1899 (criando-se então também a Corte Permanente de Arbitragem, a qual não é, pela sua própria natureza, um verdadeiro tribunal...), que no seu articulado precisamente tem, neste domínio, uma formulação intermédia, reconhecendo aos Estados o direito de nomearem juízes da sua confiança para, regidos pelo Direito, arbitrarem os conflitos em que se encontrem envolvidos. O compromisso arbitral determina o direito aplicável (sabemos que a escolha das fontes, sobretudo em ramos de pluralismo normativo, é deveras importante), sendo que na arbitragem podem intervir formas mais flexíveis de juridicidade, desde logo na própria determinação do objeto da lide, e na aplicação da equidade".

[426] Os etólogos ou etologistas incluem entre os traços essenciais comuns aos homens e aos animais uma espécie de "instituto" (*grosso modo*) de territorialidade. Somos seres de espaço,

mas se amplia pela responsabilidade radical, incondicional que se tem pelo reconhecimento de nossa humanidade que habita o Outro. É nesse sentido que se oportuniza a compreensão daquela frase enunciada por Herrera Flores: *humanizar a humanidade.*[427]

> A Cidadania, portanto, não é fenômeno de vontade unilateral entre Estado e Sociedade nacional, mas multilateral.[428] É o abrigo necessário contra a violência que arranca qualquer vestígio de nossa Dignidade. A sua função humanitária não pode se tornar indiferente a fim de garantir qualidade de vida para aqueles nos quais se encontram dentro dos limites do Estado e ignorar as pessoas que, nos países vizinhos ou distantes, sofrem, cotidianamente, as misérias das injustiças, das atitudes totalitárias, da ganância pelo lucro e poder.

Nesse momento, e compreendida sob esse argumento, a Cidadania seria parecida com as águas do Rio Améles,[429] na

---

que precisam de espaço, e que determinam fronteiras, mesmo na simples aproximação entre pessoas (dependendo do contexto, das culturas, e da intimidade entre os agentes, como é óbvio). Numa sociedade muito confundida no que se pode ou não pode fazer (em grande medida por falta de educação familiar que a escola não pode colmatar), está de novo até a recuperar-se a ideia de limites, em vários aspetos, até o simples espaço entre as pessoas (nos aeroportos já há anúncios institucionais para em certos países se ter cuidado com demasiadas efusões de afeto, cordialidade ou camaradagem implicando excessiva aproximação física).

Que sentido terá hoje o preceito bíblico "Não mudes os marcos do teu próximo, que os antigos fixaram na tua herança, na terra que o Senhor, teu Deus, te dá para a possuíres"? E com tudo isto, entretanto, é curioso como muitas fronteiras caem... nomeadamente tal ocorreu na União Europeia.

[427] HERRERA FLORES, Joaquín. *A reinvenção dos Direitos Humanos*. Tradução Carlos Roberto Diogo Garcia, Antonio Henrique Graciano Suxberger e Jefferson Aparecido Dias. Florianópolis: Fundação Boiteux, 2009. p. 42.

[428] "No se trata de abolir las diferencias culturales que caracterizan los distintos pueblos (...), sino ofrecerles un cauce de expresión que evite el conflicto (...). En todo caso, el paradigma de la ciudadanía multilateral debería proponerse, como meta última y definitiva, recuperar el proyecto humanista cosmopolita de la modernidad, que continúa vigente: hacer posible una universalis civitatis en la que se consagre plenamente el auspiciado status mundialis hominis". PEREZ-LUÑO, Antonio Enrique. *La tercera generación de derechos humanos*. Navarra: Arazandi, 2006. p. 241.

[429] Platão adverte sobre os efeitos negativos daqueles que, de modo descuidado, bebem das águas desse rio. A negligência implica, na alegoria platônica, perda da memória. PLATÃO. *A república: ou sobre a justiça*, diálogo político. Tradução Anna Lia Amaral de Almeida Prado. São Paulo: Martins Fontes, 2006. par. 621 "a-b". A fraternidade em debate
Pequeno tratado do decrescimento sereno
Dicionário de política jurídica
No fundo das aparências
el paradigma comunitario de la cultura de la vida para vivir bien
sustentado en una forma de vivir reflejada en una práctica cotidiana de respeto, armonía y equilibrio con todo lo que existe, comprendiendo que en la vida todo está interconectado,

Planície Letes, cujas almas no submundo iriam se lavar para esquecerem quem foram na sua vida passada. Nenhum agir cidadão – especialmente na sua acepção multilateral – se caracteriza pela passividade, pelo "esquecimento" (*ameléia*[430]) pela incapacidade de agir no sentido de transformar, de reverter um cenário que enfatiza as agonias humanas em detrimento ao seu desenvolvimento e aperfeiçoamento.

Além desses tópicos mais tradicionais para se desenvolver as lições de Direito Internacional Público, dois são mais novos e essenciais para que haja um significado mais profundo sobre a compreensão de convivência global no século XXI. O primeiro é o binômio Sustentabilidade/Desenvolvimento Sustentável e o outro é o Tribunal Internacional Constitucional.

Na minha opinião, existe uma saudável convergência entre os tópicos mais dogmáticos e os novos temas na medida em que se esboçam o alcance e a viabilidade de um projeto mundial para a vida na cumplicidade entre humanos e não humanos. Aos poucos, especialmente a partir dos debates acerca da Sustentabilidade, é possível reconhecer que os benefícios originários da atividade humana, principalmente na sua dimensão científica e tecnológica, não se destinam a assegurar exclusivamente a sobrevivência humana na Terra, mas de favorecer uma relação simbiótica entre *todos os seres que compõem a teia da vida*. É aqui que se fundamenta,

---

es interdependiente y está interrelacionado. Los pueblos indígenas originarios están trayendo algo nuevo
para el mundo moderno
a las mesas de discusión, sobre cómo la humanidad debe vivir de ahora en adelante, ya que el mercado mundial, el crecimiento económico, el corporativismo, el capitalismo y el consumismo, que son producto de um paradigma occidental, son en diverso grado las causas profundas de la grave crisis social, económica y política. Ante estas condiciones, desde las diferentes comunidades de los pueblos originarios de Abya Yala, decimos que, en realidad, se trata de una crisis de vida
Buen vivir/ Vivir bien
O princípio esperança
Transconstitucionalismo
Mito e pensamento entre os gregos
república: ou sobre a justiça

[430] "No quadro do pensamento platônico em que devemos situá-la, a *ameléia* se definiria, desse modo, como o contrário dessa inquietação espiritual, dessa perturbação da alma que o filósofo, à imitação de Sócrates, tem a missão de suscitar." VERNANT, Jean-Pierre. *Mito e pensamento entre os gregos*: estudos de psicologia histórica. Tradução Haiganuch Sarian. 2. ed. Rio de Janeiro: Paz e Terra, 1990. p. 168.

genuinamente, uma Estética da Convivência,[431] cuja acepção precisa ser Barroca.[432]

Sustentabilidade é o paradigma no qual qualquer civilização precisa ter como vetor de orientação para uma vida adequada. Não se trata, nesse momento, de simplesmente criar argumentos retóricos, de se idealizar imagens cujo nome não designe, minimamente, o seu propósito. É inaceitável, por exemplo, que a Economia continue a medir o progresso humano de modo ilimitado, infinito, a partir de um Planeta com seres e resiliência finita.

Quando se observa a matriz ecológica da Sustentabilidade, ou seja, o reconhecimento das diferentes características de lugares e seres, percebe-se como a Terra, primeiro, consegue estabelecer as condições necessárias, equilibradas, para o desenvolvimento da vida no seu sentido mais amplo. Aos seres humanos, é necessário compreender essa complexa organização vital e, a partir de suas ações, definir o Desenvolvimento Sustentável como política de harmonização para que haja *vida para todos e não somente para alguns poucos eleitos pelos seus privilégios ou méritos*. É possível vislumbrar essas possibilidades com perspectivas-teóricas e práticas, desde a Europa, com o Decrescimento,[433] até as terras da América Latina com o *Buen Vivir*.[434]

---

[431] Sob o ângulo da Política Jurídica, a categoria denota sensação de "(...) harmonia e beleza que rescende dos atos de convívio social que se apoiam na Ética e no respeito à dignidade humana. Assim, podemos considerar como um dos fins mediatos da Política Jurídica a criação normativa de um ambiente de relações fundadas na Ética que venham a ensejar o belo na convivência social, em atendimento a necessidades espirituais latentes em todo ser humano (...)". MELO, Osvaldo Ferreira de. *Dicionário de política jurídica*. Florianópolis: Editora da OAB/SC, 2000. p. 37-38.

[432] Trata-se de uma compreensão não linear do tempo, no qual não há mais o horizonte bem definido a longo prazo. O Barroco, ao produzir sua bela imagem, preocupa-se com o momento presente, com a proximidade das relações humanas. A percepção das diferenças nas relações intersubjetivas, a relatividade elaborada pelo jogo de sombra e luz, próprio do citado estilo, denota enraizamento do tempo presente. MAFFESOLI, Michel. *No fundo das aparências*. Tradução Bertha Halpern Gurovitz. 3. ed. Petrópolis: Vozes, 2005. p. 210.

[433] "Fomos formatados pelo imaginário do 'sempre mais', da acumulação ilimitada, dessa mecânica que parece virtuosa e que agora se mostra infernal por seus efeitos destruidores sobre a humanidade e o planeta. A necessidade de mudar essa lógica é a de reinventar uma sociedade em uma escala humana, uma sociedade que reencontre seu sentido da medida e do limite que nos é imposto porque, como dizia meu colega Nicholas Georgescu-Roegen, 'um crescimento infinito é incompatível com um mundo finito'". LATOUCHE, Serge. *Pequeno tratado do decrescimento sereno*. Tradução Cláudia Berliner. São Paulo: Martins Fontes, 2009. p. 16.

[434] "(...) el 'paradigma comunitario de la cultura de la vida para vivir bien', sustentado en una forma de vivir reflejada en una práctica cotidiana de respeto, armonía y equilibrio con todo

A Sustentabilidade, sob o ângulo dessas ideias, precisa conduzir o Desenvolvimento Sustentável como desafio comum, transversal, entre os povos a fim de, permanentemente, estabelecer o debate acerca da preservação dos bens comuns para o benefício vital de todos os seres, sejam humanos e não humanos. Essa tarefa, como se percebe, não se circunscreve tão somente às constituições nacionais, mas deve ser empreendida, também, por organizações e tribunais internacionais. A convergência desses esforços promoverá, em larga escala, a compreensão da Sustentabilidade como critério de Dignidade a todos os seres: uma *Dignitas Terrae*.

Sob semelhante argumento, outra lição que merece destaque no pensamento do Professor Paulo Ferreira da Cunha é o Tribunal Constitucional Internacional. É a partir dessa amplitude global da jurisdição dessa Corte que se esboça as principais linhas de atuação, de produção, de apoio consultivo, de articulação dialogal entre as Constituições nacionais para se constituir uma Justiça Constitucional Global. Esse trânsito entre diferentes culturas constitucionais, segundo Neves, se impõe como revisão de seus paradigmas "(...) possibilitando uma 'conversação' transconstitucional mais sólida com ordens normativas entrelaçadas em torno de problemas no sistema jurídico mundial (...)".[435] É necessário mencionar, também, as próprias ideias do autor desta obra sobre o tema:

> O Tribunal Constitucional Internacional parece ser de facto uma utopia viável e um projeto de eutopia, ou seja, um elemento de uma utopia positiva (não uma utopia integral, porque esta é o mito de uma completa cidade ideal), benéfica (ao contrário da distopia, que é coisa de *Fabricantes de Infernos*, para retomar um título do escritor moçambicano Agostinho Caramelo). Ao longo de muitas sessões de estudo e debate sobre o assunto, sempre tem emergido um grande realismo político a par de

---

lo que existe, comprendiendo que en la vida todo está interconectado, es interdependiente y está interrelacionado. Los pueblos indígenas originarios están trayendo algo nuevo (para el mundo moderno) a las mesas de discusión, sobre cómo la humanidad debe vivir de ahora en adelante, ya que el mercado mundial, el crecimiento económico, el corporativismo, el capitalismo y el consumismo, que son producto de um paradigma occidental, son en diverso grado las causas profundas de la grave crisis social, económica y política. Ante estas condiciones, desde las diferentes comunidades de los pueblos originarios de Abya Yala, decimos que, en realidad, se trata de una crisis de vida". HUANACUNI MAMANI, Fernando. *Buen vivir/Vivir bien*: filosofía, políticas, estrategias y experiencias regionales andinas. Peru: CAOI, 2010. p. 6. Grifos originais da obra em estudo.

[435] NEVES, Marcelo. *Transconstitucionalismo*. São Paulo: Martins Fontes, 2009. p. 248-249.

irrepreensível rigor jurídico das discussões. Além disso, elas sempre têm estado imbuídas de um clima simultaneamente teórico e prático. (...) O Tribunal poderá tornar-se a breve trecho num baluarte da luta contra as ditaduras e mesmo contra os autoritarismos pontuais, que muitas vezes se insinuam nas dobras de democracias formais e no seu descuido, ou sono, como diria Montesquieu. Esta abordagem internacional exige, mais que uma Magna Carta formalmente elaborada por um poder constituinte mundial (o que seria muito complicado de conseguir, e não cremos sequer que muito útil, dadas as possíveis tentações totalitárias que se lhe poderiam colar), verdadeiros valores universais. Eles contudo já existem, ainda que os legisladores internacionais nem sempre sejam muito hábeis a discerni-los e a plasmá-los nos seus textos (como ocorreu com o projeto de Constituição Europeia, que tinha valores ou ditos valores diferentes nos seus dois preâmbulos).

O Tribunal Constitucional Internacional, como se percebe, não é uma *utopia abstrata*, algo impossível de ocorrer, mas genuína *utopia concreta*,[436] que reúne o desejo de muitas pessoas, de diversos povos numa amplitude não apenas Internacional, porém Global. Não se trata de uma vontade expressa tão somente pelos interesses estatais porque o ir e vir dialogal suscita a elaboração de vetores à preservação da Dignidade e da luta contra as desigualdades, contra as misérias, contra a ausência de Liberdade, de Igualdade, de Fraternidade,[437] de Justiça, de Ética entre as relações humanas e desses com os outros seres que habitam este Planeta.

Esse projeto é, sim, uma *utopia concreta* civilizatória na qual comunga valores humanistas e republicanos a fim de se identificar e

---

[436] "O ponto de contato entre sonho e vida, sem o qual o sonho produz apenas utopia abstrata e a vida, por seu turno, apenas trivialidade, apresenta-se na capacidade utópica colocada sobre os próprios pés, a qual está associada ao possível-real. [...] aqui teria lugar o conceito de utópico-concreto, apenas aparentemente paradoxal, ou seja, um antecipatório que não se confunde com o sonhar utópico abstrato". BLOCH, Ernst. *O princípio esperança*. Tradução Nélio Schneider. Rio de Janeiro: EdUERJ/Contraponto, 2005. v. 1, p. 145.

[437] "A fraternidade é o cimento ou a amálgama de uma comunidade política – local, nacional e/ou global – que se observa como confiança generalizada. A fraternidade política fundamenta-se num consenso político que inclui dois componentes individuais. Primeiro, a existência de procedimentos democráticos legitimados de participação, representação e tomada de decisões políticas, os quais também têm reconhecimento constitucional e que, em geral, favorecem a inclusão política. Segundo, a existência de uma atitude de empatia, preocupação ou solidariedade entre cidadãos, atitude que se expressa no reconhecimento constitucional de direitos sociais e em maiores graus de equidade social". MARDONES, Rodrigo. Por uma exatidão conceitual da fraternidade política. In: LOPES, Paulo Munir (Org.). *A fraternidade em debate*: percurso de estudos na América Latina. Vargem Grande Paulista: Cidade Nova, 2012. p. 44.

constituir, historicamente, que condições naturais, sociais, culturais, jurídicas, geográficas, tecnológicas e científicas são capazes de sintetizar essa relação de proximidade, de reconhecimento do Outro como pressupostos para uma convivência harmônica, ou seja, o Tribunal Constitucional Internacional auxilia no aperfeiçoamento de uma Estética da Convivência.

É a partir de todos esses argumentos que a obra do Professor Paulo Ferreira da Cunha não apenas desenvolve argumentos jurídicos fundados numa Razão Lógica, mas consegue indicar, ainda, de que modo as adversidades internacionais precisam suscitar a formação de uma Razão Pública mundial a qual consiga transitar entre a primeira dimensão racional mencionada e outra de matriz sensível, ou seja, postular apelos humanitários a partir de nossa Razão Sensível.

Esse é, de modo paradoxal, o desafio e a esperança do século XXI que este livro consegue demonstrar, pois reúne a erudição necessária para sintetizar a importância de um conhecimento dogmático, de um lado, sem perder a sensibilidade com as misérias humanas e a viva esperança de mitigalas pela paz, de outro. O autor merece, nesse momento, todos os elogios humanos e acadêmicos por trazer mais luzes a um intenso, árduo, porém necessário debate deste nosso tempo presente.

Planalto gaúcho, inverno de 2016.

Professor Sérgio Ricardo Fernandes de Aquino
Doutor e Mestre em Ciência Jurídica pela Universidade do Vale do Itajaí (UNIVALI) Professor dos cursos de Graduação e Mestrado da Faculdade Meridional (IMED). Pesquisador e Coordenador do Grupo de Pesquisa: Ética, Cidadania e Sustentabilidade.

REFERÊNCIAS

Assinalam-se neste índice bibliográfico sobretudo as obras citadas. Mas não as apenas incidentalmente referidas. Em contrapartida, incluem-se, embora muito parcimoniosamente, algumas obras consultadas para a redação deste livro, mas não citadas. Os clássicos, em geral, salvo casos particulares de interesse concreto da edição consultada, referimo-los apenas pelo nome do autor e título da obra.

AA.VV. Anarchy in the UK. *The Economist*, v. 420, n. 8996, 2-8 jul. 2016.

AA.VV. Desunião Europeia: viagem por uma autodestruição. Dossiê de *Le Monde Diplomatique*. II série, n. 117, p. 1, 4-16, jul. 2016.

ACCIOLY, H.; NASCIMENTO E SILVA, G. E.; CASELLA, P. B. *Manual de Direito Internacional Público*. 21. ed. São Paulo: Saraiva, 2014.

ACOSTA. Alberto. *O buen vivir*: uma oportunidade de imaginar outro mundo. Disponível em: <https://br.boell.org/sites/default/files/downloads/alberto_acosta.pdf>. Acesso em: 12 jun. 2016.

AFONSO, A. Martins. *Princípios fundamentais de organização política e administrativa da nação*: compêndio para o 3º ciclo dos Liceus. 10. ed. Lisboa: Papelaria Fernandes, [S.d.].

AGO, Roberto. *La codification du droit international et les problèmes de sa réalisation, in "Recueil d'études en hommage à Paul Guggenheim"*. Genebra: Faculdade de Direito da Universidade de Genebra, 1968.

AGOSTINI, Eric. *Droit Comparé*. Paris: PUF, 1988.

AKEHURST, Michael. *Introdução ao Direito Internacional Público*. Coimbra: Almedina, 1985.

ALLAND, Denis. *Manuel de droit international public*. 2. ed. atual. Paris: PUF, 2015.

ALLOTT, Philip. *Eunomia:* a New Order for a New World. Oxford: Oxford University Press, 1999.

ALMEIDA-DINIZ, Arthur J. Território: o espaço privilegiado do paradigma da dominação. In: ALMEIDA-DINIZ, Arthur J. *Novos paradigmas em Direito Internacional Público*. Porto Alegre: SAFE, 1995. p. 139 *et seq.*

AMARAL, Luciano. A herança de duas constituições. *Diário de Notícias*, 27 abr. 2006. Disponível em: <http://www.dn.pt/arquivo/2006/interior/a-heranca-de-duas--constituicoes-639647.html>. Acesso em: 21 fev. 2016.

ANDERSEN, Hans Thor; KEMPEN, Ronald van. *Governing European Cities*: Social Fragmentation, Social Exclusion and Urban Governance. Farnham: Ashgate, 2001.

AQUINO, *Comentário a la Ética a Nicómaco de Aristóteles*. Tradução Ana Mallea. Pamplona: EUNSA, 2000.

AQUINO, Sérgio Ricardo Fernandes. *Rumo à cidadania Sul-Americana:* reflexões sobre a sua viabilidade no contexto da UNASUL a partir da Ética, Fraternidade e Sustentabilidade. Saarbruecken: Novas Edições Acadêmicas, 2013.

ARAÚJO, Luís Ivani de Amorim. *Curso de Direito Internacional Público*. Rio de Janeiro: Forense, 2002.

ARENDT, Hannah. *Eichmann em Jerusalém:* um relato sobre a banalidade do mal. Tradução José Rubens Siqueira. São Paulo: Companhia das Letras, 1999.

ARISTÓTELES. *Ethique à Nicomaque*. Paris: Vrin, 1987.

ARISTÓTELES. *Ética a Nicómaco*.

ARISTÓTELES. *Retórica*.

ARNAUD, André-Jean. *O Direito entre modernidade e globalização:* lições filosóficas do Direito e do Estado. Tradução Patríce Charles Wuillaume. Rio de Janeiro: Renovar, 1999.

ARNAUT, António. *O étimo perdido:* o SNS, o estado social e outras intervenções. Coimbra: Coimbra Editora, 2012.

ARON, Raymond. *As etapas do pensamento sociológico*. Tradução Miguel Serras Pereira. [S.l.]: Círculo de Leitores, 1991.

ARON, Raymond. *Démocratie et totalitarisme*. Paris: Gallimard, 1965.

ASIMOV, Isaac. *Fundação*. Tradução Eduardo Nunes Fonseca. S. l.: Hemus, 1975, Disponível em: <http://www.planonacionaldeleitura.gov.pt/clubedeleituras/upload/e_livros/ clle000080.pdf>. Acesso em: 20 fev. 2016.

ASKENAZI, Philippe *et al. Manifesto dos economistas aterrados:* crise e dívida na Europa – 10 falsas evidências – 22 medidas para sair do impasse. 2. ed. Lisboa: Actual, 2012.

ATALI, Jacques. *Estaremos todos falidos dentro de 10 anos?* Lisboa: Alêtheia, 2010.

AYRES BRITTO, Carlos. *O humanismo como categoria constitucional*. Belo Horizonte: Fórum, 2007.

AZAMBUJA, Darcy. *Teoria Geral do Estado*. 4. ed. ver. ampl. São Paulo: Globo, 2008.

BACELLAR FILHO, Romeu Felipe (Coord.). *Elementos de direito internacional público*. Barueri: Manole, 2003.

BADINTER, Robert. *Reflexões Gerais*. In: CASSESSE, Antonio; DELMAS-MARTY, Mireille (Orgs.). *Crimes internacionais e jurisdições nacionais*. Barueri, SP: Manole, 2004. p. 57-58.

BAGGIO, Antonio Maria (Org.). *O princípio esquecido:* exigências, recursos e definições da fraternidade na política. Vargem Grande Paulista: Cidade Nova, 2009. 2v.

BALDWIN, Peter. *The Narcissism of minor Differences:* how America and Europe are alike. New York: Oxford University Press, 2009.

BANTEKAS, Ilias; PAPASTAVRIDIS, Efthymius. *International Law Concentrate*. Oxford: Oxford University Press, 2013.

BAPTISTA, Luiz Olavo. Interpretação dos Tratados e Devido Processo Legal. In: CICCO FILHO, Alceu José; VELLOSO, Ana Flávia Penna; ROCHA, Maria Elisabeth Guimarães Teixeira (Org.). *Direito Internacional na Constituição*. São Paulo: Saraiva, 2014. p. 455 *et seq.*

BARBALET, J. M. *Citizenship*. Tradução M. F. Gonçalves de Azevedo. *Cidadania*. Lisboa: Estampa, 1989.

BARLOW, Maude; JENNAR, Raoul Marc. O flagelo da arbitragem internacional. *Le Monde Diplomatique*, n. 112, p. 16-17, fev. 2016. Ed. port.

REFERÊNCIAS | 291

BARTHES, Roland. *Mitologias*. Tradução José Augusto Seabra. Lisboa: Edições 70, 1978.

BARTOLE, Sergio. *Costituzione materiale e ragionamento giuridico*: dirito e società. [S.l.: S. n.], 1982. p. 605 et seq.

BARZUN, Jacques. *Da alvorada à decadência*: 500 anos de vida cultural do ocidente – de 1500 à actualidade. Tradução António Pires Cabral e Rui Pires Cabral. Lisboa: Gradiva, 2003.

BASSO, Maristela (Org.). *Mercosul*: seus efeitos jurídicos, econômicos e políticos nos estados-membros. 2. ed. Porto Alegre: Livraria do Advogado, 1997.

BAST, Juergen; BOGDANDY, Armin von. *Principles of European Constitutional Law*. 2. ed. Oxford: Hart, 2010.

BASTOS, Celso Ribeiro; FINKELSTEIN, Cláudio. *Mercosul*: lições do período de transitoriedade. São Paulo: Instituto Brasileiro de Direito Constitucional, Celso Bastos Editor, 1998.

BECKER, Jean-Jacques. *O Tratado de Versalhes*. Tradução Constancia Egrejas. São Paulo: Unesp, 2011.

BELLO, Enzo. Neoconstitucionalismo: democracia deliberativa e a atuação do STF. In: VIEIRA, José Ribas (Coord.). *Perspectivas da teoria constitucional contemporânea*. Rio de Janeiro: Lumen Juris, 2007. p. 3 et seq.

BELLUZZO, Luiz Gonzaga. Prefácio. In: GRAU, Eros Roberto. *Ensaio e discurso sobre a interpretação/aplicação do direito*. São Paulo: Malheiros, 2009.

BEN ACHOUR, Yadh. Au service du droit démocratique et du droit constitutionnel international. Une Cour constitucionnelle internationale. *Revue du Droit Public et de la Science Politique en France et à l'estranger*. Paris, n. 2, p. 419-443, 2014.

BERGALI, Roberto; RESTA, Eligio (Org.). *Soberania*: un principio que se derrumba – aspectos metodológicos y jurídico-políticos. Barcelona: Paidós, 1996.

BESSA, António Marques. *Quem governa?* Uma análise histórico-política do tema da elite. Lisboa: ISCSP, 1993.

BEVIR, Mark. *Governance*: a very short introduction. Oxford: Oxford University Press, 2012.

BLANC ALTEMIR, Antonio. *I patrimonio común de la humanidad*: hacia un régimen jurídico internacional para su gestión. Barcelona: Bosch, 1992.

BLOCH, Ernst. *Das Prinzip Hoffnung*. Frankfurt: Suhrkamp, 1959.

BODIN, Jean. *Los seis libros de la República*. Tradução e estudo preliminar Pedro Bravo Gal., Madrid: Tecnos, 1985.

BOFF, Leonardo. *Sustentabilidade*: o que é, o que não é. Petrópolis: Vozes, 2012.

BOFF, Salete Oro; FORTES, Vinicius Borges; MORAIS, Fausto Santos. *Sustentabilidade e direitos fundamentais*. Passo Fundo: IMED, 2013.

BOFF, Salete Oro; FORTES, Vinicius Borges; PIMENTEL, Luiz Otávio. *Direito e desenvolvimento sustentável*. Passo Fundo: IMED, 2013.

BOGDANDY, Armin. Constitutionalism in International Law: Comment on a Proposal from Germany. *Harvard International Law Journal*, v. 47, n. 1, p. 223 et seq., 2006.

BONAVIDES, Paulo. *Do Estado Liberal ao Estado Social*, 10. ed. São Paulo: Malheiros, 2011.

BONAVIDES, Paulo. *Teoria do Estado*. 7. ed. São Paulo: Malheiros, 2008.

BONILLA MALDONADO, Daniel (Ed.). *Constitutionalism of the Global South*. Nova Iorque: Cambridge University Press, 2013.

BONNEY, Richard *O absolutismo*. Tradução Maria do Anjo Figueiredo. Lisboa: Publicações Europa-América, 1991.

BORJA, Jordi; CASTELLS, Manuel. *Local & Global:* Management of Cities in the Information Age. Londres: UNCHS, 1997.

BORTOLANZA, Guilherme; BOFF, Salete Oro. *A propriedade intelectual na sociedade infobiotecnológica e a instrumentalização do ser humano*. Curitiba: Multideia, 2014.

BOSON, G. B. Mello. *Curso de Direito Internacional Público*. Belo Horizonte: Livraria Bernardo Álvares, 1958.

BOSSELMANN, Klaus Bosselmann. *Princípio da sustentabilidade:* transformando Direito e Governança. Tradução Phillip Gil França. São Paulo: Revista dos Tribunais, 2015.

BOURDIEU, Pierre. *Sobre o Estado. Curso no Collège de France (1989-1992)*. Tradução Pedro Elói Duarte. Lisboa: Edições 70, 2014.

BOUREAU, Alain. *La Religion de l'État: la construction de la République étatiue dans le discours théologique de l'Occident médiéval (1250-1350)*. La raison scolastique I. Paris: Les Belles Lettres, 2008.

BOUTHOUL, Gaston. *Les mentalités*. 2. ed. Paris: PUF, 1958.

BRICHAMBAUD, Marc Perrin de *et al. Leçons de droit international public*. 2. ed. Paris: Dalloz, 2011.

BRIERLY, J. L. *Direito Internacional*. Tradução M. R. Crucho de Almeida. 4. ed. Lisboa: Fundação Calouste Gulbenkian, 1979.

BRIGUGLIA, Gianluca. *Il Corpo vivente dello Stato:* una metáfora politica. Milão: Bruno Mondadori, 2006.

BRILHANTE, Miguel. *The Social Representations of the Deportee*. Lisboa: Salamandra, 2001.

BRITO, António José de. *Nota sobre o conceito de soberania*. Braga: [s. n.], 1959.

BRITO, Wladimir. *Direito Internacional Público*. Coimbra: Coimbra Editora, 2008.

BROWN, Lester R. *Por uma sociedade viável*. Tradução Mary Cardoso. Rio de Janeiro: Fundação Getulio Vargas, 1983.

BROWNLIE, Ian. *Princípios de Direito Internacional Público*. Lisboa: Fundação Calouste Gulbenkian, 1997.

BRUNNER, Otto. *Storia sociale dell'Europa nel Medioevo*. Tradução Gustavo Corni. Bolonha: Il Mulino, 1988.

BRYDE, Brun-Otto. Konstitutionalisierung des Völkerrechts und Internationalisierung des Verfassungsrechts. *Der Staat*, n. 42, p. 61 *et seq*, 2003.

BUESCHEL, Inês do Amaral. *Revista Internacional de Direito e Cidadania*. Disponível em: <http://www. reid.org.br/?CONT=00000063>. Acesso em: 15 out. 2015.

BURCKARDT, Jacob. *A civilização do renascimento italiano*. 2. ed. Lisboa: Presença, 1983.

BUSTOS GISBERT, Rafael. *La Constitución Red*: un estudio sobre supraestatalidad y constitución. Oñati: Instituto Vasco de Administración Publica, 2005.

BYMANN, Daniel. ISIS Goes Global. *Foreign Affairs*, p. 76-85, mar./abr. 2016.

CALLEJON-SERENI, Lucille. *Constitution internationale et droits de l'homme*. Montpellier: Université Montpellier 1, 2013. p. 608.

CALOYANNI, Mégalos A. L'Organisation de la Cour Permanente de Justice et son avenir. *Recueil des Cours de l'Académie de Droit International de la Haye*, v. IV, t. 58, p. 734, 1931.

CALVINO, Italo. *As cidades e a memória*: as cidades invisíveis. Tradução Diogo Mainardi. São Paulo: Companhia das Letras, 1990. p. 30 *et seq.*

CAMPINOS, Jorge. *Direito Internacional dos direitos do homem*: textos básicos. Coimbra: Coimbra Editora, 1984.

CANAL-FORGUES, Eric; RAMBAUD, Patrick. *Droit International Public*. 2. ed. Paris: Flammarion, 2011.

CANÇADO TRINDADE, Antonio Augusto. *O direito internacional em um mundo em transformação*. São Paulo, Rio de Janeiro: Renovar, 2002.

CÂNDIDO, António Manuel de Carvalho Coelho. A convenção de Montego Bay e Portugal: delimitação das zonas marítimas da Madeira. *IESM Boletim Ensino/Investigação*, n. 12, maio 2012. Disponível em: <http://www.iesm.pt/cisdi/boletim/Artigos/art_7.pdf>. Acesso em: 10 fev. 2016.

CANOSA USERA, Raúl. *El control de convencionalidad*. Navarra: Aranzadí, Civitas, Thomson Reuters, 2015.

CANOTILHO, José Joaquim Gomes. *"Brancosos" e interconstitucionalidade*: itinerários dos discursos sobre a historicidade constitucional. 2. ed. Coimbra: Almedina, 2008.

CARAÇA, João. *O que é ciência*. Lisboa: Difusão Cultural, 1997.

CARAMELO, Agostinho. *Fabricantes de infernos*. Lisboa: 2. ed. [S.l., S.n.], 1972.

CARBONNIER, Jean. Effectivité et ineffectivité de la règle de droit. *L'Année Sociologique*, Paris, 3. série, p.3 *et seq*, 1957-1958.

CARBONNIER, Jean. *Fléxible droit*: pour une sociologie du droit sans rigueur. 6. ed. LGDJ: Paris, 1988.

CARDUCCI, Michele. *Por um direito constitucional altruísta*. Porto Alegre: Livraria do Advogado, 2003.

CARNEIRO, José Luís. *Os caminhos da Europa*: dez anos no Comité das Regiões (2006-2015). Porto: Afrontamento, 2016.

CARVALHO RAMOS, André de (Org.). *Direito Internacional Privado*: questões controvertidas. Belo Horizonte: Arraes, 2016.

CARVALHO, José Liberato Freire de. *Memórias da vida de....* 2. ed. Lisboa: Assírio & Alvim, 1982.

CARVALHO, Rómulo de. *Cadernos de iniciação científica*. Lisboa: Relógio de Água, 2004.

CASESSE, Antonio. *Diritto Internazionale*. 2. ed. Milano: Il Mulino, 2013.

CASSESE, Sabino. *Chi governa il mondo?*. Bolonha: Il Mulino, 2013.

CASTRO, Armando de. Teoria do sistema feudal e transição para o capitalismo em Portugal. Lisboa: Caminho, 1987.

CASTRO, Josué de. *Geografia da fome*. Rio de Janeiro: Gryphus, 1992.

CASTRO, Therezinha de. *História da civilização brasileira*. Rio de Janeiro: São Paulo, [S. d.]. v. I.

CHEMILLIER-GENDREAU, Monique. Obliger les États à tenir parole. *Le Monde diplomatique*, setembro de 2013.

CHEVALLIER, Jacques. *O Estado pós-moderno*. Belo Horizonte: Fórum, 2009.

CHENG, Anne. *Histoire de la pensée chinoise*. Paris: Seuil, 1997.

CHORÃO, Mário Bigotte. *Introdução ao Direito*: o conceito de Direito. Coimbra: Almedina, 1989.

CHORÃO, Mário Bigotte. *Temas fundamentais de Direito*. Coimbra: Almedina, 1986.

CLAES, Monica. *The National Court's mandate in the European Constitution*. Oxford: Oxford University Press, 2006.

CLEMENTE, Manuel. *Liberdade, igualdade, fraternidade (Tópicos de Reflexão)*, Sé do Porto, 11 de Março de 2010, Catequese Quaresmal, In: *Porquê e Para Quê? Pensar com Esperança o Portugal de hoje*. Lisboa: Assírio & Alvim, nov. 2010.

CLÈVE, Clèmerson Merlin. *O Direito e os direitos*: elementos para uma crítica do Direito contemporâneo. 3. ed. Belo Horizonte: Fórum, 2011.

CLOSIER, René. *História da Geografia*. Mem Martins: Europa-América, [S.d.].

COHEN, Daniel. *La prospérité du vice:* une introduction (inquiète) à l'économie. Paris: Albin Michel, 2009.

COMBACAU, J. *Le DI: bric-à-brac ou système*. Le système juridique. [S. l.]: APD, 1986.

CONFUCIUS. *Entretiens de Confucius*. Tradução Anne Cheng. Paris: Seuil, 1981.

CONI, Luís Cláudio. *A internacionalização do poder constituinte*. Porto Alegre: Sergio Antonio Fabris, 2006.

Constitutional Court. Tunis: 2014, p. 11 *et seq.*, p. 35 *et seq.*

CORTEN, Olivier. *Méthodologie du Droit International Public*. Bruxelas: Editions de l'Université de Bruxelles, 2009.

COÛTEAUX, Paul-Marie. *La puissance et la honte:* Trois lettres françaises. Paris: Michalon, 1999.

COÛTEAUX, Paul-Marie; ABITBOL, William Abitbol. Souverainisme j'écris ton nom. *Le Monde*, 23 de março de 2000.

COUTO, Mia. Ideia de desenvolvimento nega identidade dos povos, afirma Mia Couto. Disponível em: <http://www.ecodesenvolvimento.org/posts/2014/a-ideia-de-desenvolvimento-nega--a-identidade-dos?utm_source=dlvr.it&utm_medium=faceboo k#ixzz2zR1mOjpTO>.

CRUZ VILLALÓN, Pedro. *La Constitución inédita:* estudios ante la constitucionalización de Europa. Madrid: Trotta, 2004.

DALLARI, Dalmo de Abreu. *Elementos de Teoria Geral do Estado*. 33. ed. São Paulo: Saraiva, 2016.

REFERÊNCIAS | 295

DAVICO, Rosalba. População. In: GIL, Fernando (Coord.). *Enciclopédia Einaudi*. Lisboa: Imprensa Nacional-Casa da Moeda, 1986. v. 8, p. 190 *et seq.*

DAVID, René. Droit. B. Droit comparé. In: *Enciclopédia Universalis*. Paris: [S.d]. v. 7.

DAVIS, Kevin Davis; TREBILCOCK, Michael Trebilcock. The Relationship between Law and Development: Optimists vs. Skeptics. *American Journal of Comparative Law*, v. 56, p. 895 *et seq.*, 2008.

DEBRAY, Régis. *Le moment fraternité*. Paris: Gallimard, 2009.

DEHOUSSE, Jean-Maurice. *Les organizations internationals:* essai de théorie générale. Liège: Gothiex, 1968.

DELPÉRÉE, Francis *et al. Droit constitutionnel & territoire*. Tunis: Recueil des Cours de l'Académie Internationale de Droit Constitutionnel, 2009. v. XVIII.

Derecho Global. México: Porrúa / Centro de Investigación e informática Jurídica, Es-cuela Libre de Derecho, 2012. Cf. o número *O Constitucionalismo Latino-Americano*, da. *Revista Brasileira de Estudos Constitucionais*, do Instituto Brasileiro de Estudos Constitucionais. Belo Horizonte: Fórum, ano 7, n. 26, maio/ago. 2013.

Des statistiques très politiques, secção da *Revue d'histoire Moderne & Contemporaine*. Paris: Belin, t. 62, n. 4, 2015, p. 7 *et seq.*

DIHN, Nguyen Quoc; DAILLIER, Patrick; PELLET, Alain. *Direito Internacional Público*. Tradução Vítor Marques Coelho. Lisboa: Fundação Calouste Gulbenkian, 1999.

DIMOULIS, Dimitri. *Manual de introdução ao estudo do Direito*. 2. ed. São Paulo: Revista dos Tribunais, 2007.

DIXON, Martin. *et al. Cases and materials on international law*. 4. ed. Oxford: Oxford Univ. Press, 2003.

DJALO, Tcherno. *Da identidade à etnicidade*. Lisboa: Africanologia, 2009. n. 1.

Documents of the ICCo *Ad hoc* Comitee. *Project for the Establishment of an International*

DUGUIT, Léon. *Os elementos do Estado*. Tradução Eduardo Salgueiro. 2. ed. Lisboa: Inquérito, [S.d.].

DUPUY, Pierre-Marie; KERBRAT, Yann. *Droit International Public*. 10. ed. Paris: Dalloz, 2010.

DURAND, Gilbert. *Imagens e reflexos do imaginário português*. Lisboa: Hugin, 2000.

DWORKIN, Ronald. *Justiça para ouriços*. Tradução Pedro Elói Duarte. Coimbra: Almedina, 2012.

ECO, Umberto. *Obra aberta*. 2. ed. São Paulo: Perspectiva, 1971.

ECO, Umberto. De L'Oeuvre ouverte au pendule de Foucault, propos recueillis par Jean-Jacques Brochier et Mario Fusco. *Magazine Littéraire*, Paris, n. 262, p. 18 *et seq.*, fev. 1989.

ECO, Umberto. *Construir o inimigo e outros escritos ocasionais*. Lisboa: Gradiva, 2011.

ECO, Umberto. *O cemitério de Praga*. Lisboa: Gradiva, 2011.

EISENBERG, José. *A democracia depois do liberalismo*. Rio de Janeiro: Relume Dumará, 2003.

ELIAS, T.O. *The Modern Law of Treaties*. Londres: Oceana, 1974.

PAULO FERREIRA DA CUNHA
DIREITO INTERNACIONAL: RAÍZES & ASAS

ELSTER, Jon; SLAGSTAD, Rune (Ed.). *Constitutionalism and Democracy.* Cambridge: Cambridge University Press, 1997.

ENVENISTE, Émile. Civilisation: contributions à l'histoire du mot. In: BENVENISTE, Émile. *Problèmes de linguistique générale.* Paris: Gallimard, 1966. v. I, p. 336 *et seq.*

ESCARAMEIA, Paula. *Prelúdio de uma nova ordem mundial:* o Tribunal Penal Internacional. Lisboa: Nação e Defesa, primavera de 2003. p. 11 *et seq.*

Europa, Europa: para onde vais? Finisterra. Revista de Reflexão e Crítica, n. 78/79, com artigos de Eduardo Lourenço, Guilherme d'Oliveira Martins, Glória Rebelo, Joaquim Jorge Veiguinha, e Ina Piperaki.

FAORO, Raymundo. *Os donos do poder:* formação do patronato político brasileiro. São Paulo: Globo, 2008.

FARIA, José Eduardo (Org.). *Direito e globalização econômica:* implicações e perspectivas. São Paulo: Malheiros, 2010.

FERRAJOLI, Luigi. *A soberania no mundo moderno.* São Paulo: Martins Fontes, 2002.

FERREIRA DA CUNHA, Ary. Divórcio entre soberania e poder: contributos da teoria da agência aplicados *à relação entre governados e governantes. Revista da Faculdade de Direito da Universidade do Porto,* ano VIII, p. 363-395, 2011. Separata.

FERREIRA DA CUNHA, Ary. Património comum da humanidade: raízes tomistas. In: MACHADO, E. V.; MILITÃO DA SILVA, J; LAUAND, J. (Org.). *Filosofia e educação:* interfaces. São Paulo: Factash, 2011. v. II.

FERREIRA DA CUNHA, Ary. (Pre)tensões sobre o mar: rumo a uma global governance dos oceanos. *Revista do Centro de Estudos de Direito do Ordenamento, Urbanismo e Ambiente,* Coimbra, ano XVII, n. 33, 2014.

FERREIRA DA CUNHA, Ary. *Combate à corrupção:* da teoria à prática. Lisboa: Quid Juris, 2015.

FERREIRA DE ALMEIDA, Francisco. *Direito Internacional Público.* Coimbra: Coimbra Editora, 2001. Parte I.

FERREIRA DE ALMEIDA, Francisco. Relações entre o direito internacional e o direito interno português. *Delegibus – Revista da Faculdade de Direito da Universidade Lusófona de Humanidades e Tecnologias,* Lisboa, v. I, p. 215-238, 2013.

FERREIRA DE CASTRO. *A curva da estrada.* 8. ed.. Lisboa: Guimarães, [S.d.].

FERREIRA FILHO, Manoel Gonçalves. *Curso de Direito Constitucional.* 17. ed. São Paulo: Saraiva, 1989.

FERRY, Luc. *Aprendre à vivre:* traité de philosophie à l'usage des jeunes générations. Paris: Plon, 2006.

FERRY, Luc; CAPELIER, Claude. *La plus belle histoire de la Philosophie.* Paris: Robert Laffont, 2014.

FIKELSTEIN, Cláudio. *Direito Internacional.* 2. ed. São Paulo: Atlas, 2013.

FINLEY, Moses I. *Démocratie antique et démocratie moderne.* Tradução Monique Alexandre. Paris: Payot, 1976.

FIORELLI, Jose Osmir; FIORELLI, Maria Rosa; MALHADAS JUNIOR, Marco Julio Olive. *Mediação e solução de conflitos:* teoria e prática. São Paulo: Atlas, 2008.

REFERÊNCIAS | 297

FISKE, John. *Teoria da comunicação*. Tradução Maria Gabriel Rocha Alves 5. ed. Porto: Asa, 1999.

FOUCAULT, Michel. Sécurité, territoire, population, *Le Gouvernement, cours au Collège de France, 1977-1978*, 4ª lição, 1 de fevereiro de 1978 (tradução nossa), *apud Abécédaire*, in *Michel Foucault. Numéro Anniversaire*, "Sciences Humaines", número especial, n. 19, maio-junho de 2014.

FOUCAULT, Michel. *Microfísica do poder*. Organização, introdução e tradução Roberto Machado. Rio de Janeiro: Graal, 1979.

FRANCA FILHO, Marcílio Toscano. Westphalia: a Paradigm? A Dialogue Between Law, Art and Philosophy of Science. *German Law Journal*, v. 8, n. 10, p. 955-976. Disponível em: <https://www.academia.edu/739070/Westphalia_a _Paradigm_a_Dialogue_between_ Law_Art_and_Philosophy_of_Science>. Acesso em: 30 mar. 2016.

FRANCK, Thomas M. *Is the U. N. Charter a Constitution? Verhandeln fur den Frieden – Negotiating for Peace: Liber Amicorum Tono Eitel*, ed. por Jochen Abret Frowein *et al*. Berlin: Springer, 2003.

FRANCO, Augusto de. In: GRAZIANO, Xico; VIDAL, Diala; PACHECO, Ana Maria. *Renovar idéias:* desenvolvimento, qualidade de vida e democracia no Brasil moderno. São Paulo, Brasília: Instituto Teotônio Vilela, Barcarolla, 2005.

FRANCO, Dolores. *España como preocupación*, Barcelona: Argos Vergara, 1980.

FREITAS, Serafim de. *Do justo império asiático dos portugueses*. Tradução Miguel Pinto de Meneses. Lisboa: Instituto Nacional de Investigação Científica, 1983.

FREITAS, Vladimir Passos de (Coord.). *Comentários ao Estatuto do estrangeiro e opção de nacionalidade*. Campinas: Millennium, 2006.

FREYRE, Gilberto. *Casa grande & senzala:* formação da família brasileira sob o regime patriarcal. Lisboa: Livros do Brasil, 2001.

FREYRE, Gilberto. *Interpretação do Brasil:* aspectos da formação social brasileira como processo de amalgamento de raças e culturas. São Paulo: Companhia das Letras, 2001.

FREYRE, Gilberto. *Uma cultura ameaçada e outros ensaios*. Recife: Realizações Editora, 2010.

GARCIA DE ENTERRIA, Eduardo. La Constitución como norma jurídica. In: *Anuario de Derecho Civil*. Madrid: Ministerio de Justicia y Consejo Superior de Investigaciones Cientificas, serie I, n. 2.

GARCIA JÚNIOR, Armando Álvares. *Direito Internacional Público Moderno*. São Paulo: Aduaneiras, 2012.

GARCÍA-PELAYO, Manuel. *El estado de partidos*. Madrid: Alianza, 1986.

GAURIER, Dominique. *Histoire du droit international*. Rennes: Presses Universitaires de Rennes, 2005.

GÉNÉREUX, Jacques. *Nous, on peut! Manuel anticrise à l'usage du citoyen*. 1. ed. rev. e atual. Paris: Seuil, 2012.

GIULIANI NETO, Ricardo. *Imaginário, poder e Estado*: reflexões sobre o Sujeito, a Política e a Esfera Pública. Porto Alegre: Verbo Jurídico, 2009.

GLYKOFRYDI-LEONTSINI, Athanasia. *David Hume on national characters and national self* – Philosophia. Atenas: Academia de Atenas, 2014. v. 44, p. 311-328.

GOMBRICH, E. H. *Histoire de l'art*. Tradução J Combe e C. Lauriol. 1. ed. rev. e aum. Paris: Gallimard, 1997.

GOUVEIA, Jorge Bacelar. *Manual de Direito Internacional Público*. 3. ed. Coimbra: Almedina, 2008.

GOYARD-FABRE, Simone. *Qu-est-ce que la politique. Bodin, Rousseau et Aron*. Paris: Vrin, 1992.

GRAU, Eros Roberto. *Planejamento econômico e regra jurídica*. São Paulo: Revista dos Tribunais, 1978.

GRAY, John. *False Dawn:* the Delusions of Global Capitalism. Londres: Granta, 1998. p. 57-8.

GRAY, John. *Liberalismo*. Tradução Maria Teresa de Mucha. Madrid: Alianza Editorial, 2002.

GRIMM, Dieter. *The Constitution in the Process of Denationalization. Constellations.* 2005, p. 447 *et seq.*

GROCIO, Hugo. *De la libertad de los mares*. Tradução V. Blanco Garcia e L. Garcia Arias. Madrid: Centro de Estudios Constitucionales, 1979.

GRUEN, Anselm; ROBBEN, Ramona. *Estabelecer limites, respeitar limites*. Tradução Lorena Richter. 6. ed. Petrópolis: Vozes, 2014.

GUIMARÃES, Fernando. *Leitura:* entre a necessidade e a possibilidade– a obra de arte e o seu mundo. Famalicão: Quasi, 2007.

GUISÁN, Esperanza. *Mas allá de la democracia*. Madrid: Tecnos, 2000.

GUTIÉRREZ ESPADA, Cesáreo; CERVELL HORTAL, María José. *Curso general de derecho internacional público*. 3. ed. Madrid: Trotta, 2012.

HABERMAS, Jürgen. *A constelação pós-nacional:* ensaios políticos. Tradução Márcio Seligmann-Silva. São Paulo: Littera Mundi, 2001.

HABERMAS, Jürgen. *La Constitution de l'Europe*. Tradução Christian Bouchindhomme. Paris: Gallimard, 2012.

HAEBERLE, Peter. *El Estado Constitucional,* estudo introdutório de Diego Valadés. Tradução Héctor Fix-Fierro. México: Universidad Nacional Autónoma de México, 2003.

HAEBERLE, Peter. *Hermenêutica Constitucional:* a sociedade aberta dos intérpretes da constituição – contribuição para a interpretação pluralista e "procedimental" da Constituição. Tradução Gilmar Ferreira Mendes. Porto Alegre: Sergio Antonio Fabris, 2002.

HAEBERLE, Peter; KOTZUR, Markus. *De la soberanía al derecho constitucional común:* palabras clave para un diálogo europeo-latinoamericano. México: Universidad Nacional Autónoma de México, 2011.

HELLER, Hermann. *Teoria do Estado*. Tradução Lycurgo Gomes da Motta. São Paulo: Mestre Jou, 1968.

HERCULANO, Alexandre. *História de Portugal:* desde o começo da monarquia até o fim do reinado de Afonso III. Lisboa: Bertrand, 1980. t. II.

HERMANO SARAIVA, José. História concisa de Portugal. Mem Martins: Europa-América, 1978.

REFERÊNCIAS | 299

HERMET, Guy. *História das nações e do nacionalismo na Europa*. Tradução Ana Moura. Lisboa: Estampa, 1996.

HOBBES, Thomas. *Leviathan*. 3. ed. São Paulo: Martins Fontes, 2014.

HOLANDA, Sérgio Buarque de. *Raízes do Brasil*. 4. ed. Lisboa: Gradiva, 2000.

HOLANDA, Sérgio Buarque de. *Visão do paraíso:* os motivos edênicos no descobrimento e colonização do Brasil. São Paulo: Companhia das Letras, 2010.

HOLANDA, Sérgio Buarque de. *O homem cordial*. São Paulo: Penguin Classics, Companhia das Letras, 2012.

HURRELL, Andrew. *On Global Order:* Power, Values, and the Constitution of International Society. Oxford: Oxford University Press, 2009.

ILIOPOULOS, Giorgios. *Mesotes und Erfahrung in der Aristotelischen Ethik. Philosophia*, Atenas, n. 33, p. 194 *et seq*, 2003.

International Law: Festschrift für Christian Tomuschat, 2006, p. 973-1006.

Investigaciones Cientificas, [S.d.]. série I, n. 2, p. 292 *et seq*.

ISSING, Otmar. *Rede zur Verleihung der Würde eines Ehrendoktorsdes Fach-bereichs Wirtschaftswissenschaftender* Johann Wolfgang Goethe-Universität, Frankfurt am Main, am 15. April 1999. Disponível em: <https://www.ecb.europa.eu/press/key/date/1999/html/sp990415_2.de.html>. Acesso em: 14 jun. 2015.

IVAINIER, Théodore. *L'Interprétation des faits en Droit*. Paris: LGDJ, 1988.

JACOBS, Edgar P. *Le piège diabolique*. Bruxelas: Lombard, 1962.

JACOBS, Edgar P. *Un Opéra de papier*. Paris: Gallimard, 1981.

JACOBSON, Arthur; SCHLINK, Bernhard. *Weimar:* a Jurisprudence of Crisis. Berkeley: University of California Press, 2002.

JIMÉNEZ PIERNAS, Carlos. *Introducción al derecho internacional público. práctica de España y de la Unión Europea*. Madrid: Tecnos, 2011.

JO, Hoe Moon Jo. *Introdução ao Direito Internacional*. São Paulo: LTr, 2000.

JOLY, Marc. *Le souverainisme:* pour comprendre l'impasse européenne. Paris: François-Xavier De Guibert, 2001.

JOUVENEL, Bertrand de. *De la Souveraineté: à la recherche du bien politique*. Paris: Jénin, Librairie des Médicis, 1955.

JOYNER, Christopher C. *The United Nations and International Law*. Cambridge: ASIL, Cambridge University Press, 1999.

JUNCKER, Jean-Claude. Entrevista a "Der Spiegel": *Euro-Krise: Juncker spricht von Krie-gsgefahr in Europa*. Disponível em: <http://www.spiegel.de/politik/ausland/juncker-spricht-von-kriegs-gefahr-in-europa-a-887923.html>. Acesso em: 1º abr. 2013.

JUNG, C. G. *A psicologia da ditadura*. In: McGUIRE, William; HULL, R.F.C. *C. G. Jung:* entrevistas e encontros. Tradução Álvaro Cabral. São Paulo: Cultrix, 1982.

KANT, Emmanuel. *D'un ton grand seigneur adopté naguère en philosophie*. Tradução Guillermit, Paris: Vrin, 1982.

KAPLAN, Morton A.; KATZENBACH, Nicholas de B. *Fundamentos Políticos do Direito Internacional*. Tradução Sigrid Faulhaber Godolphim e Waldir da Costa Godolphim. Rio de Janeiro: Zahar, 1964.

KELSEN, Hans. *Principio de Derecho Internacional Público*. Tradução Hugo Caminos e Ernesto C. Hermida. Granada: Comares, 2013.

KELSEN, Hans. *Teoria pura do Direito*. Tradução João Baptista Machado. 4. ed. Coimbra: Arménio Amado, 1976.

KELSEN, Hans; CAMPAGNOLO, Umberto. *Direito Internacional e Estado soberano*. Tradução Marcela Varejão São Paulo: Martins Fontes, 2002.

KENNEDY, Paul. *The Rise and Fall of the Great Powers*. Tradução Teresa Gonzalez. Mem Martins: Europa-América, 1997.

KLABBERS, J. *et al. The Constitutionalization of International Law*. Oxford: Oxford University Press, 2009.

KLABBERS, J. *International Law*. Cambridge: Cambridge University Press, 2014.

KLEIN, Naomi. *This Changes Everything:* Capitalism vs. the Climate. New York: Simon & Schuster, 2014.

KOWALSKI, Mateus; SOARES, Miguel de Serpa. *Reservas*. In: RIBEIRO, Manuel de Almeida *et al.* (Coord.). *Enciclopédia de Direito Internacional*. Coimbra: Almedina, 2011. p. 408-409.

KRITSCH, Raquel. *Soberania. A construção de um conceito*. São Paulo: USP, Imprensa Oficial do Estado, 2002.

KUENG, Hans. *O cristianismo*: essência e história. Lisboa: Temas e Debates, 2012.

LACOSTE, Yves. *La géographique, ça sert d'abord à faire la guerre*. Paris: La Découverte, 2012.

LAFER, Celso. *Comércio, desarmamento, direitos humanos*. São Paulo: Paz e Terra, 1999.

LAFER, Celso. *Direito Internacional:* um percurso no Direito no século XXI. São Paulo: Atlas, 2015. v. II.

LAFER, Celso. Human Rights Challenges in the Contemporary World: Reflections on a Personal Journey of Thought and Action. In: Proceedings of the 26th World Congress of the International Association for Philosophy of Law and Social Philosophy in Belo Horizonte, 2013. *Archiv fuer Rechts-und Sozialphilosophie*, n. 146, p. 33-67, 2015.

LAFER, Celso. Reflexões sobre a atualidade da análise de Hannah Arendt sobre o Processo Eichmann; In: LAFER, Celso. *Direitos humanos:* um percurso no Direito no *século XX*. São Paulo: Atlas, 2015. v. I, p. 205 *et seq.*

LAMAS, Félix Adolfo. Autarquía y soberanía en el pensamiento clásico. In: CASTELLANO, Danilo (Org.). *Quale Costituzione per Quale Europa*. Nápoles: Edizioni Schientifiche Italiane, 2004.

LAPOUGE, Gilles. *Dicionário dos apaixonados pelo Brasil*. Tradução Maria Idalina Ferreira Lopes. Barueri: Manole, 2014.

LASSALLE, Ferdinand. *O que é uma constituição política?* Porto: Nova Crítica, 1976.

LAUAND, Jean (estudo introdutório e tradução). Sobre o modo de estudar: o De Modo Studendi de Santo Tomás de Aquino. *Cadernos de História e Filosofia da Educação – EDF-FEUSP*, v. II, n. 3, 1994. Disponível em: <http://hottopos.com/ mp3/de_modo_studendi. htm>. Acesso em: 11 fev. 2016.

REFERÊNCIAS | 301

LAVILLE, Elisabeth. *A empresa verde*. Tradução Denise Macedo. São Paulo: Õte, 2009.

LECLERCQ, Jacques. *Do direito natural à sociologia*. São Paulo: [S. d].

LEGAN, Lucia. *A escola sustentável*: eco-alfabetizando pelo ambiente. 2. ed. São Paulo: Imprensa Oficial de São Paulo, 2004.

LEIBHOLZ, Gerhard. *O pensamento democrático como princípio estruturador na vida dos povos europeus*. Coimbra: Atlântida, 1974.

LEMOS, Eduardo Manoel. *Arbitragem & conciliação*: reflexões jurídicas para juristas e não-juristas. Brasília: Consulex, 2001.

LESSAY, Franck. *Souveraineté et légitimité chez Hobbes*. Paris: PUF, 1988.

LEYS, Simon De 551 à Aujourd'hui. Confucius les voies de la sagesse. *Le Magazine Littéraire*, n. 491, nov. 2009.

LITRENTO, Oliveiros. *Curso de Direito Internacional Público*. 3. ed. Rio de Janeiro: Forense, 1997.

LOMBARDI-VALLAURI, Luigi. *Corso di filosofia del diritto*. Pádua: Cedam, 1981.

LOPES, Paulo Munir (Org.). *A fraternidade em debate*: percurso de estudos na América Latina. Vargem Grande Paulista: Cidade Nova, 2012.

LOURENÇO, Eduardo. *Do Brasil*: fascínio e miragem. Lisboa: Gradiva, 2015.

LOURENÇO, Eduardo. *O labirinto da saudade*: psicanálise mítica do destino português. Lisboa: Dom Quixote, 1978.

LOWE, Vaughan. *International Law*. Oxford: Oxford University Press, 2007.

LUCAS PIRES, Francisco. *Teoria da Constituição de 1976*: a transição dualista. Coimbra: edição do autor, 1988.

LUHMANN, Niklas. *A improbabilidade da comunicação*. Lisboa: Vega, 1992.

MAAMARI, Adriana Mattar. *O Estado*. São Paulo: Martins Fontes, 2014.

MacCORMICK, Neil. *Questioning Sovereignity. Law, State and Nation in the European Commonwealth*. Oxford: Oxford University Press, 1999.

MACEDO, Jorge Borges de. *Absolutismo*. In: SERRÃO, Joel. Dicionário de história de Portugal. Lisboa: Iniciativas Editoriais, 1963. v. I, p. 8-14.

MACEDO, Jorge Borges de. Estrangeirados: um conceito a rever. Bracara Augusta, Braga, v. XXVIII, fasc. 65-66 (77-78), 1974. Separata.

MACEDO, Jorge Borges de. *História diplomática portuguesa*: constantes e linhas de força. estudo de geopolítica. Lisboa: Instituto de Defesa Nacional, [S. d].

MACPHERSON, C. B. *The Political Theory of Possessive Individualism*. Clarendon Press: Oxford University Press, 1962.

MADARIAGA, Salvador de. *Presente y porvenir de Hispanoamérica*, Buenos Aires: Sudamericana, 1959.

MAGALHÃES FILHO, Glauco Barreira. *Hermenêutica e unidade axiológica da Constituição*, 3. ed. Belo Horizonte: Mandamentos, 2004.

MAGLIULO, Bruno. *A Europa social*: das instituições e dos homens. Tradução Carlos Aboim de Brito. [S.l.]: PE edições, 1993.

MAIRET, Gérad. *Le principe de souveraineté*. Paris: Gallimard, 1997.

MARQUES GUEDES, Armando M. *Direito do Mar*. 2. ed. Coimbra: Coimbra Editora, 1998.

MARSHALL. Tim. *Prisionners of Geography:* Ten Maps that Tell You Everything You Need to Know about Global Politics. Londres: Elliot & Thompson, 2015.

MARTIN, David A. Refugees and migration. In: JOYNER, Christopher. *The United Nations and International Law*. Cambridge University Press, 1999.

MARTIN-BIDOU, Pascale. *Fiches de droit international public*. 2. ed. Paris: Ellipses, 2012.

MARTINS, Wilson. *História da inteligência brasileira* (1550-1960). São Paulo: Cultrix, 1976-1979.

MATHIEU, Jean-Luc. *Les institutions spécialisées des Nations Unies*. Paris: Masson, 1997.

MAYOS SOLSONA, Gonçal. Empoderamiento y desarollo humano. actuar local y pensar postdisciplinarmente. In: DÍAZ, Yanko Moyano; COELHO, Saulo de Oliveira Pinto; MAYOS SOLSONA, Gonçal. *Postdisciplinariedad y desarrollo humano. Entre Pensamiento y política*. Barcelona: Red, 2014. p. 189-207.

MAZOURKI, Moncef. *Le mal árabe*: entre dictatures et intégrismes – la démocratie interdite, Paris: L'Harmattan, 2004.

MAZZUOLI, Valerio de Oliveira. *Direito Internacional Público*. 8. ed. rev., atual. e ampl. São Paulo: Revista dos Tribunais, 2014.

MAZZUOLI, Valerio de Oliveira. *Curso de Direito Internacional Público*. 9. ed. rev., atual. e ampl. São Paulo: Revista dos Tribunais, 2015.

MAZZUOLI, Valerio de Oliveira. *The Law of Treaties*. Rio de Janeiro: Forense, 2016.

MEIER, Gerald M. *Biography of a Subject:* an Evolution of Development Economics. New York: Oxford University Press, 2004.

MEIRELES, Luísa. Tribunal constitucional rejeita pedido de aclaração do governo. *Expresso*, Lisboa, 18 jun. 2014. Disponível em: <http://expresso.sapo.pt/ tribunal -constitucional-rejeita-pedido-de-aclaracao-do-governo=f876421>. Acesso em: 07 out. 2014.

MELLO, Celso D. Albuquerque de. *Direito Constitucional Internacional*. Rio de Janeiro: Renovar, 1994.

MELLO, Celso D. de Albuquerque. *Curso de Direito Internacional Público*. Rio de Janeiro: Renovar, 1992. v. II.

MELO, António Barbosa de. *Democracia e utopia (reflexões)*. Porto: Almedina, 1980.

MENDELSON, Maurice. Formation of Customary International Law. *General Course Public International Law*. Recueil des Cours, v. 272, p. 155-410, 1998.

MENDONÇA, Sandro. Real Geographik. *UP*, p. 130, nov. 2015.

MERÊA, Paulo. *Introdução ao problema do feudalismo em Portugal:* origens do feudalismo e caracterização deste regimen. Coimbra: França Amado, 1912.

MICHELS, Robert. *Los partidos políticos:* un estudio sociológico de las tendencias oligárquicas de la democracia moderna. Tradução Enrique Molina de Vedia. Buenos Aires: Amorrotu, 1996.

MIRANDA COUTINHO, Jacinto Nelson de; BARRETO LIMA; Martonio Mont'Alverne (Orgs.). *Diálogos constitucionais:* Direito, neoliberalismo e desenvolvimento em países periféricos. Rio de Janeiro, São Paulo, Recife: Renovar, 2006.

MIRANDA, Jorge. *Curso de Direito Internacional Público.* 2. ed. Cascais: Principia, 2004.

MIRKINE-GUETZÉVICH, B. Droit international et droit constitutionnel. *Recueil des Cours de l'Académie de Droit International de la Haye,* v. IV, t. 58, p. 449 *et seq,* 1931.

MIRKINE-GUETZÉVICH, B. *Droit constitutionnel international.* Paris: [S. n.], 1933.

MONTORO BALLESTEROS, Alberto. *Razones y limites de la legitimación democrática del Derecho.* Múrcia: Universidad de Murcia, 1979.

MORAES, Rubens Borba de; BERRIEN, William (Coord.). *Manual bibliográfico de estudos brasileiros.* Rio de Janeiro: Gráfica Editora Souza, 1949.

MOREIRA, Adriano. *Teoria das Relações Internacionais.* 3. ed. Coimbra: Almedina, 1999.

MORTATI, Costantino. *La costituzione in senso materiale.* Milano: Giuffrè, 1940.

MOTA DE CAMPOS, João (Coord.). *Organizações internacionais.* Lisboa: Fundação Calouste Gulbenkian, 1999.

MUCCHIELLI, Roger. *Le mythe de la cité idéale.* Paris: PUF, 1980.

MURPHY, A. B. The Sovereign State System as Political-Territorial Ideal: Historical and Contemporary Considerations. In: BIERSTEKER, Thomas J.; WEBER, Cynthia. *State Sovereignty as a Social Construct.* Cambridge: Cambridge University Press, 1996.

NAKAGAWA, Hisayasu. *Introdução à cultura japonesa:* ensaio de antropologia recíproca. Tradução Estela dos Santos Abreu. São Paulo: Martins Fontes, 2008.

NEVES, Marcelo. *Transconstitucionalismo.* São Paulo: Martins Fontes, 2009.

NIETZSCHE, Friedrich. *Also sprach Zarathustra. Ein Buch für Alle und Keinen,* I., "Vom neuen Götzen", Berlim: Walter de Gruyter, 1963.

NIETZSCHE, Friedrich. *Zur Genealogie der Moral.*

OLIVEIRA MARQUES, A. H. de. *Breve história de Portugal.* Lisboa: Presença, 1995.

ORTEGA CARCELÉN, Martin. *Derecho global:* derecho internacional publico en la era global. Madrid: Tecnos, 2014.

PAIM, António. *A filosofia brasileira.* Lisboa: Icalp, 1991.

PALMA, Ernesto. *O plutocrata.* Lisboa: Estudos de Filosofia Portuguesa, 1996.

PAMPILLO BALIÑO, Juan Pablo. *La Integración Americana. Expresión de un Nuevo Derecho Global,* 2012.

PAMPILLO BALIÑO, Juan Pablo; MUNIVE PÁEZ, Manuel Alexandro (Coords.). *Globalización, derecho supranacional e integración americana.* México: Porrúa, Escuela Libre de Derecho, 2013.

PASCAL, Blaise. *Pensées.*

PASCOAES, Teixeira de. *Arte de ser português.* Lisboa: Assírio & Alvim, 1991.

PATAUT, Étienne. *La Nationalité en déclin.* Paris: Odile Jacob, 2014.

PELEGRINO ROSSI. *Cours de droit constitutionnel.* Paris: Dalloz, 2012.

PEREIRA MARQUES, Fernando. *Sobre as causas do atraso nacional.* Lisboa: Coisas de Ler, 2010.

PEREIRA MENAUT, Antonio-Carlos *et al. La Constitución europea:* tratados constitutivos y jurisprudencia. Santiago de Compostela: Universidade de Santiago de Compostela, 2000.

PEREIRA MENAUT, Antonio-Carlos. Catolicismo español del siglo XXI: de religión oficial a contracultura, passando por complemento cultural? Un punto de vista. *Nueva Revista de Política, Cultura y Arte,* n. 153, p. 210-223, jun. 2005.

PEREIRA, Bruno Yepes. *Curso de Direito Internacional Público.* São Paulo: Saraiva, 2006. p. 15 *et seq.*

PÉREZ LUÑO, Antonio E. *Los derechos fundamentales,* 11. ed. Madrid: Tecnos, 2013.

PERNICE, Ingolf. *The Global Dimension of Multilevel Constitutionalism. A Legal Response to the Challenges of Globalisation.* in *Völkerrecht als Wertordnung /Common Values in*

PERROUX, François. *Ensaio sobre a filosofia do novo desenvolvimento.* Tradução Manuel Luís Macaísta Malheiros. Lisboa: Fundação Calouste Gulbenkian, 1987.

PHILIPPS, Lothar. *Sobre os conceitos jurídicos nervosos e fleumáticos.* Porto: Revista Jurídica da Universidade Portucalense Infante D. Henrique, [S.d.]. v. I, p. 73 ss.

PHILOSOPHIE MAGAZINE. Hannah Arendt: la passion du comprendre. *Philosophie Magazine,* fev./ abr. 2016.

PILLORGET, René. Del absolutismo a las revoluciones. In: *História Universal.* Pamplona: Eunsa, 1989. v. IX.

PINHO, Arnaldo de. *Introdução a os fundamentos espirituais da Europa, de Joseph Ratzinger.* Leça da Palmeira: Ler e Coisas, 2011.

PINTO, Maria do Céu. *O papel da ONU na criação de uma nova ordem mundial.* Lisboa: Prefácio, 2010.

PIRES, Adilson Rodrigues. Integração econômica e soberania. In: GOMES, Fabio Luiz (Coord.). *Direito Internacional: perspectivas contemporâneas.* São Paulo: Saraiva, 2010, p. 33 *et seq.*

POCHMANN, Marcio *et al. A década dos mitos:* o novo modelo econômico e a crise do trabalho no Brasil. São Paulo: Contexto, 2001.

PONTIFÍCIO CONSELHO JUSTIÇA E PAZ. *Para uma reforma do sistema financeiro e monetário internacional na perspectiva de uma autoridade pública de competência universal.* Disponível em: <http://www.vatican.va/roman_curia/pontifical_councils/justpeace/documents/rc_pc_justpeace_doc_20111024_nota_po.html>. Acesso em: 07 out. 2014.

POPPER, Karl; CONDRY, John. *Televisão:* um perigo para a democracia. Lisboa: Gradiva, 1995.

PRADO, Mariana. What is Law and Development. *Revista Argentina de Teoria Jurídica,* v. 11, out. 2010.

PUREZA, José Manuel. *El patrimonio común de la humanidad.* Madrid: Trotta, 2002.

QUEIROZ, Cristina. *Direito Constitucional Internacional.* Coimbra: Coimbra Editora, 2011.

QUEIROZ, Cristina. *Direito Internacional e Relações Internacionais.* Coimbra: Coimbra Editora, 2009.

REFERÊNCIAS | 305

QUENTAL, Antero de. *Causas da decadência dos povos peninsulares*. 6. ed. Lisboa: Ulmeiro, 1994.

RABENHORST, Eduardo Ramalho. *A interpretação dos fatos no Direito*. In: Anuário dos cursos de pós-graduação em Direito. Recife: Universidade Federal de Pernambuco, Centro de Ciências Jurídicas, Faculdade de Direito do Recife, 2002. n. 12, p. 191 *et seq.*

RAMIRES, Maurício. *Diálogo judicial internacional*: a influência recíproca das jurisprudências constitucionais como fator de consolidação do estado de direito e dos princípios democráticos. Tese (Doutorado) – Faculdade de Direito da Universidade de Lisboa, Lisboa, 2014.

RAMON CAPELLA, Juan. *Sobre a extinção do direito e a supressão dos juristas*. Tradução Maria Luzia Guerreiro. Coimbra: Centelha, 1977.

RASMUSSEN, H. J. *On Law and Politics in the European Court of Justice*. Holanda: Martinus Nijhoff, 1986.

REAL, Miguel. *Introdução à cultura portuguesa*. Lisboa: Planeta, 2011.

RENAUT, Marie-Hélène. *Histoire du droit international public*. Paris: Ellipses, 2007.

RESTA, Eligio. *Il diritto fraterno*. Roma, Bari: Laterza, 2002.

REUTER, Paul. *Introduction au droit des traités*. Paris: Armand Colin, 1972.

REZEK, Francisco. *Direito dos tratados*. Rio de Janeiro: Forense, 1984.

REZEK, Francisco. Prefácio do autor à 12. ed. In: REZEK, Francisco. *Direito Internacional Público*: curso elementar. São Paulo: Saraiva, 2010, p. XXI.

REZEK, Francisco. *Direito Internacional Público*: curso elementar. 15. ed. rev. atual. São Paulo: Saraiva, 2015.

RIBEIRO, Darcy. *O povo brasileiro*. 2. ed. São Paulo: Companhia das Letras, 1995.

RIPERT, Georges. Les règles du droit civil applicables aux rapports internationaux: (contribution à l'étude des principes généraux du droit visés au statut de la Cour permanente de justice internationale. 1933). *Recueil des Cours Académie de Droit International de la Haye/Hague Academy of International Law*, v. 44, p. 565-664.

ROMERO, Jose Luis. *Estudio de la mentalidad burguesa*. Madrid: Alianza, 1987.

ROSAS, Fernando; LOUÇÃ, Francisco. *Os donos de Portugal*: cem anos de poder económico. Lisboa: Afrontamento, 2010.

ROUSSEAU, Jean-Jacques. *Du Contrat Social*.

RUSSELL, Bertrand. *O elogio do lazer*. Tradução Luiz Ribeiro de Sena. São Paulo: Companhia Editora Nacional, 1957.

SALAZAR, Philippe-Joseph. Le Communiqué du Califat a une dimension cachée. *Philosophie Magazine*, Paris, n. 95, p. 51, dez. 2015 / jan. 2016.

SALDANHA, Nelson. *Secularização e democracia*: sobre a relação entre formas de governo e contextos culturais. Rio de Janeiro, São Paulo: Renovar, 2003.

SALDANHA, Nelson. O conceito de nação e a imagem do Brasil. *Revista Brasileira*, fase VII, ano XII, n. 46, p. 213 *et seq.*, jan./ mar. 2006.

SALES, Lília Maia de Morais. *Mediação de conflitos*: família, escola e comunidade. Florianópolis: Conceito, 2007.

PAULO FERREIRA DA CUNHA
DIREITO INTERNACIONAL: RAÍZES & ASAS

SALON, Albert. *Vocabulaire critique des relations culturelles internationales*. Paris: La Maison du Dictionnaire, 1978.

SAMUELS, Andrew. *A política no divã: cidadania e vida interior*. Tradução Filipe José Lindoso. São Paulo: Summus, 2002.

SANTA MARÍA, Paz Andrés Sáenz de. *Sistema de derecho internacional público*. 3. ed. Navarra: Aranzadí, Civitas, Thomson Reuters, 2014.

SANTOS, António de Almeida. *Que nova ordem mundial?* Lisboa: Campo da Comunicação, 2009.

SANTOS, Borges dos. *Curso de Direito Internacional Público*. São Paulo: Leud, 2009.

SANTOS, Delfim. *Psicologia e Direito*. In: *Obras completas: do homem, da cultura*. Lisboa: Fundação Calouste Gulbenkian, 1977. v. III, p. 11 *et seq*.

SARCINELLA, Luigi. *O gigante brasileiro*. São Paulo: Alfa Omega, 1998.

SAVIGNY, Friedrich Karl von. *System des heutigen Roemischen Rechts*, Berlim, 1840, ed. em selecta cast. de Werner Goldschmidt, *Los Fundamentos de la Ciencia Juridica*, in *La Ciencia del derecho*, Savigni, Kirchmann, Zitelmann, Kantorowicz. Buenos Aires: Losada, 1949.

SCHMITT, Carl. *Politische theologie. vier kapitel zur lehre der souveränität*. Berlin: Duncker und Humblot, 1985;

SCHMITT, Carl. Souveraineté de l'État et liberté des mers. In: *Quelques aspects du Droit Allemand*. Paris: Fernand Sorlot, 1943, p. 139 ss.

SCHUMACHER, E. F. *O negócio é ser pequeno:* um estudo de economia que leva em conta as pessoas. Tradução Octávio Alves Velho. Rio de Janeiro: Zahar, 1977.

SEBASTIANI, Luca. Mirando a trevés la burbuja: representaciones de la migración no comunitaria en los discursos de actores políticos y sociales de la Unión Europea. *Revista Crítica de Ciências Sociais*, Coimbra, n. 108, p. 31-54, dez. 2015.

SELDON, John. *Mare Clausum sev de dominio maris libri duo*. Londres: Johannem & Teodorum, 1636.

SEN, Amartya. *A ideia de justiça*. Tradução Denise Bottmann e Ricardo Doninelli Mendes. São Paulo: Companhia das Letras, 2011.

SEN, Amartya. *Desenvolvimento como liberdade*. Tradução Laura Teixeira Motta. São Paulo: Companhia das Letras, 2000.

SEN, Amartya. *On Ethics & Economics*. Tradução Laura Teixeira Motta. São Paulo: Companhia das Letras, 1999.

SÉRGIO, António. *Democracia*. Lisboa: Sá da Costa, 1974.

SILVA, Agostinho da. *Vida conversável*. Lisboa: Assírio & Alvim, 1994.

SIMAK, Clifford D. *A cidade no tempo*. Lisboa: Europa-América, 1955.

SIMON, Yves. *Filosofia do governo democrático*. Tradução Edgard Godói de Mata-Machado. Rio de Janeiro: Agir, 1955.

SINHA, Surya Prakash. Why has Not Been Possible to Define Law. Archiv fuer Rechts- und Sozialphilosophie, 1989, LXXV, Heft 1, 1. Quartal. Stuttgart: Steiner, p. 1 ss.

SIX, Jean-François. *Dinâmica da mediação*. Tradução Águida Arruda Barbosa, Eliana Riberti Nazareth e Giselle Groeninga. Belo Horizonte: Del Rey, 2001.

REFERÊNCIAS | 307

SOARES, Fernando Luso. *A comunidade internacional:* introdução à política. Lisboa: Diabril, 1976. v. 2, p. 18.

SOMEK, Alexander. *The Cosmopolitan Constitution.* Oxford: Oxford University Press, 2014.

SOROS, George. *Globalização.* Lisboa: Temas e Debates, 2003.

SOUSA E BRITO, José. Hermenêutica e Direito. *Boletim da Faculdade de Direito,* Coimbra, p. 3 *et seq.,* 1990.

SOUSA SANTOS, Boaventura. *Os processos de globalização.* In: SOUSA SANTOS, Boaventura (Org.). *Globalização:* fatalidade ou utopia? Porto: Afrontamento, 2006.

SPENGLER, Oswald. *La decadencia de occidente:* bosquejo de una morfología de la historia universal. Tradução Manuel García Morente. 14. ed. Madrid: Espasa-Calpe, 1989.

STAFFEN, Márcio Ricardo. *Interfaces do Direito global.* Rio de Janeiro: Lumen Juris, 2015.

STANZIANI, Alessandro. Les échelles des inégalités: nation, région, empire. *Annales. Histoire, Science Sociales,* ano 70, n. 1, p. 103-114, jan./mar. 2015.

STRECK, Lenio Luiz. *Hermenêutica e(m) Crise.* Porto Alegre: Livraria do Advogado, 2000. p. 224-225.

STRECK, Lenio Luiz. *A hermenêutica filosófica e as possibilidades de superação do positivismo pelo (neo) constitucionalismo.* In: SAMPAIO, José Adércio Leite (Coord.). *Constituição e crise política.* Belo Horizonte: Del Rey, 2006.

STRECK, Lenio Luiz; BOLZAN DE MORAIS, José Luis. *Ciência política & teoria do Estado.* 5. ed. Porto Alegre: Livraria do Advogado, 2006.

STRUPP, Karl. *Éléments du droit international public universel, européen et américain.* Paris: Arthur Rousseau, 1927.

STUART, Spencer. *Governance lexicon.* 3. ed. [S. l.]: Spencer Stuart, 2006.

SUÁREZ, Luis. *Lo que el mundo le debe a España.* Barcelona: Ariel, 2009.

SUPREMA CORTE DE JUSTICIA DE LA NACIÓN. El control de convencionalidad y el poder judicial en Mexico, mecanismo de protección nacional y internacional de los Derechos Humanos. *Cuadernos de Jurisprudencia,* v. 7, set. 2012.

SWEET, Alec Stone. *Constitutional Dialogues in the European Community. in European Courts and National Courts:* Doctrine & Jurisprudence. Oxford: Hart, 1998.

TAVARES, André Ramos. *Direito Constitucional brasileiro concretizado: hard cases* e soluções juridicamente adequadas. São Paulo: Método, 2006-2011. 3v.

TAVARES, André Ramos. *Fronteiras da hermenêutica constitucional.* São Paulo: Método, 2006.

TAVARES, André Ramos. The Role of a International Constitutional Court Vis-À-Vis the Inter-American Court of Human Rights and It's Democratic Principles. *International Studies on Law and Education,* n. 24, p. 77 *et seq.,* 2016.

TAYLOR, P. J. The State as Container: Territoriality in the Modern World System. *Progress in Human Geography,* v. 18, n. 2, p. 151 *et seq.,* jun. 1994.

TEIXEIRA, Adam Hasselmann; BOFF, Salete Oro. *Energias renováveis:* políticas públicas de fomento às inovações tecnológicas. Curitiba: Multideia, 2014.

THOMAS, Vinod *et al. A qualidade do crescimento.* Tradução Élcio Fernandes. São Paulo: Editora Unesp, 2002. p. 87 *et seq.*

TIBURCIO, Carmen; BARROSO, Luís Roberto. *Direito Constitucional Internacional*. Rio de Janeiro: Renovar, 2013.

TOENNIES, Ferdinand. *Comunidad y Sociedad*. Barcelona: Peninsula, 1979.

TOUCHARD, Jean (Org.). *História das ideias politicas*. Lisboa: Edições Europa-América, 1970. v. 3.

TRABUCO, Cláudia Maria S. *A importância de um tribunal supranacional no contexto de um processo de integração:* o dilema do Mercosul. Working Paper, Lisboa: Faculdade de Direito da Universidade Nova de Lisboa, 1999. n. 5.

TRUBEK, David; GALANTER, Mark. Scholars in Self-Estrangement: Some Reflections on the Crisis in Law and Development Studies in the United States. *Wisconsin Law Review*, v. 4, p. 1062-1103, 1974.

TRUBEK, David; SANTOS, Álvaro Santos (Eds.). *The New Law and Economic Development:* a Critical Appraisal. Cambridge: Cambridge University Press, 2006.

TRUGER, Achim. *The German Debt Brake:* Shining Example for Europe? Disponível em: <http://www.social-europe.eu/2012/03/the-german-debt-brake-a-shining-example-for-europe/>.

TUSHENET, Mark. *The Inevitable Globalisation of Constitutional Law*. In: MULLER, Sam; RICHARDS, Sidney. *Highest Courts and Globalization*. The Hague: Hague Academic Press, 2010.

UNITED NATIONS. Department of Public Information. *Basic facts about the United Nations*. New York: United Nations, 2004.

VALE DA SILVA, Ildete Regina; BRANDÃO, Paulo de Tarso. *Constituição e fraternidade:* o valor normativo do preâmbulo da Constituição. Curitiba: Juruá, 2015.

VALLANÇON, François. *"Bodin" in Philosophie juridique*. [S. l]: Levallois-Perret, 2012.

VALLANÇON, François. *Domaine et propriété (glose sur Saint Thomas D'Aquin, Somme Theologique IIA IIAE QU 66 ART 1 et 2)*. Paris: Université de Droit et Economie et de Sciences Sociales de Paris (Paris II), 1985.

VEDEL, Georges. *Souveraineté et supraconstitutionnalité*. Paris: Pouvoirs, 1993. n. 67, p.79-97.

VIANA, Virgílio. *Objetivos do desenvolvimento sustentável*. Disponível em: <http://www.crianca.mppr.mp.br/modules/conteudo/conteudo.php?conteudo=1404>. Acesso em:12 jun. 2016.

VIANNA, Oliveira. *Evolução do povo brasileiro*. 4. ed.. Rio de Janeiro: José Olímpio, 1956.

VILANI, Maria Cristina Seixas. *Origens medievais da democracia moderna*. Belo Horizonte: Inédita, 1999.

VILLAVERDE CABRAL, Manuel *et al. Cidade & cidadania*. Lisboa: Imprensa de Ciências Sociais, 2008.

VIOLA, Francesco. *La democracia deliberativa entre constitucionalismo y multiculturalismo*. Tradução Javier Saldaña. México: Unam, 2006.

VISSCHER, Charles de. *Théories et réalités en droit international public*. Paris: Pedone, 1970. p. 220.

VOLCANSEK, Mary L. The European Court of Justice: Supranational Policy-Making. *West Politics*, v. 15, n. 3, jul. 1992.

REFERÊNCIAS | 309

VOVELLE, Michel. *Ideologies and Mentalities*. In: JONES, Gareth Stedman; SAMUEL, Raphale. *Culture, Ideology and Politics*. Londres: Routledge and Kegan Paul, 1982.

VOVELLE, Michel. *Mentalidade revolucionária*: sociedade e mentalidades na revolução francesa. Tradução Regina Louro. Lisboa: Salamandra, 1987.

WALKER, Neil. *Intimations of Global Law*. Cambridge: Cambridge University Press, 2015.

WALZER, Michael. *As esferas da justiça*: em defesa do pluralismo e da igualdade. Tradução Nuno Valadas. Lisboa: Presença, 1999.

WARAT, Luis Alberto. *Surfando na pororoca*: o ofício do mediador. Florianópolis: Fundação Boiteux, 2004.

WATKINS, Susan. Será o parlamento europeu realmente a solução? *Le Monde Diplomatique*, II série, n. 112, p. 10-11, fev. 2016.

WERLE, Denílson Luis; MELO, Rúrion Soares. *Democracia deliberativa*. Porto Alegre: Livraria do Advogado, 2007.

WIGHT, M. *International Theory*: the Three Traditions. Londres: Leicester University Press, 1991.

ZAGREBELSKY, Gustavo. *La crucifixión y la democracia*. Tradução Atílio Pentinalli Melacrino. Barcelona: Ariel, 1996.

ZARKA, Jean-Claude. *Droit international public*. Paris: Ellipses, 2011.

ZIEGLER, Jean. *Os novos senhores do mundo e os seus opositores*. Tradução Magda Bigotte de Figueiredo. Lisboa: Terramar, 2003.

ZIPPELIUS, Reinhold. *Teoria Geral do Estado*. Tradução António Cabral de Moncada. 2. ed. Lisboa: Fundação Calouste Gulbenkian, 1984.

ZORGBIBE, Charles. Organizações Internacionais. In: *Dicionário de Política* Tradução Henrique de Barros. Lisboa: Dom Quixote, 1990.

ZORGBIBE, Charles. Soberania Limitada (doutrina dita da). In: *Dicionário de Política*. Tradução Henrique de Barros. Lisboa: Dom Quixote, 1990.

LIVROS, ARTIGOS E AFINS DO AUTOR (CITADOS)

CUNHA, Paulo Ferreira da. Max Weber: actualidade, mensagem, desafio. uma introdução interpretativa. In: CUNHA, Paulo Ferreira da. *Quadros institucionais*: do social ao jurídico. Porto: Rés, [1987?].

CUNHA, Paulo Ferreira da. *Mysteria Ivris*: raízes mitosóficas do pensamento jurídico-político português. Porto: Legis, 1999.

CUNHA, Paulo Ferreira da. Direitos fundamentais: universalidade, globalização e radição. In: CUNHA, Paulo Ferreira da. *Res Publica*: ensaios constitucionais. Coimbra: Almedina, 1998. p. 51-68.

CUNHA, Paulo Ferreira da. Identidades, etnocentrismos e romance histórico: encontros e desencontros no Brasil nascente e nas raízes de Portugal. *Videtur*, n. 25, 2004. Disponível em: < http://www.hottopos.com/videtur25/pfc.htm>.

CUNHA, Paulo Ferreira da. A revolução constitucional europeia: reflexões sobre a génese, sentido histórico e contexto jurídico de um novo paradigma juspolítico. In: *Colóquio Ibérico: Constituição Europeia. Homenagem ao Doutor Francisco Lucas Pires*. Coimbra: Coimbra Editora, Universidade de Coimbra, Março 2005. p. 279-323.

CUNHA, Paulo Ferreira da. *Lusofilias:* identidade portuguesa e Relações Internacionais. Porto, Caixotim, 2005.

CUNHA, Paulo Ferreira da. *Novo Direito Constitucional europeu*. Coimbra: Almedina, 2005.

CUNHA, Paulo Ferreira da. *Constituição da república da Lísia*. Porto: Ordem dos Advogados, 2006.

CUNHA, Paulo Ferreira da. Do direito natural ao direito fraterno. *Revista de Estudos Constitucionais, Hermenêutica e Teoria do Direito (RECHTD)*, v. 1, n. 1, p. 78-86, jan./jun. 2009.

CUNHA, Paulo Ferreira da. *Geografia constitucional*: sistemas juspolíticos e globalização. Lisboa: Quid Juris, 2009.

CUNHA, Paulo Ferreira da. *Para uma ética republicana*. Lisboa: Coisas de Ler, 2010.

CUNHA, Paulo Ferreira da. *Traité de droit constitutionnel:* constitution universelle et mondialisation des valeurs fondamentales. Paris: Buenos Books International, 2010.

CUNHA, Paulo Ferreira da. *Avessos do Direito:* ensaios de crítica da razão jurídica. Curitiba: Juruá, 2011.

CUNHA, Paulo Ferreira da. *Constituição & política*. Lisboa: Quid Juris, 2012.

CUNHA, Paulo Ferreira da. *Droit naturel et méthodologie juridique*. Paris: Buenos Books International, 2012.

CUNHA, Paulo Ferreira da. Os perigosos sábios do Sião, I e II. *As Artes entre as Letras*, Porto, n. 70/72, 2012.

CUNHA, Paulo Ferreira da. *Direito Constitucional Geral*. 2. ed. Lisboa: Quid Juris, 2013.

CUNHA, Paulo Ferreira da. *Nova Teoria do Estado*. São Paulo: Malheiros, 2013.

CUNHA, Paulo Ferreira da. *Repensar o Direito:* um manual de filosofia jurídica. Lisboa: Imprensa Nacional: Casa da Moeda, 2013.

CUNHA, Paulo Ferreira da. *Rethinking Natural Law*. Berlin: Heidelberg, Springer, 2013.

CUNHA, Paulo Ferreira da. A *Evangelii Gaudium* no Contexto da Doutrina Social da Igreja. In: CUNHA, Paulo Ferreira da. *Direitos fundamentais:* fundamentos & direitos sociais. Lisboa: Quid Juris, 2014. p. 381 *et seq.*

CUNHA, Paulo Ferreira da. *Constitution et Mythe*. Quebeque: Presses de l'Université Laval (PUL), 2014.

CUNHA, Paulo Ferreira da. Da doutrina social do Papa Francisco na exortação apostólica *Evangelii Gaudium. International Studies on Law and Education*, n. 18, p. 25 *et seq.* set./dez. 2014.

CUNHA, Paulo Ferreira da. *Desvendar o Direito:* iniciação ao saber jurídico. Lisboa: Quid Juris, 2014.

CUNHA, Paulo Ferreira da. *Direitos fundamentais:* fundamentos & direitos sociais. Lisboa: Quid Juris, 2014.

REFERÊNCIAS | 311

CUNHA, Paulo Ferreira da. La Corte Constitucional Internacional (ICCo): una idea que construye su camino. *Iuris Tantum*, ano XXIX, n. 25, terceira época, 2014. Investigaciones y Estudios Superiores, S.C., Universidad Anáhuac, México, p. 405-411.

CUNHA, Paulo Ferreira da. Lusofonia: direitos linguísticos e política universitária – contributos para um direito das identidades culturais. *Jurismat*, Portimão, n. 4, p. 91-101, 2014.

CUNHA, Paulo Ferreira da. *O contrato constitucional*. Lisboa: Quid Juris, 2014.

CUNHA, Paulo Ferreira da. Direito natural: contributos para um estado da arte. In: HOMEM, António Pedro Barbas; BRANDÃO, Cláudio (Org.). *Do direito natural aos direitos humanos*. Coimbra: Almedina, 2015. p. 35-50.

CUNHA, Paulo Ferreira da. Dividir a história: da epistemologia à política? *História. Revista da FLUP*, Porto, IV série, v. V, p. 167-174, 2015.

CUNHA, Paulo Ferreira da. *La Cour Constitutionelle Internationale (ICCo):*une idée qui fait son chemin, "Notandum" 38 mai-ago 2015, CEMOrOC-Feusp / IJI-Univ. do Porto, p. 21-26.

CUNHA, Paulo Ferreira da. Retóricas do Iluminismo, Direito e Política. *Quaderni fiorentini per la storia del pensiero giuridico moderno*, v. XLIV, p. 103-129, 2015.

CUNHA, Paulo Ferreira da. *Introdução à teoria do Direito*. Porto: Rés, [S.d].

CUNHA, Paulo Ferreira da. *Princípios de Direito:* introdução à Filosofia e Metodologia Jurídicas. Porto: Rés, [S.d.].

CUNHA, Paulo Ferreira da. *Tempos de Sancho:* a constituição europeia e os ventos da história. Disponível em: <http:// hottopos.com/videtur28/pfc.htm>.

Esta obra foi composta em fonte Palatino Linotype, corpo 10,5
e impressa em papel Offset 75g (miolo) e Supremo 250g (capa)
pela Gráfica e Editora O Lutador, em Belo Horizonte/MG.